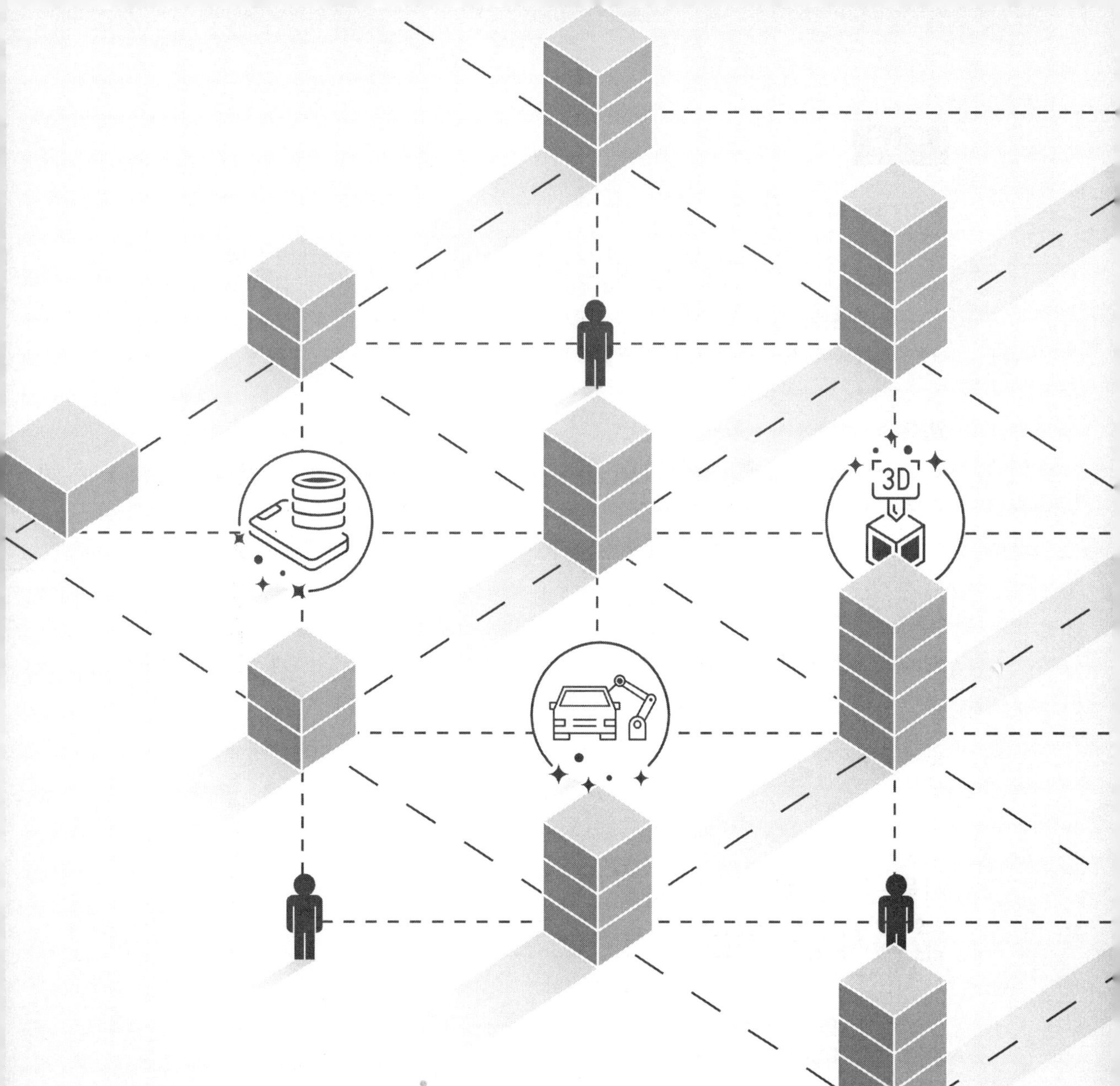

사물인터넷을 위한
블록체인 개론

송유진 · 양호경 · 차현종 지음

도서출판 홍릉

저자소개

송유진 song@dongguk.ac.kr

일본 Tokyo Institute of Technology에서 정보보호 전공으로 박사학위를 취득하였으며, 한국전자통신연구원에서 근무하였다. 현재 동국대학교 경영학부에서 재직 중이다. 정부관련 프로젝트를 다수 진행하고, 주요 저서로는 최신정보보호개론, u-Business를 위한 정보관리론, 사물인터넷 기술과 비즈니스 등이 있다. 주요 연구분야는 사물인터넷 보안 및 블록체인, 차세대 인터넷 및 융합보안 등이다.

양호경 porori2000@kw.ac.kr

광운대학교 컴퓨터과학과를 졸업하고, 국방IT보안 전공으로 박사학위를 취득하였으며 현재 선문대학교 IT교육학부에서 재직 중이다. 정보보안 및 네트워크와 관련된 다수의 프로젝트에 참여하였고, 저서로는 사물인터넷 기술과 비즈니스, 창의적 소프트웨어 디자인이 있다. 주요 연구 분야는 사물인터넷, 블록체인, 융합보안 등이다.

차현종 chj826@chungwoon.ac.kr

광운대학교 컴퓨터과학과를 졸업하고, 국방IT보안 전공으로 박사학위를 취득하였으며 현재 청운대학교 멀티미디어학과에서 재직 중이다. 정보보안 및 네트워크와 관련된 다수의 프로젝트에 참여하였고, 저서로는 사물인터넷 기술과 비즈니스, 창의적 소프트웨어 디자인이 있다. 주요 연구 분야는 정보보안, 센서 네트워크, 애드혹 네트워크 등이다.

사물인터넷을 위한
블록체인 개론

인　쇄: 2021년 2월 22일 초판 1쇄
발　행: 2021년 2월 26일 초판 1쇄

저　자: 송유진 · 양호경 · 차현종
발행인: 송 준
발행처: 도서출판 홍릉
주　소: 01093 서울시 강북구 인수봉로 50길 10
등　록: 1976년 10월 21일 제5-66호

전　화: 02-999-2274~5, 903-7037
팩　스: 02-905-6729
e-mail: hongpub@hongpub.co.kr
http://www.hongpub.co.kr
ISBN: 979-11-5600-849-1(93000)

정　가: 19,000원

머리말

향후의 사회는 모든 사물이 연결되는 초연결사회로 발전할 것이다. 이러한 초연결사회에서 중요한 역할을 하게 될 기술은 사물인터넷, 블록체인 및 인공지능(AI) 등이다. 즉, 사물에 내장된 센서를 통해 수집된 정보가 인터넷과 같은 매체를 통해 플랫폼(클라우드 서버)에 전송된다. 전송된 데이터는 빅데이터 형태로 AI를 이용하여 분석과정을 거쳐 정보의 새로운 가치를 창출하여 스마트한 서비스를 제공할 수 있게 된다.

블록체인과 사물인터넷의 결합은 서로간의 부족한 점을 보완해 줄 수 있어 시너지 효과가 클 것으로 기대된다. 개인화, 맞춤화, 편리성 등을 제공할 수 있는 사물인터넷 서비스는 블록체인 기술을 통해 서비스의 신뢰성을 해결하는 하나의 도구로 사용될 수 있다.

초기 블록체인 기술은 암호화폐 및 금융 산업 분야를 중심으로 적용되었으나, 점차 다양한 산업 영역으로 확장되고 있다. 이러한 확장에는 정보의 중요성에 비례하여 보안성을 제공하기 위해 이미 여러 산업에 적용되어 실세계(Physical World)의 데이터를 취득할 수 있는 사물인터넷 기술과의 연계가 필요하다.

사물인터넷 분야에서의 블록체인 기술의 적용은 주로 사물인터넷 기기 인증, 데이터 위변조 방지, 데이터 거래 환경 구축 등을 위한 목적으로 주로 사용되고 있다. 사물인터넷 기기 인증은 인터넷에 접속되는 기기의 권한 및 인증 정보를 블록에 저장하여 중앙화된 인증기관에서 탈피한 인증 방법을 제공한다. 그리고 수집된 데이터의 해시(Hash)값을 삭제나 변경이 불가능한 블록체인에 저장함으로서 데이터가 위·변조나 수정여부에 대한 검증이 가능하여 데이터의 투명성을 높일 수 있다. 또한, 사물인터넷 기기로부터 수집된 데이터나 장치 자체의 사용권한을 블록체인에 등록하고, 데이터에 대한 비용을 지불하여 블록체인 스마트계약을 통한 자동화된 거래 환경을 구축할 수 있다.

본 교재에서는 4차산업혁명 기술을 통해 다가올 초연결사회에 필요한 사물인터넷과 연계하여 블록체인의 개념, 구조, 동향을 설명한다. 여러 첨단기술의 융합을 통해 향후 전개될 초연결사회, 즉, 지능정보화 사회의 새로운 가치를 창출하고 스마트 서비스를 제공할 수 있는 기본서로써 활용되기를 기대한다. 본 교재는 대학교 학부 컴퓨터공학, 정보기술과 융복합될 수 있는 경영계열, ICT를 전공하지 않은 독자 등을 주요 대상으로 하고 있다.

본 교재의 구성은 크게 3부로 구성되는데, "제1부 초연결사회와 IoT/CPS/블록체인"은 초연결사회 및 기반기술의 개념, 시대에 대한 대응 전략이 주요 내용이고, "제2부 블록체인의 개요"는 블록체인 및 관련 개념, 블록체인의 구조로 구성된다. 마지막으로 "제3부 블록체인의 동향 및 전망"에서는 블록체인의 세대별 동향을 기반으로 미래에는 어떻게 전개될 것인지 전망한다.

본 교재의 내용은 발전하는 사물인터넷 기반의 초연결사회를 위한 블록체인을 다루고자 하였습니다. 하지만 모든 내용을 포함하고 있지 못하기 때문에 블록체인의 주요 이슈 등에 대해서는 추후 개정판을 통해 추가할 예정입니다. 아울러 교재의 내용 상 부족한 점이나 보완할 사항이 있으면 언제든지 연락주시기 바랍니다.

마지막으로 본 교재의 출판을 해주신 도서출판홍릉 관계자분들께 감사의 말씀을 드립니다.

2021년 2월 저자 일동

차례

PART 01 초연결사회와 IoT/CPS/블록체인

CHAPTER 01 초연결사회의 경쟁전략

CHAPTER 02 IoT 데이터화 전략

CHAPTER 03 IoT/CPS/블록체인

PART 03 블록체인의 동향 및 전망

CHAPTER 06 블록체인 세대별 동향

CHAPTER 07 블록체인의 미래

PART 01

초연결사회와 IoT/CPS/블록체인

01

초연결사회의 경쟁전략

1.1 초연결사회의 등장

최근 정보화 사회에서 이제는 사이버 세계로 변화하고 있다. 정보화 혁명을 거치면서 컴퓨터와 인터넷의 보급이 증가되어 이제는 생활에서 필수요소가 되었다. 불과 1990년대만 해도 컴퓨터와 인터넷을 사용하는 것은 일부 사람에 국한되었었다. 이제는 사물인터넷(IoT: Internet of Things), 인공지능(AI: Artificial Intelligence), 데이터 중심의 시대로 변화하고 있다. 즉, 사물인터넷에서의 '사물과 사물'에서 만물인터넷(IoE: Internet of Everything)에서의 '사람과 사물'이 연결되는 사회가 도래했다. 이를 넘어 '현실과 사이버 공간이 연결되어 지능화' 되는 초연결사회도 점차 다가오고 있다. ICT 신기술이 사람뿐만 아니라 사물의 디지털 및 네트워크화를 급속도로 확장시키면서 이제는 사람의 개입 없이 사이버상의 정보 처리 결과로 현실을 제어할 수 있는 사이버물리시스템(CPS: Cyber Physical Systems)이 현실화되고 있다.

ICT 신기술이 급속도 발전하면서 IoT가 점차 발전하여 CPS도 관심을 받고 있다. 이런 CPS가 촉진된 요인으로는 기술측면과 데이터측면으로 볼 수 있다. 기술 측면으로는 센서가 점차 작아지면서 가격이 저렴해지고 에너지를 적게 소모하도록 개발되었고 모바일 기기의 성능이 데스크탑 PC의 성능에 뒤지지 않을 정도로 고도화 되었다. 또한 클라우드가 대규모화되고 이용가격이 저렴해졌으며, 분산처리기술이 발전하고 통신속도가 빨라지면서 가격은 낮아진 것을 요인으로 볼 수 있다. 데이터 측면으로는 IoT에서 적용된 디지털 데이터를 수집하여 축적한 것을 해석한 결과를 사이버에서 현실세계로 적용하면서 현실과 사이버 세계와의 상호작용관계가 발생된 것이다.

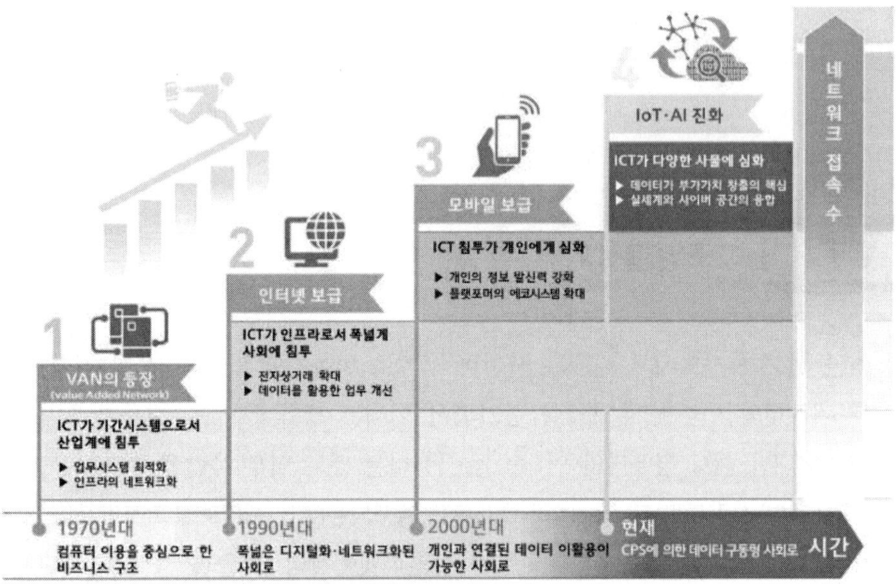

그림 1-1 ICT에 의한 사회변혁의 단계 *출처: 한국정보화진흥원, 일본 경제산업성[1)]

1.2 | 제조업 패러다임의 변화 : 스마트화

ICT 신기술이 발전함에 따라 새로운 기술인 사물인터넷에 대한 관심이 급증하면서 기업에서는 가전기기의 연동을 중심으로 개발을 발표하였고, 언론 및 일반 소비자는 일상 생활에 밀접한 가전관련 제품과 서비스에 집중되었다. 하지만 소비자가 IoT를 몸으로 느끼기에는 다소 시간이 걸릴 것으로 다수의 연구기관은 예측한다. 오히려

1) 일본 경제산업성(www.meti.go.jp/commite/sankoushin/shojo/johokeizai/pdf/04_06_00.pdf)

기업에서 지속적으로 투자하고 있는 제조업에 대한 가치 창출이 눈에 띄고 있다.

세계 인구가 점차 증가함에 따라 생산과 관련된 수요도 증가될 것으로 예견되고 있다. 국가의 미래가 생산력에 대응한다고 볼 수 있다. 세계의 산업환경은 18세기에 증기기관의 발명으로 인더스트리 1.0을 거쳐 자동생산시스템 구축의 인더스트리 4.0 단계에 도달했다.

독일의 소비재 및 산업재 제조업체인 Bosch 사의 디렉터인 Stefan Ferber는 차세대 제조업에서의 ICT 신기술의 중요성을 다음과 같이 설명하였다. “인더스트리 1.0은 기계적 지원도구의 발명, 인더스트리 2.0은 헨리 포드가 개척한 대량 생산, 인더스트리 3.0은 전자 및 통제 시스템의 공장 현장 배치가 가장 중요한 요인이었다. 인더스트리 4.0은 제품, 시스템, 기계장치 사이의 동류간 커뮤니케이션이 가장 중요한 특징이다.[2]” 즉, 제조업체는 기계장치간의 연결을 통해 상호 의사소통과 자율적인 통제에 기반하여 사람인 운영자의 개입을 최소화하는 지능형 네트워크를 구성할 수 있다. 기술을 선도하는 제조업체들은 기계장치들이 고장을 사전에 예측하여 자동적으로 유지보수를 요청하고 원료 부족과 같은 생산 과정에서의 예상치 못한 변동에 자율적으로 대응하는 물류체계와 같은 차세대 제조업 비전을 제시하고 있다. 이를 ‘스마트 공장’이라 한다. 스마트 공장은 직접 공장에 가지 않아도 스마트 폰 하나로 현장을 확인하고 제어가 가능하다. 제조업의 완전 자동생산체계 구축을 통해 생산과정을 최적화하는 독일의 인더스트리 4.0에도 스마트 공장을 산업정책의 핵심으로 다루고 있다.

제조공정에서 자동화, 정보화, 최신화된 제조 프로세스를 구성하기 위해 인력, 프로세스, 기반망과 데이터들을 연결한다. 첫째, 인력의 연결은 모든 비즈니스 부서와 지역에 걸쳐 연결하고, 실시간으로 상황에 맞는 정보를 제공하여 설계, 운영, 유지보수, 서비스, 품질, 안전도를 개선할 수 있다. 둘째, 프로세스의 연결은 제조 전반에 걸친 양방향 정보 공유를 통해 구성된 프로세스는 보다 유연하고 적응력이 높은 생산 과정

2) http://www.bosch-si.com/solutions/manufacturing/Industry-4-0.html

의 구현을 가능하게 한다. 보다 많은 장비를 공장 운영 및 비즈니스 소프트웨어 프로세스에 연결시킬 수 있게 되어 제조사는 빠른 정보 흐름을 통한 신속한 의사결정, 시장 반응에 대한 즉각적인 대응이 가능해 진다. 셋째, 기반망과 데이터들의 연결이다. 스마트 기반망은 센서, RFID 리더 등 새로운 유형의 기기들을 상호 연결 및 인터넷 접속을 가능하게 하여 새로운 유형의 정보를 산출하고, 모바일 기기, 제품 및 직원간의 상호작용을 가능하게 해준다. 또한 데이터의 수집 및 분석을 통해 복잡성을 잘 관리하고 제품의 효율적인 제조를 가능하게 한다.

스마트 제조업 시스템은 MRP(Material Requirements Planning)[3], MRP II(Manu facturing Resource Planning)[4], MES(Manufacturing Execution System)[5] 등과 같은 기존의 생산 관리 시스템을 상호 연결하여 생산과 비즈니스 영역의 유기적인 연동을 실현한다. 구체적인 예로 커넥티드 서플라이 체인(Connected supply chain)과 실시간 예측적 분석, 공장 현장 가시성 및 자동화 향상, 중요 자산의 원격 모니터링 및 관리가 있다. 첫째, 커넥티드 서플라이 체인은 생산라인과 기계장치 현황의 실시간 정보 공유를 통해 협력사를 포함한 모든 이해관계자들이 상호 의존관계, 자재의 흐름, 제조 공정 주기를 명확히 파악할 수 있다.

둘째, 실시간 예측적 분석은 시스템이 위치 추적, 원격 재고수준 관리, 자재의 공급망 내 이동에 따른 소비현황에 대한 자동 보고를 가능하게 한다. 또한 재고 수취 및 발송 정보를 ERP 시스템에 자동으로 입력하여 청구 또는 지급을 위한 정보를 재무/회계 부서에 실시간으로 제공한다. 또한 이러한 실시간 데이터에 기반한 예측적 분석은 공정에서 문제가 발생하기 전에 감지하여 재고 비용을 절감하고 잠재적인 자본 투자를 줄일 수 있다.

---

3) MRP: 자재소요량 계획, 컴퓨터를 이용하여 최종제품의 생산계획에 따라 그에 필요한 자재 소요량의 투입 시점과 양을 종합적으로 관리하는 생산관리 시스템
4) MRP II: 제조자원 계획, MRP를 확장한 개념으로 생산에 필요한 모든 자원을 관리하는 시스템으로서 다품종 소량생산으로의 환경변화에 따라 생겨났다.
5) MES: 생산현장 상황에 중점을 두어 실시간 현황 파악, 작업의 계획 및 수행, 품질관리 등을 측정할 수 있는 통합관리 시스템, 잦은 공정 변경에 대한 대응이 가능하다.

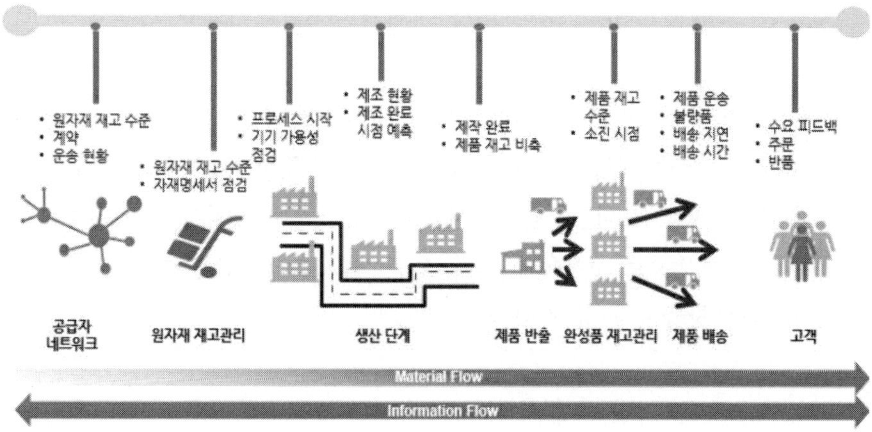

그림 1-2 커넥티드 서플라이 체인의 개념도 *출처: 딜로이트 인사이트

셋째, 공장 현장 가시성 및 자동화 향상은 데이터와 네트워크를 이용하여 공장 현장의 상황을 보다 효과적으로 최상위 의사결정자들에게 전달해 준다. 이를 통해 빠르고 효과적인 의사결정과 특정 프로세스의 자동화를 가능하게 하고 문제점 또는 정상 이탈 상황의 해결을 위한 인력의 개입 필요성을 줄일 수 있다.

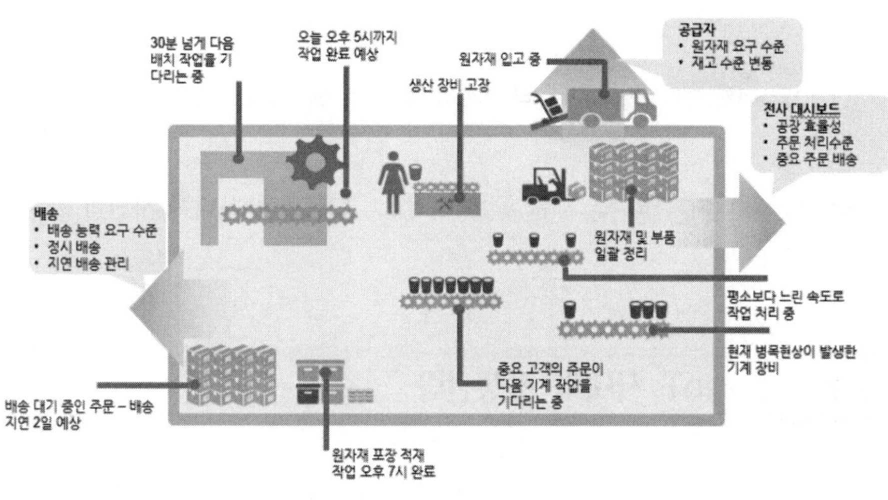

그림 1-3 작업 현장 가시성 정보의 예 *출처: 딜로이트 인사이트

넷째, 원격 자산 모니터링 자체는 수십 년 동안 수행되어 왔지만, 최근 원격으로 문제 수정을 실행할 수 있는 능력이 빠른 속도로 발전하고 있다. 따라서 만일 장비 공급사들이 이를 통해 가능해진 새로운 서비스 제공 기회와 사업 모델을 수용한다면 제조 공장의 운영과 유지보수에서 보다 직접적인 역할을 수행할 수 있을 것이다. 새로운 사업 모델은 장비 판매액보다 장비 가동시간을 기준으로 운영되며, 구매자들은 생산 장비를 '서비스' 개념으로 사용하게 된다. 이는 제조업체와 장비 공급사 간에 새롭고 긴밀한 관계를 창출하게 될 것이다.

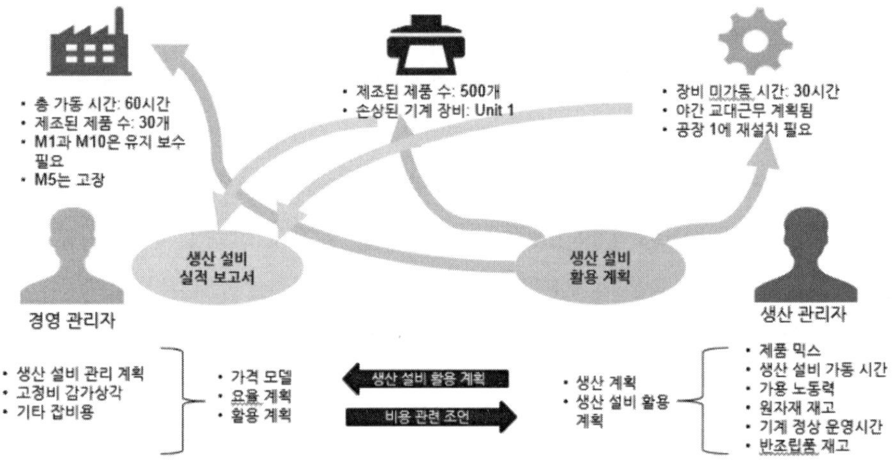

그림 1-4 원격 자산 모니터링의 예 *출처: 딜로이트 인사이트

이외에도 에너지 관리 및 자원 활용 최적화, 생산 설비에 대한 사전적 유지보수 등이 있다.

1.3 IoT 시대의 경쟁전략

ICT 신기술이 발전함에 따라 IoT를 둘러싼 기업환경이 변화하고 있다. 그 대표적인 예가 제조업의 발전과정이다. 제조업에서는 3차 IT혁명의 물결을 얘기한다. IT를 중심으로 한 변혁의 제1물결은 자동화, 제2물결은 인터넷, 제3물결은 IoT로 꼽는다. IoT에 의해 제품을 만드는 과정에서는 제품 설계, 마케팅, 애프터서비스, 인재개발, 보안 등의 모든 측면에서 변혁이 생긴다. 제품데이터의 해석이나 보안 확보 등 새로운 업무가 생기는 외에 가치사슬[6]의 모습도 변할 것이다.

가치사슬은 마이클포터 하버드대 교수가 주창한 개념으로 기업이 원재료를 사서 가공 또는 판매를 해 부가가치를 창출하는 일련의 과정을 의미한다. 가치사슬은 지원부분과 운영부분으로 나뉠 수 있다. 지원부분은 연구개발, 재무, 인사와 같은 직접적으로 부가가치를 창출하지 않아도 이를 창출할 수 있도록 하고, 더욱 높은 가치를 창출하는 방법을 제시하는 부분이다. 운영부분은 조달에서부터 생산, 판매에 이르는 부가가치를 생산하는 부분이다. 기업내부에서 이루어지던 가치사슬이 인터넷의 등장으로 해체가 가속화 되면서 네트워크를 통한 아웃소싱이 활발해지고 있는 실정이다.

2015년에 하버드 비즈니스 리뷰(HBR: Harvard Business Review)에 "How Smart, Connected Products are Transforming Competition and Companies"라는 글이 게재되었다. 저자는 현대 전략 분야의 아버지라고 불리는 마이클 포터이다. 이 글에서는 스마트 커넥티드 제품에 대한 구체적인 기술 스택에 대해 언급하고 있다.

과거의 여러 가지 기술들이 개별적인 트랜드로 발전했는가 하면, 이제는 이런 기술들이 하나로 통합되어 전략적으로 수립해야 되는 단계에 왔다. 예전에는 단지 기계와 전기 부품들로 구성되었던 제품이 지금은 하드웨어, 센서, 저장장치, 마이크로프로세서, 소프트웨어 등의 다양한 방식으로 결합한 복합 시스템으로 거듭나고 있다. 이로 인하여 데이터의 처리 속도가 빨라지고, 제품의 소형화와 어디서든지 네트워크를 사용할 수 있는 '스마트 커넥티드 제품'이 현실이 되었다.

1) 제조업에서의 제3차 IT혁명의 물결

현대적인 IT 환경이 도래하기 전에는 제품들이 다분히 기계적으로 작동됐다. 또 가

6) 기업이 제품 또는 서비스를 생산하기 위해 원재료, 노동력, 자본 등의 자원을 결합하는 과정이다. 즉, 기업 활동에서 부가가치가 생성되는 과정이다.

치사슬 내에서 일어나는 기업 활동은 매뉴얼(설명서), 서면 절차, 구두로 진행되는 의사소통을 바탕으로 수행됐다. 그러다가 1960년대와 1970년대 사이에 일어난 첫 번째 IT 물결로 인해 가치사슬 내 개별적인 활동들의 자동화가 이뤄졌다. 그 범위는 주문 처리와 청구서 지출부터 컴퓨터 디자인과 제조 공정 자원 계획에 이르기까지 다양했다.[7] 그 결과 기업 활동의 생산성이 극적으로 향상됐는데 부분적으로는 각각의 활동들로부터 많은 양의 새로운 정보를 확보하고 분석할 수 있었기 때문이었다. 이는 기업 활동에 대한 절차의 표준화가 업계 전반으로 확산되는 결과로 이어졌고, 기업들로 하여금 고유의 전략을 유지하면서도 IT 환경이 제공하는 운영상 이점들을 확보할 수 있는 방안을 둘러싼 딜레마에 빠지게 했다.

1980년대와 1990년대에는 인터넷의 부상으로 어디서나 접속할 수 있고 저렴한 연결이 가능해지면서 IT가 주도하는 변화의 두 번째 물결이 일었다.[8] 이로 인해 개별적인 기업 활동 전반에 걸친 조직화와 통합이 이뤄졌는데 이는 외부 공급업체, 판매 채널, 고객을 아우를 뿐만 아니라 지역의 한계까지 넘어선 변화였다. 예를 들면 기업이 전 세계에 분포된 공급망을 단단하고 밀접하게 통합하는 일이 가능해진 것이다.

앞선 두 차례의 물결 덕분에 생산성이 극적으로 향상됐고 경제가 전반적으로 크게 성장할 수 있었다. 그러나 이 변화는 가치사슬에는 제대로 작용한 반면에 제품 그 자체에는 거의 영향을 미치지 못했다.

지금 우리를 향해 다가오고 있는 세 번째 물결에서는 IT가 제품 자체의 핵심적인 부분으로 자리매김하고 있다. 센서, 프로세서, 소프트웨어, 제품의 연결성(요즘 추세는 사실상 제품 안에 컴퓨터를 집어넣고 있다고 볼 수 있다) 같은 요소들은 제품 정보를 저장, 분석하고 일부 어플리케이션을 수행하는 제품 클라우드와 더불어 제품의 기능과 성능을 획기적으로 끌어올리고 있다. 이러한 향상은 제품 용도에 관해 쏟아지는 엄청난 양의 새로운 정보 덕분에 이뤄지는 경우가 많다.

7) HBR 1985년 7월호, 마이클 포터, 빅터 밀러, 'How Information Gives You Competitive Advantage'
8) HBR 2001년 3월호, 마이클 포터, 'Strategy and the Internet'

이처럼 한층 진화한 신제품들은 다시 한 번 경제 전반에 걸쳐 생산성이 큰 폭으로 뛰어오르게 하는 요인으로 작용할 것이다. 또 이러한 제품들을 생산하는 과정에서 가치사슬은 또다시 재편될 운명을 맞이할 것이다. 제품 디자인, 마케팅, 제조, 사후 서비스 등을 변화시키고 제품 정보의 분석과 보안 같은 신규 기업 활동에 대한 수요를 창출시킴으로써 말이다. 이는 가치사슬에 기반한 생산성 향상이라는 또 다른 변화의 물결을 이끌게 될 것이다. 그러므로 IT가 이끄는 변화의 세 번째 물결은 역사를 통틀어 가장 큰 변화를 몰고 올 잠재력을 지니고 있다. 앞선 두 물결들에 비해 한층 더 큰 폭의 혁신과 생산성 향상 그리고 경제 발전을 촉발시킬 수 있는 것이다.

어떤 이들은 사물 인터넷으로 인해 "모든 게 바뀐다"고 주장하지만, 이는 위험할 정도로 지나친 단순화의 예라고 할 수 있다. 인터넷과 마찬가지로, 스마트, 커넥티드 제품에도 새롭게 떠오르는 다양한 기술적 가능성들이 잘 반영돼 있다. 그런데 기업들을 둘러싼 경쟁 우위와 경쟁의 법칙은 변하지 않고 그대로 남아 있다. 스마트, 커넥티드 제품의 세계를 향해 돛을 올리고 항해하고자 한다면 이러한 법칙들을 그 어느 때보다도 잘 이해할 필요가 있다.

2) 스마트, 커넥티드 제품이란 무엇인가?

스마트, 커넥티드 제품은 물리적 요소, '스마트' 요소, 연결성 요소라는 세 가지 핵심 요소로 구성된다. 스마트 요소는 물리적 요소의 기능과 가치를 확장한다. 연결성 요소는 스마트 요소의 기능과 가치를 확장하는 한편, 스마트 요소의 일부를 물리적 제품 자체의 틀을 벗어난 외부 세상으로 옮겨주는 역할을 한다. 이 구조는 선순환적 가치 향상이라는 결과를 가져온다.

'물리적' 요소는 제품의 기계 및 전기 부품으로 구성된다. 자동차를 예로 들면 엔진부, 타이어, 배터리 등이 포함된다.

그림 1-5 Smart, Connected Products의 구성요소

'스마트' 요소는 센서, 마이크로프로세서, 저장장치, 컨트롤, 소프트웨어로 구성되며, 일반적으로 제품에 내장된 운영체제와 향상된 사용자 인터페이스도 포함한다. 자동차를 예로 들면 엔진 제어 유닛, 잠김 방지 브레이크 장치, 비가 오면 자동으로 와이퍼를 작동시키는 우천 감지 기능을 탑재한 앞 유리판, 터치 스크린 화면 등이다. 소프트웨어가 하드웨어의 일부 기능을 대체하거나, 하나의 물리적 기기가 소프트웨어의 제어를 받아 여러 수준에서 다양한 기능을 수행하는 경우도 많은 제품에서 볼 수 있다.

'연결성' 요소는 제품을 유무선으로 연결할 수 있게 해주는 포트, 안테나, 프로토콜로 구성된다. 연결성은 다음의 세 가지 형태로 나타나는데, 이들이 동시에 나타날 수도 있다.

- **일대일 통신**: 개별 제품이 통신 포트 등 인터페이스로 사용자, 제조사 또는 다른 제품과 연결된다. 예를 들어 자동차가 진단 장비에 연결되는 형태 등이다.
- **일대다 통신**: 중앙 시스템이 지속적 또는 간헐적으로 동시에 여러 제품에 연결된다. 자동차 제조업체 테슬라의 경우, 다수의 자동차가 연결된 중앙 시스템이 성능을 모니터링하고 원격 수리 및 업그레이드 서비스를 제공한다.

• **다대다 통신**: 복수의 제품들이 다른 종류의 여러 제품들에 연결되고, 많은 경우 외부 데이터 소스에까지 연결된다. 농기구의 경우, 여러 종류의 장비들이 서로 연결된 채 위치 정보에 접속해 전체 농장 시스템을 조정하고 최적화하는 기능을 한다. 예를 들어 자동 경작기가 정확한 깊이에 정확한 주기로 질소 비료를 주입하면, 이어서 파종기가 비료가 주입된 토양에 옥수수 씨를 심는 식이다.

연결성에는 두 가지 목적이 있다. 먼저 운영 환경, 제조사, 사용자, 다른 제품 및 시스템과 해당 제품 간 정보교환이 첫 번째 목적이다. 또 다른 목적은 제품의 일부 기능을 물리적 기기의 바깥 영역에서 작동하도록 하는 것이다. 이를 '제품 클라우드'라고 한다. 예를 들자면 음향기기 업체 보스의 새로운 와이파이 시스템에서 스마트폰 앱은 제품 클라우드에서 작동한다. 이 앱을 이용하면 인터넷에서 사용자 시스템으로 음악이 전송된다. 수준 높은 기능을 구현하려면 세 가지 유형의 연결성이 모두 필요하다.

스마트, 커넥티드 제품은 제조업의 모든 분야에서 등장하고 있다. 중장비 분야에서는 쉰들러의 PORT 기술이 엘리베이터 수요 패턴을 예측하고 목적층까지 가장 빠른 시간을 계산해 탑승객이 신속하게 이동할 수 있도록 엘리베이터를 배치함으로써 대기 시간을 최대 50%까지 줄인다. 에너지 분야에서는 자사 제조 장비는 물론 다른 회사 장비까지 연결할 수 있는 ABB의 스마트그리드(지능형 전력망) 기술이 변전 장비와 이차변전소 온도 변화 등을 비롯한 발전, 변전, 배전 설비 전반에 걸친 방대한 실시간 정보를 전력회사에 제공한다. 이를 통해 전력 제어 센터에서는 과부하 가능성을 사전에 파악하고, 정전까지 이르기 전에 예방 조치를 취할 수 있다. 소비재 분야에서는 선풍기 업체 빅에스에서 사람이 방에 들어오면 이를 감지해 자동으로 작동하고, 온도와 습도에 따라 속도를 조정하며, 개별 사용자 기호에 따라 작동 방식을 조절하는 천장 선풍기를 선보였다.

또 다른 예를 들자면, LG전자의 리모트콜 비주얼팩(RemoteCall + visual pack)[9)]이

9) http://www.remotecall.com/kr/products/remotecall-visual-pack/

있다. 가전 제품을 사용하다가 문제가 생기면, 고객은 제품 고장이나 사용미숙인지 판단하기 어렵다. 이런 경우 냉장고, 세탁기처럼 대형 가전을 A/S센터로 직접 가져가기란 사실상 불가능하여 방문 A/S를 요청하게 된다. 방문 A/S를 요청하게 되는 경우, 고객과 기사의 입장에선 시간과 비용이 낭비되는 경우가 생긴다. 실제 LG전자의 자체 조사 결과에 따르면 고객 문의 사항 중 약 20%는 오작동이나 사용 미숙으로 인한 것이여서 서비스 기사가 방문하지 않아도 해결 가능한 것으로 확인되었다고 한다. LG전자는 이 같은 문제를 해결하기 위해 스마트 커넥티드 제품을 도입하였다. 이는 고객이 직접 스마트폰으로 촬영한 현장 상황을 상담사가 확인하여, 제품의 기능과 사용 방법을 설명하고 간단한 조작이나 제품 정상 여부 확인 등의 조치를 고객이 직접 할 수 있도록 지원하는 솔루션이다. LG전자 고객 누구나 스마트폰에 'LG전자 영상 상담' 전용 앱을 설치하여 상담 신청을 하면 LG전자의 전문 상담사와 현장 영상을 함께 보며 상담할 수 있다. 특히, 상담사가 마우스로 PC 화면에 그림을 그리면 고객의 스마트폰 화면에도 동시에 그림이 보이기 때문에 더욱 정확한 커뮤니케이션이 가능하다.

그림 1-6 LG전자의 리모트콜 비주얼팩 서비스

*출처: http://www.remotecall.com/kr/products/remotecall-visual-pack/

이러한 제품들은 어째서 지금 나타나고 있을까? 기술 환경 전반에 걸쳐 다양한 혁신이 이뤄진 덕분에 스마트, 커넥티드 제품을 구현하는 일이 기술적으로나 경제적으로

가능해졌기 때문이다. 성능, 소형화, 에너지 효율성 면에서 비약적으로 진화한 센서와 배터리, 제품에 내장될 수 있을 정도로 작아지고 저렴해진 마이크로프로세서와 저장장치, 저렴한 통신 포트와 어디서나 접속 가능하게 하는 무선통신 환경, 신속한 소프트웨어 개발을 도와주는 각종 도구들, 각 제품마다 부여할 수 있을 만큼 많은 주소를 생산해낼 수 있는 새로운 IPv6 인터넷 규약 덕분이다. 여기에 한층 강력한 보안 기능을 지원하고 서로 다른 네트워크들을 넘나들며 작동하는 핸드오프 기능을 단순화하며, 별도의 IT 지원 없이도 기기들이 자체적으로 주소를 요청할 수 있게 해주는 네트워크 프로토콜까지 마련돼 이런 환경을 잘 뒷받침해주고 있다.

스마트, 커넥티드 제품을 만들고자 하는 기업에는 여러 층으로 구성된 '기술 스택'이라는 완전히 새로운 기술 인프라가 필요하다

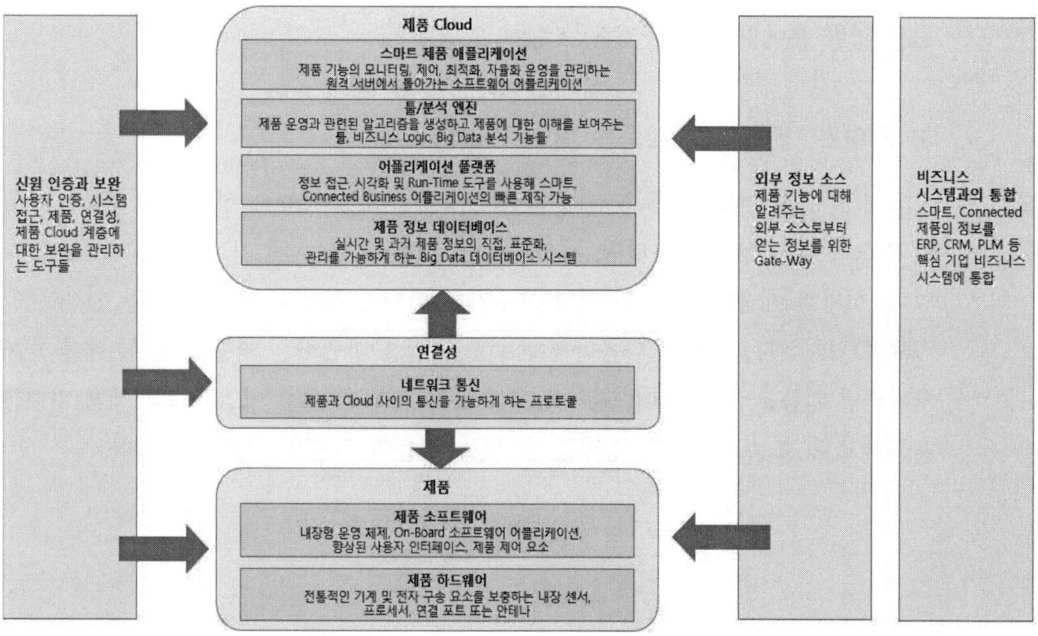

그림 1-7 스마트, 커넥티드 제품을 위한 기술 스택

*출처: HBR, How Smart, Connected Products are Transforming Competition and Companies

이 기술 스택이라는 다층적인 인프라에는 제품에 내장된 하드웨어, 소프트웨어 및 운영체제, 연결성을 위한 네트워크 통신, 제조사 혹은 제3자 서버에서 작동하는 소프트웨어로서 제품 정보 데이터베이스를 저장하는 제품 클라우드, 소프트웨어 어플리케이션 개발을 위한 플랫폼, 룰 엔진 및 분석 플랫폼, 제품 외부에서 작동하는 스마트 제품 어플리케이션 등이 포함된다. 모든 층을 가로지르는 요소로는 신원 인증과 보안구조, 외부 데이터 접근을 위한 게이트웨이, 스마트 커넥티드 제품에서 얻는 정보를 ERP나 CRM 같은 기타 비즈니스 시스템에 연결하는 도구들이 있다.

이러한 기술들은 제품 어플리케이션 개발과 운영 속도를 향상시켜줄 뿐만 아니라 과거에는 불가능했던 엄청난 양의 제품 안팎에서 생성되는 종단 자료를 수집하고 분석하며 공유하는 일을 가능케 한다. 스마트, 커넥티드 제품을 위한 기술 스택을 구축하고 지원하기 위해서는 상당한 투자가 수반되며, 소프트웨어 개발, 시스템 엔지니어링, 데이터 분석, 온라인 보안전문 지식 등 지금까지 제조기업에서 찾아보기 힘들었던 다양한 분야의 새로운 기술 역량이 요구된다.

3) 스마트, 커넥티드 제품은 어떤 기능을 갖는가

고도의 지능화와 연결성으로 인해 완전히 새로운 제품 기능과 성능들로 구성된 조합이 가능해졌다. 크게 모니터링, 제어, 최적화, 자율화라는 네 가지 영역으로 묶을 수 있다. 하나의 제품에 네 가지 영역 모두가 포함되는 경우도 가능하다. 각 기능은 그 자체로 가치 있는 동시에 다음단계를 위한 발판을 마련하는 역할을 한다. 예를 들어 모니터링 기능은 제품 제어, 최적화, 자율화의 토대가 된다. 기업은 고객에게 가치를 제공하고 경쟁 포지셔닝을 정의할 수 있는 성능의 조합을 선택해야 한다.

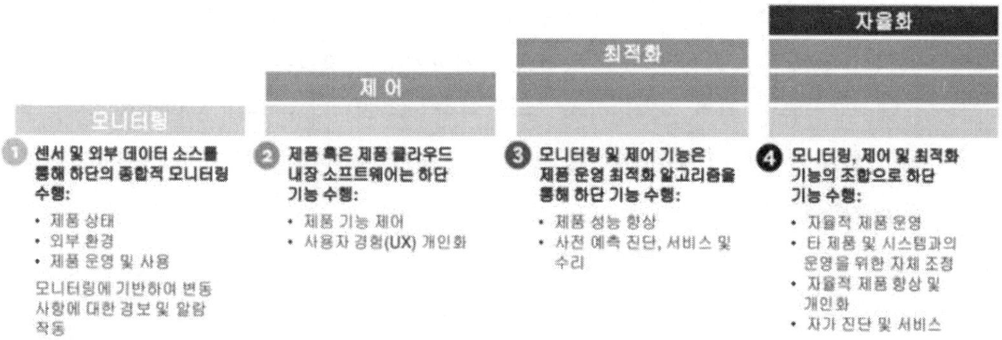

그림 1-8 스마트, 커넥티드 제품의 기능

*출처: HBR, How Smart, Connected Products are Transforming Competition and Companies

가. 모니터링

스마트, 커넥티드 제품은 센서와 외부 데이터 소스를 통해 제품의 상태, 운영 현황 및 외부 환경을 종합적으로 모니터링 할 수 있게 해준다. 제품 스스로 데이터를 활용해 상황이나 성능의 변화를 파악하고 사용자나 그 밖의 다른 대상에게 이를 알릴 수 있는 것이다. 모니터링으로 기업과 소비자는 제품의 운영 특성과 이력을 추적하고 제품이 실제로 어떻게 사용되고 있는지 더욱 명확하게 이해할 수 있다. 이렇게 수집된 정보는 제품 디자인, 시장 세분화, AS 서비스 같은 영역에서 매우 중요한 의미를 지닌다. 예를 들면 제품 설계에서 불필요한 복잡성을 줄일 수 있고, 소비자 유형별로 제품 사용 패턴을 분석할 수 있으며, 적합한 기술자가 적합한 부품을 가지고 방문함으로써 1차 수리 성공 확률을 높일 수 있다. 모니터링 자료 덕분에 사용 빈도가 높은 제품의 생산 능력 증대 같은 신규 영업 기회들이 드러나고, 품질 보증 조항을 준수하는 이슈들이 불거질 수도 있다.

의료장비와 같은 일부 영역에서는 모니터링이 가치 창출의 핵심 요소다. 메드트로닉의 디지털 혈당기는 환자 피부 속에 삽입된 센서로 측정된 조직액 내 혈당 수준을 환자의 혈당치가 한계치에 도달하기에 앞서, 빠르면 30분 전까지 환자와 의사에게 경고를 보내는 기기에 무선으로 전달한다. 이로써 환자는 상황에 맞는 치료 조치를 받을 수 있다.

서로 떨어져 있는 다수의 제품들을 함께 모니터링 할 수도 있다. 광산 장비 제조 분야의 선두업체인 조이 글로벌은 깊숙한 지하에서 진행되는 작업에 투입된 모든 장비들에 대해 운영 환경, 안전 변수, 예측 서비스(수리) 지표 등을 모니터링 한다. 또한 여러 나라의 다양한 광산에서 모니터링된 운영과 관련한 변수들을 벤치마킹 용도로 비교하기도 한다.

나. 제어

스마트, 커넥티드 제품은 원격으로, 또는 제품 자체나 제품 클라우드에 저장된 알고리즘으로 제어할 수 있다. 알고리즘이란 조건이나 환경이 특정하게 변화할 때 제품이 어떻게 대응할지 정해놓은 규칙들이다. 예를 들면 '압력이 일정 수준까지 높아지면 밸브를 닫는다', '주차장 통행량이 일정 수준에 도달하면 천장 전등을 켜거나 끈다'.

제품에 내장된 소프트웨어를 이용하거나 클라우드 방식으로 제어하면 과거에는 비용 대비 효율이 떨어졌거나 아예 시도 자체가 불가능했던 방식으로도 제품 성능을 소비자가 원하는 대로 맞출 수 있다. 이 기술을 활용하면 사용자와 제품 간 일어나는 상호작용을 제어하거나 개인화하는 일도 새로운 방식으로 다양하게 할 수 있다. 필립스 조명에서 선보인 새로운 조명 시스템 휴(hue)는 스마트폰으로 제어할 수 있으며, 누군가 침입하면 이를 감지해 붉은색으로 깜박이거나 밤에는 천천히 어두워지도록 프로그래밍 할 수도 있다. 스마트, 커넥티드 초인종이자 자물쇠 제품인 도어봇(Doorbot)을 활용하면 집주인은 스마트폰으로 방문자를 확인하고 문을 열어줄 수 있다.

다. 최적화

스마트, 커넥티드 제품에서 나오는 풍부한 모니터링 정보가 제품의 작동을 제어할 수 있는 기능과 결부됨에 따라 기업들은 기존에는 불가능했던 다양한 방식으로 제품 성능을 최적화시킬 수 있다. 스마트, 커넥티드 제품들은 현재 사용 데이터와 과거 데이터에 알고리즘과 분석 기능을 적용해 제품의 생산량, 활용도, 효율성을 획기적으로 향상시킬 수 있다. 풍력발전기를 예로 들면, 발전기에 설치된 마이크로컨트롤러는 회전할 때마다 풍력 에너지를 최대 수준으로 얻을 수 있도록 각 날개의 움직임을 조정할 수 있다. 그리고 각각의 터빈 역시 자체적인 성능을 최적화하는 것뿐만 아니라 주변에 있는 다른 발전기의 효율성에 미치는 영향을 최소화하는 식으로 제어될 수 있다. 제품 상태에 대한 실시간 모니터링 정보와 제품 제어 기능을 활용하면 고장이 임박했다고 예상될 때 사전에 점검하고 원격으로도 제품을 수리할 수 있다. 이로써 기업은 제품 유휴 시간을 줄이고 수리 인력의 파견 규모를 최소화하는 등 서비스를 최적화할 수 있다. 현장 수리가 불가피할 경우에도 어떤 부품이 필요하고 정확히 어떤 수리가 필요한지 정보를 사전에 파악할 수 있기 때문에 수리 비용을 줄이고 1차 수리에서 성공할 확률은 높이는 효과를 얻을 수 있다.

예를 들면 미국 최대 규모의 현금 자동 입출금기 제조업체 디볼드는 자사의 자동화 기기에서 문제의 여지가 있는 조기 신호를 모니터링 한다. 입출금기가 고장난 경우, 기기 상태를 분석한 뒤에 가능하면 원격으로 수리를 진행한다. 불가피하게 현장 서비스가 필요한 경우에도 파견되는 수리 기사에게 고장 분석 자료, 수리 절차, 필요 부품 정보를 미리 제공하기 때문에 효율적이다. 마지막으로 다른 스마트, 커넥티드 제품들과 마찬가지로 디볼드 입출금기도 기능 개선이 필요한 시점이 되면 업데이트를 할 수 있는데, 이는 대체로 소프트웨어를 통해 원격으로 진행된다.

라. 자율화

스마트, 커넥티드 제품에서 모니터링, 제어, 최적화 이렇게 세 가지 기능이 결합하면 기존에는 도달할 수 없었던 수준의 자율화가 가능해진다. 가장 간단한 수준의 예를 들자면 센서와 소프트웨어로 방의 구조를 인식하고 바닥을 청소하는 아이로봇의 진공청소기 룸바(Roomba)가 있다. 좀 더 복잡한 제품들은 주변 환경을 인지하고, 자체적으로 수리 필요성을 점검하며, 사용자가 선호하는 방식에 맞춰주기도 한다. 자율화는 단지 운영 인력의 필요성을 줄여줄 뿐 아니라 위험한 환경에서 운영 안전성을 높이고 원격 운영도 가능하게 한다.

자율화 제품은 다른 제품이나 시스템과 연동하는 식으로 작동할 수도 있다. 더 많은 제품들이 연결될수록 이 기능이 제공하는 가치도 급격히 치솟을 수 있다. 예를 들어

연결되는 스마트 전력 계량기 숫자가 많아지면 전력회사가 시간대별 수요 패턴을 이해하고 그에 따라 대응함으로써 전력망 전체 에너지 효율성이 높아질 가능성이 더욱 커진다.

궁극적으로는 제품 성능은 물론 시스템 내부에 존재하는 다른 제품들의 활동을 포함한 운영 환경 정보를 모니터링하고, 이를 활용하는 알고리즘이 적용되며, 다른 제품들과 통신하는 기능도 발휘되면서 완벽하게 자율화된 제품들이 등장할 수 있다. 이때 운영자는 각각의 제품이 아닌 제품군 전반이나 전체 시스템 성능만을 모니터링하면 된다. 조이 글로벌의 롱월 광산 시스템은 지하에서 자율적으로 운영되고, 지상의 광산제어 시스템이 이를 감시한다. 장비 성능과 고장 여부를 지속적으로 모니터링하기 때문에 사람이 직접 해결해야 하는 문제가 생겼을 때만 기술자들이 지하에 내려간다.

4) 스마트, 커넥티드 제품이 어떻게 산업 구조를 변혁시키는가

스마트, 커넥티드 제품이 산업 내 경쟁 구도와 수익성에 미치는 효과를 이해하려면 산업 구조에 미치는 영향부터 먼저 살펴봐야 한다. 모든 산업에서 경쟁은 구매자 교섭력, 기존 경쟁기업들 간 경쟁 특성과 강도, 신규 진입의 위협, 대체상품의 위협, 공급자 교섭력이라는 다섯 가지 경쟁 요인의 영향을 받는다. 이러한 요인들의 전반적인 구성과 역학관계에 따라 산업 내 경쟁의 특성과 기존 경쟁업체들의 평균 수익률이 결정된다.

산업 구조의 변화는 새로운 기술, 소비자 수요 혹은 다른 요인들이 이러한 다섯 가지 경쟁 요인을 바꿀 때 나타난다. IT가 인터넷이라는 날개를 달았을 때 그랬던 것처럼 스마트, 커넥티드 제품은 여러 산업의 구조에 상당한 영향을 미치리라 예상된다. 그 영향을 가장 크게 받을 분야는 제조업이다. 실제로 우리 주변에서 점점 그러한 모습을 보게 되는데 제품 시스템의 영역을 넘어 시스템들의 시스템으로 확장되고 있는 추세라는 점은 부인하기 어렵다. 스마트 빌딩, 스마트 홈, 스마트 시티 등이 그러한 예이다. 존 디어(John Deere)와 AGCO의 경우 농기계 뿐만 아니라 관개 시스템과 토양, 비료 공급, 날씨, 작황 정보, 상품 선물 거래 등에 이르는 다양한 정보와 연결하기 시작했다. 이러한 변화는 경쟁 기업들과 정보를 다루는 면에서 커지는 현상 그 이상이며 경쟁 기업들에게 있어서는 위협이 될 수도 있다. 그래서 시스템들의 시스템, 그러면서 산업 자체의 재정의가 이뤄지는 것이다.

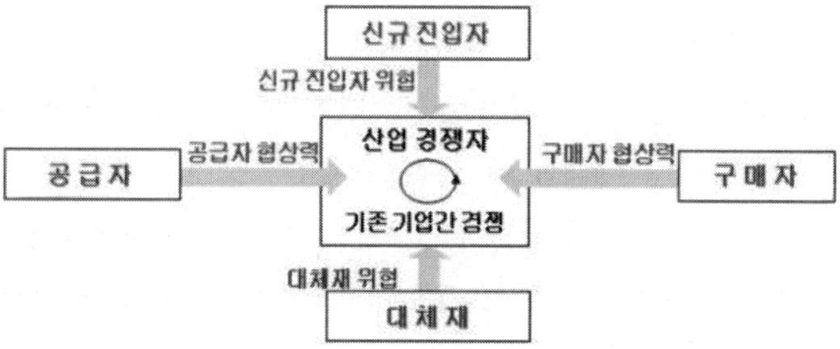

그림 1-9 기업이 고려해야할 다섯 가지 경쟁요인

*출처: HBR, How Smart, Connected Products are Transforming Competition and Companies

가. 구매자 협상력

구매자 협상력은 소비자들이 공급자들과 거래할 때 발생하는 힘의 우위를 말하며, 구매자들이 대량구매가능성이 높거나, 제품, 서비스에 대한 정보를 가지고 있을 경우, 공급자들이 많아 선택의 폭이 넓을 경우에 교섭력이 강화된다. 구매자 교섭력이 강화되는 예로서 도시에 무수히 많은 편의점이 들어서 있어서 소비자들이 아무런 곳에서나 살 수 있는 선택권을 가진 경우, 또한 구매자가 인터넷으로 각 도서판매사이트에서 책 가격을 비교하여 조금 더 싼 곳에서 구입하는 경우를 들 수 있다. 최근 들어서는 전국 각지에서 인터넷 서비스의 확충과 SNS(Social Networking Service)의 사용증가로 생산품에 관한 정보를 많은 구매자들이 공유하게 됨으로써, 구매자 교섭력이 점점 증대되고 있다.

즉, 스마트, 커넥티드 관련 기술은 수요자가 실제로 어떻게 제품을 사용하는지에 대한 데이터를 활용하여 세분화, 맞춤형 제품 생산, 부가가치 서비스로 확장하여 제공할 수 있는데, 이는 수요자와의 관계를 강화하여 전환비용을 높임으로써 구매자의 협상력을 약화시킨다. 반면 스마트, 커넥티드 관련 기술은 다양한 제조업체의 데이터를 활용하여 성과를 비교함으로써 업체를 선택할 수 있으며, 서비스로서의 제품을 다루는 비즈니스 모델이나 제품 공유 서비스는 전환비용을 줄여 구매자 영향력을 강화할 수 있다

나. 공급자 협상력

공급자 협상력은 공급자가 구매자들과 거래할 때 발생하는 힘의 우위를 말한다. 공급자가 제품을 차별화, 다양화 할 경우, 구매자가 많은 경우, 전환비용이 많은 겨우, 독점적 지위를 가진 경우, 공급자가 정보를 가진 경우에 강화된다. 공급자 교섭력이 강해지는 예에는 휴대폰 회사들이 기존 제품들과는 차별화, 다양화하여 새로운 스마트폰을 출시하여 시장 점유율을 높이는 경우, 또는 사람들이 생활하는 데 필요한 생필품(라면, 설탕, 우유 등)의 가격을 임의로 조정할 수 있는 경우, 각 통신사마다 구매자들이 휴대폰 구입 시 약정을 걸어놓아 다른 통신사로 이동할 경우 벌과금을 물게 해 전환비용을 높임으로써 구매자들의 이동을 막을 경우, 포스코 같은 철강회사가 철강업에서 독점적 지위를 가지는 경우, 중고차 시장에서의 판매자는 중고차중 좋은차와 나쁜차를 알기 때문에 이를 소비자에게 속여 팔거나, 의료시장에서 의사들이 손님들이 의료지식에 대해 잘 모른다는 점을 이용하여 거래하는 경우가 존재한다.

즉, 스마트, 커넥티드 관련 기술에 의해 반도체, 소프트웨어, 네트워크 서비스, 내장형 운영체제, 데이터 저장과 분석, 클라우드와 같은 기술적 구성요소를 제공하는 강력한 공급업체들이 등장하여 협상력을 강화할 전망이다.

다. 대체 상품이나 서비스의 위협

대체 가능한 상품이나 서비스가 많으면 위협이 커지고, 적으면 약해진다. 예를 들어 전환비용은 고객이 다른 제품과 서비스로 전환할 때 발생하는 비용으로, 아시아나 항공을 이용하는 사람이 대한항공을 이용할 때 아시아나 항공에서 제공하는 마일리지를 쓸 수 없게 되므로 이 또한 손해보는 전환비용이 된다. 이처럼 전환비용은 공급자 교섭력을 증가시키면서, 대체제와 서비스의 위협을 최소화 하는 역할도 하게

된다. 우리 주변에 대체제와 서비스를 많이 보게 되는데 대표적인 예가 소고기와 돼지고기이다. 소고기가격이 급등하면 돼지고기를 사람들은 찾게 되는데 이는 돼지고기가 소고기를 대체할 수 있는 육류식품이기 때문이다. 또한 소고기와 돼지고기 값이 오르면서 닭의 수요가 증가하는 사례가 있다.

스마트, 커넥티드 관련기술은 기존 제품에 과거에는 지원되지 않았던 스마트 기능, 데이터 분석을 통한 맞춤형 제품 생산 및 부가가치 서비스 등의 제공을 가능하게 해주기 때문에 대체제의 위협을 감소시킨다. 하지만, 기존 제품의 기능 및 관련 부가서비스를 포괄하는 새로운 제품의 공급은 기존 제품을 대체할 수 있다. 특히 스마트, 커넥티드 관련기술에 의해 필요로 하는 시간과 장소에서 제품을 사용한 만큼 지불하는 공유형 비즈니스 모델의 경우 기존의 소유권 모델을 모다 쉽게 대체할 수 있다.

라. 신규참여자의 위협

신규 또는 잠재적 경쟁자의 진입장벽이다. 기존 경쟁사들은 새로운 경쟁자가 시장에 진입하는 것을 막기 위해 법률규제, 강력한 브랜드 효과, 높은 전환장벽, 투입자원 확보의 어려움, 높은 투자수요액 등의 진입장벽을 쌓게 된다. 이런 예로 우리나라 이동통신사는 SKT, LGT, KT가 독점하고 있으며, 이들 시장에 진입할 경우 새로운 통신망 구축과 같은 전환비용, 높은 마케팅비용과 투입비용이 사용되므로 쉽사리 진입이 불가능하다. 또 브랜드도 신규진입의 위협을 최소화하는데 영향을 미치는데 라면 시장에서 농심의 브랜드가 워낙 높아 수많은 구매자들을 보유하고 있어 신규진입을 막을 수 있다. 또한 기존 회사들은 견고한 판매망과 저렴한 제조방식, 시장에서의 다양한 자료들을 보유함으로써 신규경쟁자보다 우위에 서기 때문에, 신규진입자는 이를 처리하는데 막대한 투입비용이 든다.

스마트, 커넥티드 관련기술은 스마트 기능, 유무선 연결, 클라우드 통한 데이터 분석·전달, 보안 등을 다양한 기술적 계층을 포함하는 복잡시스템으로 고정비용을 올림에 따라, 진입장벽을 높인다. 또한 기존의 단순 디바이스 생산에서 디바이스를 상호연결하고 데이터 처리·가공 및 원격으로 전달하는 영역이 포함되어 제품에 대한 정의가 확대된다는 점은 신규 또는 잠재적인 경쟁자에 진입장벽으로 작용한다. 이외에도 초기에 빅 데이터를 수집·축적·분석·활용하는 능력으로 제품·서비스를 차별화하여 구매자의 충성도와 전환비용을 높이는 점은 진입장벽을 높인다. 하지만 이와는 대조적으로 스마트, 커넥티드 제품을 구성하는 보완적인 업체들에게는 성장할 수 있는 새로운 기회를 제공함에 따라 진입장벽을 낮춘다.

마. 기존 경쟁자 간의 경쟁

시장에서 경쟁이 치열할 때 높아지고, 약해지면 낮아진다. 기존 경쟁사들 간에는 시장에서 가격정책, 제품의 개발과 다양화, 고객만족 서비스, 설비확충 등을 통해 유리한 위치를 차지하기 위해 경쟁을 벌이는데, 소매 식료품간의 경쟁으로 판매가격이 낮아지고, 편의점, 제과점 등이 많아짐에 따라 매출을 늘리기 위한 이벤트와 마케팅이 늘어나는 것이 있다. 하지만 이 같은 과열양상은 부정적인 결과도 초래한다. 예를 들어, 한 빵가게에서 빵을 산 손님이 쥐가 나왔다며 인터넷에 올렸는데 알고 보니 근처 경쟁업체 빵집주인이었다. 또한 최근에는 삼성이 자사 TV 시연회장에서 LG의 기술과 홍보방식을 비방하여 이에 반발한 LG역시 시연회를 가져 삼성에 대응하는 모습을 보이면서 소비자들에게 혼란과 불쾌감을 야기하여 많은 비판을 받았었다. 최근 들어 경쟁사간의 경쟁이 치열해짐에 따라 경쟁사에 대한 비방과 도덕이지 못한 행위들이 갈수록 증가하고 있다. 이 같은 현상의 피해는 결국 소비자에게 미친다.

스마트, 커넥티드 관련 기술은 하드웨어·소프트웨어 개발, 안정적인 연결, 데이터 분석 · 저장·보안 등 다양한 기술 계층 구조로 고정비용이 높아진다. 이렇게 고정비용이 높아지면 가격경쟁보다 데이터·서비스를 통해 제품의 가치를 넘어서는 가치 제안에 집중하여 경쟁하게 된다. 또한 기존 또는 과거에는 분리된 제품이나 서비스 사이에 경쟁관계가 존재하지 않았지만, IoT 기술로 인해 제품이나 서비스가 확장된 시스템의 일부가 되면서 경쟁관계가 새롭게 형성되어 경쟁관계가 강화된다.

바. 기술변화

위에서 언급한 다섯 가지 요소들 이외에도 기술변화는 산업의 영역을 변화시키는데 중요한 기능을 담당하고 있다. 즉 기술변화는 기존 산업영역을 구분하는 경계를 확장시키거나 축소하는데 커다란 영향을 미치고 있다는 점이다. 특히 스마트, 커넥티드 관련기술은 이러한 측면에서 산업의 정의 자체까지도 확장시킬 수 있다. 제품이 다른 관련 제품들과 결합 또는 통합되어 폭넓고 근원적인 수요를 만족시키는 방향으로 나아감에 따라 산업 내의 경쟁하는 경계들이 확장된다. 특히 경쟁의 기준이 단일 제품(a discrete product)의 기능 중심에서 폭넓은 제품 시스템(broader product system)의 성능 중심으로 변화한다. 예를 들어 제조업체는 전체적인 성과를 최적화하는 연결된 기기들과 관련된 서비스를 묶어서 패키지로 제공할 수 있다. 스마트, 커넥티드 제품의 기능이 갈수록 확대되면서 하나의 산업 내 경쟁 구조가 변화되어 산업의 경계도 확장되는 것이다. 이러한 확대와 더불어 경쟁의 기준은 단일 제품에서 연관된 제품들로 확대되고, 이렇게 구성된 제품 시스템에서 제품 시스템들을 다시 연결하는 시스템들의 시스템으로 확장된다.

표 1-1 일반적인 기술 및 스마트, 커넥티드 관련 기술이 경쟁요인에 미치는 영향

경쟁요인	일반기술의 영향	스마트, 커넥티드 관련 기술의 영향
구매자 협상력	· 제품차별화나 교체비용을 형성하는데 기반이 되어 구매자의 협상력을 변화시킴	· 보다 더 밀접한 고객 관계를 형성 및 발전시킴에 따라 구매자의 전환비용을 높여 협상력이 약화 · 구매자에게 제품의 실제 성능에 대한 더 나은 이해를 바탕으로 제조사들을 비교할 수 있게 해줌으로써 협상력을 강화
공급자 협상력	· 기존 공급자로부터 구매의 필요성을 감소시키거나, 새로운 공급자로부터 구매해야하는 필요성을 증가시켜, 한 산업에서 공급자 협상력을 변화시킴	· 기존의 물리적인 구성요소를 공급하는 전통적인 공급자의 협상력을 약화되는 반면, 스마트 및 연결성 관련 구성요소를 공급하는 업체들의 협상력이 강화
대체재	· 기존의 제품을 대체할 수 있는 제품이나 또는 새로운 용도를 개발하는 기능 수행	· 기존 제품에 대체 제품 보다 높은 성능, 맞춤성, 사용자 가치를 제공할 수 있기 때문에 대체재 위험을 감소시키는 반면, 기존 제품의 기능을 포괄하는 보다 확장된 대체 제품을 제공할 수 있기 때문에 대체재 위협을 창출할 수도 있음

경쟁요인	일반기술의 영향	스마트, 커넥티드 관련 기술의 영향
진입장벽	· 기술의 변화는 신규 또는 잠재적인 경쟁자의 진입장벽을 구축하거나(높이거나) 낮추는 결정적인 요인으로 작용	· i) 복잡한 제품 설계, 내장기술, 다 계층 구조로 구성되는 ICT 인프라 등으로 고정비용 증가 · ii) 기존 제품의 정의가 확대되고 넓어짐 · iii) 초기 빅 데이터를 수집·축적·분석·활용하는 능력으로 제품·서비스를 차별화하여 구매자의 전환비용을 높임 → 기술은 i), ii) iii)를 통해 진입장벽을 높임 · 다양한 기술적 구성요소 관련 보완업체들에게 성장할 수 있는 기회를 제공 → 진입장벽이 낮아짐
기존경쟁	· 원가구조와 가격정책에 영향을 미쳐 기존 경쟁자 사이에 존재하는 경쟁관계의 기반과 특성을 변화	· 고정비용은 증가시키는 반면, 변동비용을 낮춤에 따라, 가격경쟁 보다는 제품·서비스의 기능을 확장하는 차별화 및 부가가치 서비스 경쟁이 강화 · IoT 기술에 의해 제품이나 서비스가 확장된 시스템의 일부가 됨에 따라 기존 경쟁관계가 더욱 치열해짐

*출처: IoT 기술의 활용을 통한 기업의 경쟁우위 확보 전략 및 시사점(I)

스마트, 커넥티드 제품의 기능이 갈수록 늘어나면서 산업 내 경쟁 구도가 변화될 뿐 아니라 산업의 경계도 확장된다. 이러한 확장과 함께 경쟁의 기준점은 개별 제품에서 매우 가깝게 연관된 제품들로 구성된 제품 시스템으로, 다시 제품 시스템들을 묶는 시스템들의 시스템으로 이동하게 된다. [그림 1.10]을 보면 한 트랙터 회사의 경우에는 포괄적인 농장 자동화 사업 영역이 경쟁 영역이 될 수 있다. 농장 전체의 성능을 최적화하기 위해 농기계뿐만 아니라 관개 시스템과 토양 및 비료 공급원까지 날씨나 곡물 가격, 상품 선물거래 등에 관한 정보와 연결하기 시작하고 있다. 전등, 냉난방 공조장치 HVAC, 엔터테인먼트, 보안기기 등 다양한 제품 시스템이 연동되는 스마트 홈도 또 다른 예시다. 전체 시스템에 가장 큰 영향을 미치는 제품과 디자인을 보유한 기업이 이런 통합 과정 전체를 이끌고 상대적으로 더 큰 가치를 확보하기에 가장 유리한 위치에 있다.

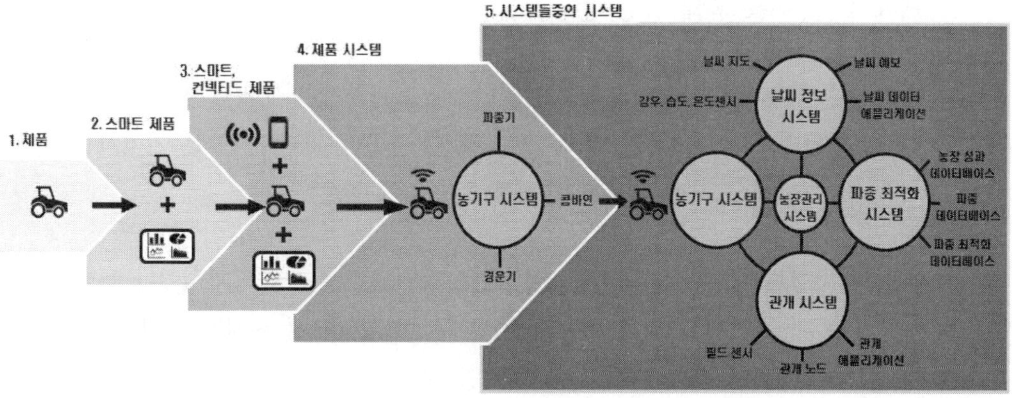

그림 1-10 기술에 의한 제품의 발전 *출처: Harvard Review

스마트, 커넥티드 제품이 산업 구조에 미치는 영향은 각 산업마다 다르지만 공통적으로 나타나는 뚜렷한 경향들이 있다. 첫째, 진입 장벽이 높아지는 현상과 더불어 제품 사용 정보를 초기에 축적하고 분석한 작업 덕분에 확보한 선도자 우위를 보면 많은 산업이 통합될 것임을 알 수 있다. 둘째, 통합에 대한 압력은 경계가 확장되는 산업에서 더 강해지게 마련이다. 이런 경우, 단일한 제품을 제조하는 업체들은 더 폭넓은 시스템들에 걸쳐 제품 성능을 최적화할 수 있는 다품종 생산기업과 펼치는 경쟁에서 어려움을 겪게 될 것이다. 셋째, 강력한 신규 진입 업체들이 부상할 가능성이 높다. 기존 제품의 틀에 얽매이지 않는 데다 따로 보호해야 할 기존 수익원도 없는 회사가 새로운 가치를 만들어내기 위해 스마트, 커넥티드 제품이 가진 잠재력 전체를 활용할 기회를 붙잡게 될 것이기 때문이다. 이러한 기업이 취하는 전략 가운데 하나는 제품 그 자체가 아니라 제품을 연결하는 시스템을 핵심 경쟁력으로 삼는 '무 제품' 전략이 될 것이다.

5) 스마트, 커넥티드 제품과 어떻게 경쟁 우위를 점할 수 있는가

산업 구조의 변화 속에서 기업은 어떻게 지속 가능한 경쟁 우위를 점할 수 있을까? 전략의 기본 원리는 여전히 유효하다. 경쟁 우위를 얻기 위해 기업은 차별화로 가격 프리미엄을 누리거나, 경쟁사보다 낮은 비용으로 운영하거나, 두 가지 모두를 추진해야 한다. 이를 통해 산업 평균보다 높은 수익성을 확보하고 성장할 수 있다.

경쟁 우위의 기반은 운영 효과성에 있다. 이 효과를 끌어내려면 첨단 제품 기술, 최신 제조 장비, 최신식 영업 방식, IT 솔루션, 공급망 관리 방식 등 가치사슬 전반에서 가장 모범적인 사례를 수용해야 한다.

운영 효과성은 경쟁에서 내기에 걸린 판돈과도 같다. 운영 효과성이나 모범 사례를 수용하는 데 소홀한 기업은 비용과 품질에서 경쟁업체에 뒤처지게 될 것이다. 그러나 운영 효과성이 지속 가능한 우위의 원천이 될 수는 없다. 경쟁사들도 동일한 모범 사례를 도입해 따라잡을 것이기 때문이다.

운영 효과성을 넘어 더 큰 목표를 향해 전진하고자 하는 기업이라면 차별화된 전략적 포지셔닝을 규정할 수 있어야 한다. 운영 효과성이 '일을 얼마나 잘해내느냐'라면, 전략적 포지셔닝은 '일을 얼마나 다르게 하느냐'를 의미한다. 기업은 고객에게 어떤 식으로 독특한 가치를 제공할지 선택해야 한다. 전략에는 트레이드-오프의 선택도 필요하다. 다시 말해, 무엇을 할지뿐만 아니라 무엇을 하지 않을지도 정해야 한다.

스마트, 커넥티드 제품은 운영 효과성의 새로운 기준을 정의하고 있는데, 이에 따라 모범 사례에 대한 기대치가 크게 높아지고 있다. 제품을 생산하는 기업이라면 모두 자사의 제품에 스마트, 커넥티드 기능을 어떻게 접목시킬지 결정해야 한다. 그러나 그 영향은 제품 자체에만 머무르지 않는다. 앞에서 논의했던 것처럼 스마트, 커넥티드 제품으로의 전환은 가치사슬 전반에 걸쳐서도 새로운 모범 사례를 만들어낸다.

내부 활동의 변화가 전략적 선택에 직접적인 영향을 주는 경우가 많지만 스마트, 커넥티드 제품이 대표적으로 디자인, 서비스, 마케팅, 인적자원, 보안에 미치는 영향이 가장 크다.

가. 디자인

스마트, 커넥티드 제품에는 완전히 새로운 디자인 원칙들이 요구된다. 여기에는 소프트웨어를 기반으로 한 맞춤화를 통해 하드웨어 표준화를 이루는 디자인, 개인화를 뒷받침하는 디자인, 지속적인 제품 업그레이드를 지원하는 디자인, 앞을 내다보거나 향상된 또는 원격 서비스를 가능케 하는 디자인이 포함된다. 하드웨어, 전자회로, 소프트웨어, 운영체제, 네트워크 등 제품의 다양한 구성을 통합하기 위해서는 시스템 엔지니어링과 애자일 소프트웨어[10] 개발에 대한 전문성이 필수적이지만, 대부분 제조회사에서 이러한 전문성은 개발되어 있지 않다. 또 제품의 개발 프로세스는 공정의 후반기와 구매 뒤에 이뤄지는 디자인 변화를 더 많이 수용해야 하는데 이 과정이 빠르고 효율적으로 이뤄져야 한다. 소프트웨어 개발은 하드웨어마다 각각 다른 '작동 속도'를 동기화시켜야 하기 때문에 소프트웨어 개발팀은 새로운 하드웨어 버전이 하나 만들어지는 동안 그 위에서 작동하는 어플리케이션을 최대 열 가지 버전으로 만들어야 할 수도 있다.

나. 애프터 서비스(AS)

스마트, 커넥티드 제품은 예측 정비와 서비스의 생산성을 크게 높인다. 제품 정보를 활용하면 현재는 물론 향후의 문제를 조기에 발견하고 정확한 타이밍에 수리할 수 있으며, 때로는 원격 수리도 가능하다. 따라서 서비스 조직 구조와 수행 절차도 이를 반영해 새롭게 구성되어야 한다. 실시간 제품 사용과 성능에 대한 정보로 현장에 출동하는 비용을 대폭 줄이고 예비 부품에 대한 재고 관리의 효율성도 크게 높일 수 있다. 또한 필요할 것으로 예상되는 부품 문제에 대한 조기 경보 덕분에 제품 고장을 줄이고 서비스 일정도 더욱 효율적으로 세울 수 있다. 제품 사용과 성능에 대한 정보는 제품 디자인을 개선하는 아이디어로도 이어져 향후 제품 고장과 이에 따르는 서비스 수요를 더욱 감소시킬 수 있다. 제품 사용 정보는 보증 기간 중 하자 수리 요청을 검증하고 보증 계약의 위반 여부를 파악하는 데도 사용될 수 있다.

어떤 경우에는 물리적 부품을 '소프트웨어 요소'로 교체하는 식으로 서비스 비용을 줄일 수도 있다. 예를 들어 현대식 항공기에서 전자식 및 기계식 제어판을 대체한 조종석 LCD 디스플레이의 수리나 업그레이드는 소프트웨어를 통해 진행될 수 있다. 제품 사용 정보로 '서비스를 고려한 디자인' 요소도 개선될 수 있다.

10) 소프트웨어 개발 환경에 따라 좀 더 빠르고 유연하게 대처할 수 있는 개발 방법론

즉, 수리가 용이하도록 고장 나기 쉬운 부품의 복잡성을 줄이거나 배치를 바꿀 수 있는 것이다. 이 모든 기회들이 가치사슬 내 서비스 활동에 획기적인 변화를 가져온다.

다. 마케팅

스마트, 커넥티드 제품 덕분에 기업들은 고객과 새로운 유형의 관계를 맺을 수 있다. 이를 위해서는 새로운 마케팅 방식과 기량이 필요하다. 기업은 제품 사용 정보를 축적하고 분석함으로써 고객이 제품에서 어떻게 가치를 얻는지에 관해 새로운 통찰을 얻을 수 있으며, 이를 바탕으로 제품 가치를 고객에게 더욱 효과적으로 전달할 수 있다. 정보 분석 도구를 활용하면 더욱 정교하게 시장을 세분화하고, 각 영역마다 제품과 서비스를 묶어 더 큰 가치를 창출할 수 있으며, 이러한 가치를 온전히 확보할 수 있는 가격 정책을 세울 수 있다. 이러한 접근 방식은 하드웨어가 아닌 소프트웨어를 조작해 낮은 수준의 한계비용으로 고객이 원하는 맞춤형 제품을 신속하고 효율적으로 만들 수 있을 때 가장 적합하다. 과거에는 고객 세그먼트에 따라 마력(horsepower)이 다른 여러 가지 종류의 엔진을 생산했지만, 현재는 동일한 엔진에서 소프트웨어로 마력 수준을 변경하는 존디어의 전략이 좋은 예시다.

라. 인적자원

스마트, 커넥티드 제품에 적합한, 새로운 요구사항을 만족하는 인적자원을 확보하는 일은 커다란 도전이다. 새로운 기술을 갖춘 인재의 고용이 시급하지만 이러한 인력에 대한 수요는 워낙 크기 때문이다. 전통적으로 기계공학 전공자들로 채워졌던 기술 부서에 소프트웨어 개발, 시스템 엔지니어링, 제품 클라우드, 빅데이터 분석을 비롯한 다른 분야들의 전문가들이 추가돼야 한다.

마. 보안

제품의 형태가 System of System으로 변천될수록 센서, 스마트 디바이스 및 액츄에이터 등 다양한 연결성이 초래할 여러 가지 보안 위협의 가능성이 있다. 항상 연결되는 조건이 붙는 스마트, 커넥티드 제품에서는 보안이 최대의 과제가 된다. 제품과 입출력되는 데이터나 제품 간 교환되는 데이터의 보호, 제품 부정이용의 방지, 제품 기술스택과 타 기업시스템과의 안전한 상호연결 등 지켜야 할 점이 매우 많다. 이를 위해 새로운 인증프로세스(예를 들면, 미래부 사물인터넷 정보보호로드맵상의 보안 인증제)나 제품이용 데이터의 안전한 저장, 제품데이터와 고객데이터의 보호, 접근권한의 설정과 관리, 제품 그 자체의 보안 등이 필요하다. 이러한 문제를 해결하기 위한 기법 중에는 다중센서의 상황인식, 경량암호, 비밀분산저장 방법 등이 있다.

사. 경쟁우위 확보를 위한 전략

스마트, 커넥티드 관련 기술은 공정 혁신을 통해 운영의 효율성 강화와 제품 혁신을 통한 차별화 측면에서 주요한 역할을 수행할 수 있다.

첫째, 기본적으로 가치사슬의 기존활동에 스마트, 커넥티드 관련 기술이 도입되어 소재, 반제품, 완제품, 생산설비 등에 센서, 네트워킹, 인터페이스 기능이 부착되면, 물류투입에서 운영, 물류산출, 마케팅 및 판매활동, 서비스 활동에서 생성되는 데이터를 수집·분석·활용하여 다양한 문제점들을 실시간으로 해결하는 공정혁신이 강화된다. 이 때 지원활동 부분의 대표적인 기술인 정보시스템은, 스마트, 커넥티드 관련 기술이 도입된 기존활동과 지원적 활동을 연계·연동하여 기업의 전체 가치사슬 활동을 조정 및 최적화함으로써 운영의 효율화에 기여한다. 구체적으로 스마트, 커넥티드 관련 기술이 반영된 정보시스템에는 빅데이터를 수집·분석·처리하기 위한 스토리지, 네트워크 접속, 데이터 분석 등 새로운 기반 솔루션 및 서비스 등이 요구된다. 그리고 이러한 빅데이터의 분석기능을 포함하는 정보시스템에 의한 정보흐름으로 공급체인, 조직운영, R&D 등의 지원활동이 조정 및 최적화될 수 있다. 예를 들어 생산설비가 상호간에 서로 연결되는 동시에 정보시스템과 연동되면, 모니터링·제어와 동시에 최적화 ·자율적인 통제가 가능해 지며 더 나아가 에너지 효율 및 물류의 부문과의 최적화도 가능해 질 수 있다.

둘째, 기존 제품 및 서비스에 대한 IoT 기술 적용을 통해 새로운 수익 창출이 가능한 제품 혁신이 강화된다. 특히 기본적으로 IoT 기술이 제품에 적용으로 발생되어 집·축적·분석되는 데이터는 새로운 또는 개선된 제품을 기획·설계·디자인 하는데 활용되는 동시에 맞춤화된 제품 및 부가 서비스를 제공할 수 있다. 더 나아가 단순히 제품을 팔고 유지·보수하는 기존 비즈니스 모델에서 제품을 상시 모니터링·제어하고 최적화해 주는 새로운 비즈니스 모델로의 변화도 가능하게 되었다. 예를 들어 기존 제품의 교체 및 유지·보수를 통한 기능의 관리·개선이 아니라, 제품의 기능을 상시 또는 실시간 모니터링하고, 제품에 탑재된 소프트웨어로 기능을 개선할 수 있다. 그리고 실시간으로 제품을 모니터링하여 문제가 발생하면 원격으로 제어하는 동시에 데이터를 분석하여 예방적으로 문제를 해결하는 것이 가능해 진다. 따라서 제품의 판매·관리를 통한 단순 사업모델에서, IoT 제품과 부가서비스를 통해 사용자의 성과를 관리해 주고 수익을 창출하는 사업모델도 가능해 진다.

❙표 1-2❙ 경쟁우위 창출에 미치는 영향

상황	내용
원가 절감 및 차별화	· 기존 공정의 혁선으로 효율화 강화, 상품 및 서비스 차별화의 혁신으로 신규 수익 제공 · 기술 활용을 위해 전문 인력, 새로운 장비도입, 기존 시스템과 연계 및 운영이 요구되므로 모방하기 어려운 경쟁우위 작용
초기 진입자 이익	· 빅데이터를 수집, 축적, 분석, 활용할 수 있는 능력으로 축적된 지식은 이익 발생 · 생태계를 구축하여 개방된 협력구조로 구축, 운영을 위한 기술로 잠재적 이점
산업전반의 구조개선	· 기존 다양한 구성요소 공급업체들에 성정할 수 있는 기회 제공 · 다양한 산업에 효율성, 혁신성, 생산성 등의 향상으로 파생시장의 성장 예상

*출처: IoT 기술 등장에 따른 기업환경변화와 경쟁우위에 대한 고찰[11]

이외에도 IoT 기술을 초기에 도입하거나 공급하려는 업체들에게 초기 진입자 이익이 작용할 가능성이 존재한다. IoT 기술은 기본적인 센싱, 네트워킹, 인터페이스 기능 등을 조합하여 적용하는 것 외에도 산출된 빅데이터를 수집·축적·분석·활용할 수 있는 능력이 요구된다. 따라서 이러한 특성으로 지식의 누적성이 강조되어 초기 진입자의 이익으로 작용할 가능이 높다. 또한 IoT 기술은 특정 기업이 개발하여 제공하는 통제된 환경보다는, 생태계를 구축하여 개방된 협력구조가 이상적인 형태

11) 김민식·이은민 (2014), "IoT 기술 등장에 따른 기업 환경변화와 경쟁우위에 대한 고찰", 《방송통신정책》, 제26권 16호 통권 584호, 2014. 9. 1.

이다. 따라서 IoT 기술개발은 복잡한 기술적 구성요소로 인한 상호의존 관계가 존재함으로 이러한 상호의존 관계의 구축 및 운영은, 기술적 우위가 없어진 뒤에도 초기 진입자로서 비용구조 및 차별화 측면에서 잠재적인 이점을 보유할 수 있다.

원가 절감 및 차별화, 초기 진입자 이익, 산업 전반의 구조개선 등 세 가지 측면에서 위의 [표 1-2]와 같이 기업의 경쟁우위 창출에 영향을 미치고 있는 것으로 볼 수 있다. 따라서 기업은 경쟁자보다 초기에 기술을 도입하여 공정 및 제품혁신을 통해 운영의 효율화와 제품 차별화를 강화하여야 하며, 생태계를 구성하거나 활용하여 산업 전반의 구조 개선에 참여하는 전략을 취하는 것이 필요하다. 이에 열 가지 새로운 전략을 볼 수 있다.

- 기능이나 특성 중 무엇을 추구할 것인가
- 제품에 구현할 것인가, 클라우드에 설치할 것인가
- Open? Close?
- 기능이나 인프라를 자체 제작할 것인가, 외주할 것인가
- 어떤 데이터를 확보, 분석할 것인가
- 제품 데이터의 사용과 접근권한의 관리
- 채널의 중간경로를 배제할 것인가
- 비즈니스 모델을 변경할 것인가
- 데이터 판매 비즈니스는 있는가, 없는가
- 사업범위의 확대를 해야 하는가

6) 제품 정보 소유권과 접근 권한을 어떻게 관리해야 하는가

어떠한 정보를 수집하고 분석할지 선택했다면, 이러한 정보에 대한 권한 관리를 명확히 해야 한다. 핵심은 누가 실제로 정보를 소유하느냐 하는 문제다. 제조회사가 제품을 소유할 수는 있지만 제품 사용에 대한 정보의 소유권은 고객에게 있을 수 있다.

예컨대 스마트, 커넥티드 항공기엔진에서 전송되는 정보의 정당한 소유자는 누구일까? 엔진 공급자, 항공기 제조사, 아니면 항공기를 소유하고 운영하는 항공사일까?

스마트, 커넥티드 제품의 정보에 대한 권리를 확립하는 데도 여러 방식이 있다. 기업에서는 제품 정보에 대한 완전한 소유권을 추구하거나 공동 소유권을 검토할 수 있다. 사용 권한에도 기밀유지협약, 공유권, 판매권 등 다양한 수준이 있다. 정보의 수집과 사용을 투명하게 추진할지 여부도 결정해야 한다. 정보에 대한 권한을 분명한 계약으로 명시할 수도 있지만 작은 글씨 혹은 이해하기 어려운 표준 문서 속에 감출 수도 있다. 비록 산업 전반에 걸쳐 좀 더 투명한 정보 수집으로 향하는 움직임이 걸음마 단계에 있지만 정보 공개와 소유권에 대한 표준은 아직 확립되지 않은 상태다.

정보 권한과 접근 문제를 다룰 때 또 다른 선택 사항은 제품 구성 요소를 공급하는 업체에 해당 요소의 상태와 성능에 대한 정보를 제공하지만 위치 정보는 제공하지 않는 식으로 정보 공유 체계를 수립하는 것이다. 다만 공급업체가 제품이 어떻게 사용되는지 완전히 이해하고 있지 못하다면 정보에 대한 공급자의 접근을 제한하는 일은 잠재적인 이익을 줄어들게 하면서 혁신까지 더뎌지는 부작용을 가져올 수 있다. 고객과 사용자는 이러한 선택에 발언권을 행사하고 싶어한다. 오늘날에는 제품 사용에 대한 정보를 다른 사용자들보다 훨씬 더 기꺼이 공유하려는 고객들이 있다. 예를 들어 핏비트가 소비자에게 제안하는 가치 중 하나는 수집된 개인 운동 정보를 소셜미디어로 공유하는 기능이다. 그러나 모든 고객이 이 정보를 공유하길 원하지는 않는다. 마찬가지로, 조심스러운 운전자는 보험회사나 렌터카 회사와 운전 습관 정보를 기꺼이 공유할 수 있지만 거부하는 사람도 있을 수 있다.

기업은 고객이 사용 정보나 기타 정보를 공유하도록 장려하기 위해 명확한 가치 제안을 할 필요가 있다. 가치사슬 전반에서 생성되는 정보의 가치를 좀 더 잘 알게 됨에 따라 고객은 어떤 정보가 수집되며, 어떻게 활용되고, 누가 이익을 얻는가에 대한 결정에 좀 더 적극적이고 요구 수준이 높은 참여자가 될 것이다.

요즘은 스마트, 커넥티드 제품을 처음 켜면 제품 정보 수집에 광범위한 동의를 요구하는 내용이 나오는데, 이를 '대강 클릭하면서 훑어보고 지나치는' 일이 일반적이다.

고객이 이에 동의하면 기업은 제품 정보를 무차별적으로 수집하고 큰 제약 없이 사용할 수 있다. 조만간 이러한 권한을 관장하는 더욱 엄격한 계약 체계와 장치가 등장해 스마트, 커넥티드 제품 정보와 관련된 지적재산권을 정의하고 보호하리라 예상된다. 기업은 마땅히 이러한 추세에 한발 앞서 대응해야 한다. 특히 가치를 이끌어내기 위해 진정으로 수집해야 할 제품 정보라면 서둘러 보호 방안을 만들어야 한다.

정보를 주의 깊게 관리하는 것 역시 필수적인 일이 될 것이다. 의료기기처럼 강력하게 규제된 사업 분야에서는 더욱 그렇다. 이미 이러한 산업 중 다수에서는 정보 접근과 보안에 대한 규제 표준이 마련되어 있다. 바이오트로닉은 부정맥 증상이나 심박조율기의 배터리 상태와 같은 환자 정보를 안전하게 수집하고 주치의 같은 특정 대상에게만 공유하도록 해주는 기반을 이미 마련했다. 그러나 산업 분야에 관계없이 앞으로 정보관리는 필수 역량이 될 것이며, 일단 정보가 유출되면 누구의 잘못인지 상관없이 심각한 결과를 초래할 것이다. 현재 계속 문제가 되고 있는 보안 리스크는 어떤 정보를 수집하고 어떻게 관리해야 하는가를 고민하게 해주는 사례의 일부분이다.

1장. 요약

1. ICT 신기술이 사람뿐만 아니라 사물의 디지털 및 네트워크화를 급속도로 확장시키면서 이제는 사람의 개입이 없이 사이버상의 정보 처리 결과로 현실을 제어할 수 있는 사이버물리시스템 (CPS: Cyber Physical Systems)을 현실화하고 있다.

2. 세계의 산업환경은 18세기에 증기기관의 발명으로 인더스트리 1.0을 거쳐 자동생산시스템 구축의 인더스트리 4.0 단계에 도달했다.

3. 제조공정에서 자동화, 정보화, 최신화된 제조 프로세스를 구성하기 위해 인력, 프로세스, 기반망과 데이터들을 연결한다.

4. 스마트 제조업 시스템은 MRP(Material Requirements Planning), MRP II (Manufac-turing Resource Planning), MES(Manufacturing Execution System) 등과 같은 기존의 생산 관리 시스템을 상호 연결하여 생산과 비즈니스 영역의 유기적인 연동을 실현한다.

5. T를 중심으로 한 변혁의 제1물결은 자동화, 제2물결은 인터넷, 제3물결은 IoT로 꼽는다. IoT에 의해 제품을 만드는 과정에서는 제품 설계, 마케팅, 애프터서비스, 인재개발, 보안 등의 모든 측면에서 변혁이 생긴다.

6. 스마트, 커넥티드 제품은 물리적 요소, '스마트' 요소, 연결성 요소라는 세 가지 핵심 요소로 구성된다.

7. 고도의 지능화와 연결성으로 인해 완전히 새로운 제품 기능과 성능들로 구성된 조합이 가능해졌다. 크게 모니터링, 제어, 최적화, 자율화라는 네 가지 영역으로 묶을 수 있다.하나의 제품에 네 가지 영역 모두가 포함되는 경우도 가능하다.

8. 모든 산업에서 경쟁은 구매자 교섭력, 기존 경쟁기업들 간 경쟁 특성과 강도, 신규 진입의 위협, 대체상품의 위협, 공급자 교섭력이라는 다섯 가지 경쟁 요인

의 영향을 받는다. 이러한 요인들의 전반적인 구성과 역학관계에 따라 산업 내 경쟁의 특성과 기존 경쟁업체들의 평균 수익률이 결정된다.

9. 경쟁 우위를 얻기 위해 기업은 차별화로 가격 프리미엄을 누리거나, 경쟁사보다 낮은 비용으로 운영하거나, 두 가지 모두를 추진해야 한다. 이를 통해 산업 평균보다 높은 수익성을 확보하고 성장할 수 있다.

1장. 연습문제

1-1. 제조공정에서 자동화, 정보화, 최신화된 제조 프로세스를 구성하기 위해 어떤 항목들을 서로 연결하는지 설명하시오.

2-2. 스마트 제조업 시스템을 설명하고, 기존의 생산 관리 시스템은 무엇이 있는지 설명하시오.

3-3. IT를 중심으로 한 변혁의 1~3물결을 핵심단어와 함께 설명하시오.

4-4. 스마트, 커넥티드 제품을 연결하는 세 가지 핵심요소를 설명하시오.

5-5. 모든 산업에서의 다섯 가지 경쟁 요인은 무엇인지 설명하시오.

02

IoT 데이터화 전략

IoT 데이터는 IoT 서비스를 구성하는 사물과 이런 구성 요소들이 사용하는 데이터, 그리고 사물간 연결을 통해 발생하는 데이터를 포함하고 있다.

▌표 2-1▐ IoT 데이터의 예

데이터 유형	데이터의 의미
통신기지국 또는 AP 위치정보	위경도 좌표, 행정 주소 등
트래픽 및 단말기 접속 규모	지역, 시간대, 접속 디바이스별 트래픽 수준 등
센서 단말기 환경 측정 정보	날씨정보(온도, 습도, 강우량 등), 대기정보, 수질 등
사물정보	집, 자동차, 공공장소 등에 있는 다양한 사물 속성 정보 등

*출처: 한국정보화진흥원, 초연결 사회를 견인할 IoT 데이터화 전략

즉, 스마트폰, 네트워크 및 기지국, 사물 디바이스를 포함한 다양한 구성 요소의 속성 정보 데이터와 디바이스에 의해 발생되는 정보과 트래픽도 포함된다. 이는 인터넷에 직접 접속하는 기능이 없는 사물의 경우 스마트 폰에 블루투스로 연결해 인터넷에 접속하는 경우가 많아서 스마트 폰이 연결자 역할을 수행한다. 또한 블루투스에 IPv6 표준의 IP주소가 할당되더라도 모바일 환경에서 인터넷망과 연결이 되기 위해서는 스마트폰이 필요하다.

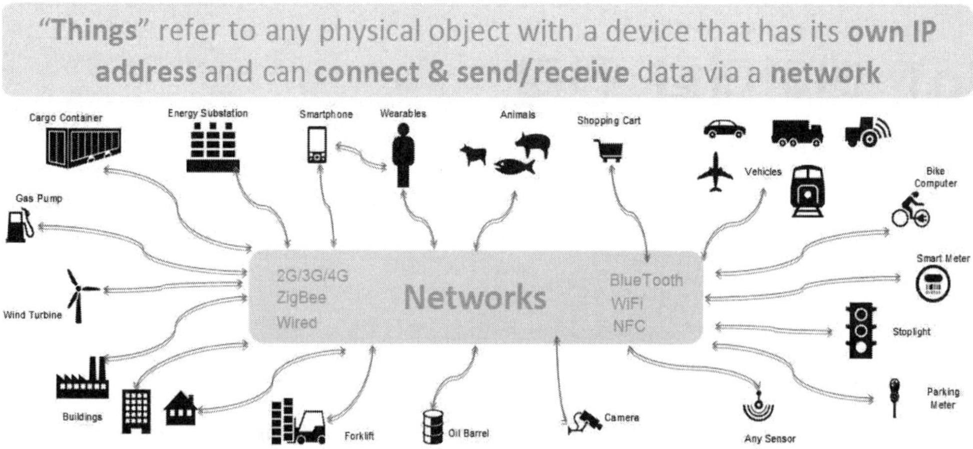

그림 2-1 IP 주소를 기반으로 사물 연결 및 데이터 생산

*출처: https://ibmcai.com/2014/06/25/the-next-phase-of-the-internet-the-internet-of-things/

웨어러블 디바이스나 환경 센서 등을 통해 사용자의 데이터를 획득하는 경우가 있다. 이러한 개인정보도 IoT 데이터로서 생산이 된다. 이는 개인을 구분할 수 있거나 프라이버시 침해 우려가 있는 데이터로 사용자의 허락이 없이 제 3자에게 제공되지 않도록 엄격한 관리가 필요하다.

2.1 | IoT 데이터 분류 및 활용

IoT 데이터는 사물이 능동적으로 동작하기 위해 필요한 데이터와 사물로부터 생성되는 데이터 등의 두 가지 분류로 접근할 수 있다. 즉, 사물의 능동적 동작을 위해 사용하는 데이터는 위치, 사물의 ID 등이고, 사물로부터 생성되는 데이터는 환경, 교통, 건강, 네트워크 트래픽 등이 해당된다. 또한 사물 간의 연결과 통신을 통해 생성되는 데이터는 서버에서 데이터를 수집하고 저장, 가공하여 새롭고 다양한 서비스 개발에 재활용하고 있다.

이러한 데이터를 이용한 기술의 발전을 위해서는 사물 디바이스가 사용하는 데이터와 사물 디바이스가 생성하는 데이터 등 모든 데이터를 체계적으로 관리할 필요가 있다.

| 표 2-2 | IoT 데이터의 분류 및 예시

대분류	중분류	데이터 예시
사물의 능동적 동작을 지원하는 데이터	사물 상황인식 데이터	물리적 환경, 공간, 시간, 컴퓨팅 시스템의 가용자원 및 가용 상황 등
	사물 ID 데이터	공공시설물, 엘리베이터, 차량 등의 관리 번호 체계 및 고유 ID 값 등
	사물 상태인식 데이터	도로, 경관, 조명, 시설물 등의 상태 데이터
	위치/공간 데이터	위경도 좌표, 행정주소, 표지물, 사회적 장소의 명칭 등
사물 디바이스에서 생성되는 데이터	공공 센서 데이터	도시관제, 건물관리, 안전/교통 및 도로관리 데이터 등
	날짜 환경 데이터	온도, 습도, 자외선, 미세먼지, 황사, 꽃가루, 유해 가스 등의 날씨 데이터 등
	교통/차량 운행 데이터	교통량, 도로정보, 차량운행 기록 관리, 버스 정보 등
	건강 데이터	건강 통계 정보, 건강 평균 정보 등

*출처: 한국정보화진흥원, 초연결 사회를 견인할 IoT 데이터화 전략

1) 사물의 능동적 동작을 지원하는 데이터

가. 사물 디바이스의 상황인식 서비스를 위한 데이터

의미 있는 IoT 서비스 제공을 위해 사물 디바이스가 능동적으로 동작할 수 있어야 한다. 이를 위해 IoT 상황인식 데이터가 필요하다. 사물이 인터넷을 통해 다양한 정보를 제공받고 스마트하게 동작하기 위해서는 사물 스스로 상황에 대한 인식을 하는 것이 중요하다. 또한 사물들이 스스로 지능적이고 능동적으로 동작도록 하기 위해서는 다양한 상황 데이터의 축적 및 관리와 제공, 활용이 필요하다. 또한 IoT에서 사물

은 데이터에 기반해 주변 상황을 인지 및 동작해서 판단하여 다양한 상황 데이터를 활용해 위치기반 서비스나 맞춤형 서비스가 가능하다.

상황 데이터는 IoT 환경에서 사물이 어떤 기능을 수행하기 위한 조건에 해당된다. 이는 특정 상황에서 정해진 기능을 수행하기 위한 서비스에 활용할 수 있다. 즉, 위치 및 환경 등 상황 데이터를 활용해서 사물이 능동적으로 동작해 사용자 상황에 맞는 맞춤형 서비스를 제공할 수 있다. 또한 사물디바이스가 사용자인 사람의 직접적인 개입 없이 상황 데이터를 기반으로 자율적으로 동작해 최종적으로는 편의성 및 가치가 높은 서비스를 제공할 수 있다.

나. 사물디바이스를 구분하기 위한 사물 ID 데이터

IoT 시대에도 각 사물을 구분할 수 있는 ID 값을 부여해 관리하고 세부적인 사물 정보는 인터넷 서버에서 제공하는 것이 필요하다. 사물 디바이스에는 사물을 구분할 수 있는 ID 값이 내장되며, 사물로부터 해당 ID 값을 다양한 엑세스 기술을 이용하여 획득한다. 획득기술로는 바코드, QR 코드, RFID/NFC 등이 있고, 좀 더 멀리서도 엑세스 할 수 있는 블루투스 비콘, 초음파 비콘 등이 있다. 사물 ID에는 절대 변경되지 않는 고유 ID가 필요하며, 이러한 ID 체계를 통해 사물 디바이스의 이력관리, 결함 발생, 수리 등 일련의 기록을 관리할 수 있다. 또한 사물 ID를 통해 사물 속성의 변화를 체계적으로 관리함으로써 사물 디바이스간의 통신에 있어서 오류를 최소화할 수 있다.

사물의 다양한 ID 정보를 사물 자체 메모리에 저장 및 관리하기에는 최신 정보의 업데이트가 어렵기 때문에 서버 기반의 관리 방안이 필요하다. 즉, 네트워크 기능이 없는 소프트웨어나 하드웨어 모듈, 센서 등에도 ID 값을 부여하기 위해서 UUID(범용 고유 식별자, Universal Unique Identifier) 체계의 사용이 권장된다. UUID는 ID 값을 생성할 때의 시간정보가 반영되어 만들어지는 특수 알고리즘을 사용한다. 확률적으로 동일 ID 값의 존재 가능성이 희박하다는 이론적 바탕을 기반으로 활용한다.

다. 사물의 상태를 알 수 있게 해주는 데이터

다양한 공공 사물 디바이스 또는 시설물 등의 속성, 상태, 접속 및 제어 방법 등 사물의 상태를 알 수 있는 데이터이다. 공공 시설물 등에 포함되어야 하는 데이터 항목, 데이터 갱신의 시기와 작업자 등에 대한 기준 마련을 통해 체계적인 상태 데이터의 구축이 필요하다. 기존의 시설물 관리 정보를 포함하여 향후 새롭게 추가되는 서비스 영역에 대한 연구를 통해 필요한 데이터 항목의 정의가 필요하다. 예를 들어, 시설물 관리 정보에는 소유권자, 설치 및 관리기관, 설치 장소, 설치일자, 최종점검일, 유효기간, 연락처 등이 포함된다. 디바이스 접속 정보에는 통신방식, 인증방식, 프로토콜, 제어정보, 제공 콘텐츠 등이 포함된다.

사물 상태 데이터 서비스가 필요한 분야는 향후 더욱 다양해지고 지속적으로 증가할 전망이다. 예를 들어, 판매/유통 분야에는 자동판매기, 무인택배 등이 해당되고 차량 및 교통 분야에는 카쉐어링, 주차장, 차량관리 등이 포함된다. 이밖에도 공공시설과 에너지 관련 시설들에 대한 정보가 추가될 것이다.

라. 위치 및 공간기반 IoT 서비스를 위한 데이터

스마트폰의 대중화로 인하여 위치기반 서비스는 당연시 되고 있다. 이러한 위치정보는 미래에서도 의미 있게 사용되는 데이터 요소이다. 디바이스의 지능형 서비스로 활용 될 수 있는 대표적인 정보가 위치정보이다. 위치를 인식하는 것만으로도 다양한 서비스의 제공이 가능해진다. 예를 들어, 네트워크에 접속하는 디바이스들은 접속되는 거점을 통해 현재 디바이스가 있는 위치를 파악할 수 있으며 자동차를 운전시 길안내, 관광지 이동 경로 정보, 주변에서 사용할 수 있는 쿠폰 제공 등의 서비스 제공에 활용될 수 있다.

| 표 2-3 | 위치정보 표현 방법

구분	내 용
위도 및 경도 좌표	지구 전체를 대상으로 특정 지점을 좌표값으로 구분한 값으로, 대부분의 지도는 위경도 좌표를 기준으로 데이터를 관리한다.
행정 주소	국가가 부여하는 주소로서 지번 또는 도로명으로 구성되며 부동산, 우편물 등의 행정적 관리를 위한 주소이다.
표지물	해당 지역을 쉽게 파악할 수 있는 물체나 특징을 뜻한다. 예를 들어, N타워, 남대문 등이 해당한다.
사회적으로 통용되는 장소명	사람들이 잘 기억하고 모이는 장소로 일상생활에서 사용자는 좌표값보다는 사회적 장소의 명칭이 더 이해하기 쉽다. 예를 들어, 대학로, 강남역 등이 해당한다.

*출처: 한국정보화진흥원, 초연결사회를 견인할 IoT 데이터화 전략

디바이스가 쉽게 이해할 수 있는 위치 정보의 표현방법은 위도와 경도의 좌표이이다. 하지만 사용자가 이해하기 쉬운 위치정보는 행정주소나 사회적으로 통용되는 장소의 이름이다. 위치정보는 크게 위도와 경도, 좌표, 행정주소, 표지물, 사회적으로 통용되는 장소로 구분하고 있다. 사물과 사람 간에 이해하는 위치정보의 표현법이 서로 다르기 때문에 위치정보는 서로 알아볼 수 있도록 변환이 필요하다. 즉, 위도나 경도의 좌표값으로 표현된 위치정보를 행정주소나 사회적으로 통용되는 장소명으로 변환하면 다양한 서비스와 연동이 가능하다. 예를 들어, 집마다 좌표값은 모두 다르지만 집이라는 의미를 동일하게 표현해 집에 있는 디바이스가 동작하도록 제어를 할 수 있는 것이다.

위치정보를 기반으로 GPX[12]를 활용한 경로 서비스, 지오펜스[13] 서비스, 블루투스 기반의 비콘[14] 서비스 등에 활용이 가능하다. GPX 포맷으로 다양한 사물 간에 위치

12) GPX(GPS eXchange Format, GPS 경로 좌표 교환 포맷): 연속적인 이동경로를 GPS 좌표값으로 표현한 것이다.
13) 지오펜스는 '지구', '토양' 등의 뜻을 나타내는 접두어 'Geo'와 울타리를 의미하는 단어인 'fence'가 결합한 단어이다. 실제 지형에 구획된 가상의 반경을 의미한다.
14) 비콘은 일종의 지오펜스 서비스이다. 하지만, 절대 좌표가 아닌 상대적 근접이라는 점에서 다르다.

경로 데이터를 교환해 관광/여행/레저를 위한 이동경로나 길안내, 산책이나 조깅 코스, 지능형 관광 가이드, 자율운행 자동차 및 드론 등의 특정 경로의 이동 제어가 가능하다. 지오펜스 서비스로는 설정된 영역 내에서의 광고발송, 행사안내, 할인 쿠폰 배포, 알람전송 등이 가능하다. 블루투스 비콘을 활용하여 특정 신호가 감지되면 해당 지역에서 사용이 가능한 쿠폰 정보를 제공해 주는 O2O(Online to Offline) 서비스로 활용이 가능하다.

추가로 위치정보 수집기술에는 GPS를 이용한 방법, 이동통신 기지국을 이용한 방법, 와이파이(Wi-Fi)를 이용한 방법, 블루투스 비콘을 이용한 방법, 가시광선 통신(Li-Fi)를 이용한 방법이 있다. GPS는 위치정보 수집에 가장 보편적으로 사용되는 기술이다. 세계 어디서나 GPS 위성신호를 받아서 위도 및 경도 좌표와 고도를 파악할 수 있다. 위치기반 서비스를 위해서는 언제 어디서나 위치를 알 수 있어야 하는데, 가장 많이 사용하는 GPS 기술은 실내에서 위치 파악이 어렵다는 것이 단점이다. 이동통신 기지국을 이용한 방법은 GPS 신호가 수신되지 않는 곳에서 사용되며 기지국을 활용해 단말기 위치 파악이 가능하다. 모바일 단말기가 기지국과의 통신으로 기지국의 cell ID 값을 획득하고 이 값을 cell ID 서버에 전달해 기지국의 위치정보를 요청함으로써 기지국 위치값을 파악할 수 있다. 와이파이(Wi-Fi)를 이용한 위치인식 시스템은 GPS 신호의 수신이 어려운 실내 위치인식에 주로 적용되며, 야외에서도 건물 등으로 인해 GPS 수신이 불량한 상황에서 활용할 수 있다. 이는 Wi-Fi AP(Access Point)의 관리 주체에 따라 AP가 소멸되거나 위치를 변경할 수 있다. 블루투스 비콘은 저전력의 신호를 사용하여 최대 50미터까지 신호가 도달함으로써 비콘이 설치된 곳을 사용자가 지나가기만 해도 위치를 파악해 서비스를 제공할 수 있다. 비콘은 NFC나 GPS 등의 기술에 비해 위치의 정확성이나 사용 범위 등에서 장점을 가진다. NFC는 사용자의 의도적 개입이 필요한 경우 주로 사용하기 때문에 위치파악 용도로는 제약이 있다. 마지막으로 가시광선 통신인 라이파이(Li-Fi) 통신기기는 조명이므로 주로 천장에 배치되고, 조명을 비추는 영역을 수 미터 이내의 좁은 영역으로 제한함으로써 위치를 더욱 촘촘하게 파악할 수 있다. 또한 Wi-Fi보다 10배 이상 빠르고 안전하게 데이터를 전송 할 수 있다. 이는 데이터 량의 급증에 따라 무선망 전송에 한계가 있고, 현재 주파수는 향후 몇 년 내에 고갈될 것으로 예측되지만, Li-Fi는 주파수에 의존하지 않아 주파수 고갈의 해결책이 될 수 있다.

2) 디바이스에서 생성되는 데이터

가. 공공센서 데이터

국토 및 도시 관리를 위한 각종 사물 센서 디바이스로부터 생성된 데이터를 수집해 다양한 응용 서비스에 활용이 가능하다. 이는 센서 설치 범위에 따라 수집되는 데이터의 양에 제약이 있고, 응용에도 한계가 있어 서비스 목적에 따라 센서의 설치 범위를 설계해야 한다.

센서 디바이스는 정부가 보유한 기상관측, 전신주, 신호 중계기 등의 지역별 거점을 활용하여 설치가 가능하다.

| 표 2-4 | 분야별 공공센서 데이터의 예

분야	내 용
교통 및 도로	교통량, 국도 모니터링, 배기가스, 교량 관리, 공공 차량 운행 기록관리 등
도시 관제	주차 및 정차, 방범, 시설물 관리, CCTV, 노약자 GPS 등
건물(시설물) 관리	에스컬레이터, 엘리베이터, 화재경보기, 자동 차단기 관리 등
에너지	가스 및 전력 소모량(지역별, 시간별 등), 전압 관리 등
재난 및 안전	지진, 홍수, 화재, 해일 및 파고, 야생동물 추적 및 감시 등

*출처: 한국정보화진흥원, 초연결사회를 견인할 IoT 데이터화 전략

나. 날씨 및 환경 데이터

실시간 및 과거의 누적된 날씨 정보의 제공을 통해 야외활동 또는 레저 활동, 농업 분야, 가상현실 체험, 원격 체험 등에 활용할 수 있다. 예를 들어, 온도 및 습도, 자외선 등의 날씨 정보와 미세먼지, 황사, 꽃가루, 유해 가스 등의 대기 정보를 레저 및 야외 활동 등에 활용이 가능하다.

날씨정보는 실시간으로 제공되는 것이 중요하지만 농작물 작황 분석 등의 서비스 성격에 따라 과거에서부터 누적된 정보가 중요하게 활용될 수 있다. 즉, 날씨 정보는 기상관측 정보를 활용하기도 하지만, 최근에는 이동통신 기지국에 기상 측정 센서를 부착해 기상 정보를 획득하는 서비스가 활성화되고 있다.

환경정보는 지구 온난화 등의 영향으로 점차 중요해지는 분야이다. 환경정보 수집을 위해 도시관제용 CCTV 정보도 활용이 가능하다. CCTV 영상은 프라이버시 침해에 대한 염려 때문에 아직 공개가 한정되어 있어 주로 안전이나 범죄, 산불감시, 자연 모니터링 등의 용도로 활용되고 있다. CCTV 정보는 교통량 감지를 위한 원격화면으로 제공이 가능하며, 차량 소통 흐름 등의 정보는 DB 구축 차원이 아닌 실시간 정보를 제공하는 데에 의미가 있다.

다. 교통 및 차량 운행 데이터

도로에 설치되어 있는 차량 통행 감지기를 통해 교통량을 파악하여 어느 도로가 막히는지 실시간으로 파악할 수 있다. 또한 도로상에서의 사고유무를 파악할 수 있으며, 여러 유형의 수배차량에 대한 추적이 가능하다.

버스 및 물류 차량 등에 OBD(운행기록 자기 진단 장치)[15]와 DTG(디지털운행기록계)[16]를 부착해 원격으로 차량 상태를 파악하고, 배차와 수리 등의 관리가 가능하다. OBD 단자에 연결하여 차량 상태는 물론, 연비와 가속도 정보를 파악할 수 있어서 차량 관리에 도움을 준다. 시중의 제품 마다 표시할 수 있는 정보가 다르며, 무선형(블루투스)보다 유선형을 모두 지원한다. 정비소에서 사용하는 고가의 정밀 스캔 장비가 아니면, 정보의 정확성이 떨어질 수 있는 단점이 있다. 또한 DTG는 차 운행에 관련한 정보를 실시간으로 저장하고 운전 습관에 해당하는 과속, 엔진 과회전, 긴 시간 과속, 급가속, 급제동 같은 운전 자료를 데이터베이스로 남겨 업무 효율을 높이는 장치다. 대형 상용차는 DTG 장착이 의무이다.

---

15) OnBoard Diagnostic: 운전석 하부에 있는 차량진단 장치로, 스캔 장비와 연결하여 보다 정밀한 차량 상태를 파악할 수 있다.
16) Digital Tacho Graph: 자동차 운행에 관련한 정보를 기록하는 기기이다.

버스에 GPS 수신기를 설치해 차량의 위치 및 운행 상황을 교통정보센터로 전달하면 이를 각 정류장에 설치된 디지털 안내판에 표시하여 승객이 확인할 수 있다.

라. 건강 데이터

건강에 대한 전반적인 통계 정보로 활용된다. 같은 성별 및 연령, 같은 지역에 거주 여부 등을 기반으로 건강에 대한 평균 정보를 제공한다. 건강 정보는 개인정보이기 때문에 특정 사용자에 대한 분별을 할 수 없고, 전체적인 건강추이를 파악하기 위한 용도로만 사용 가능하다. 예를 들어, 보험가입 시 건강 활동 정보를 누적해 관리하고 꾸준한 건강 활동이 이루어졌을 때 보험료를 경감해주는 형태로 적용이 가능하다.

2.2 | IoT 데이터 인프라 구축

1) IoT 데이터 통합 플랫폼 구축

가. IoT 데이터를 체계적으로 수집, 관리, 활용

생활환경에 존재하는 다양한 사물의 상세 정보를 파악하고 데이터를 수집, 관리, 활용할 수 있는 데이터 통합 플랫폼이 필요하다. 이는 사물 디바이스가 증가하면서 사물 정보를 파악할 수 있는 서버가 필요하고, IoT 데이터 서버를 통해 연결하고자 하는 사물의 정보를 획득하기 위함이다. 예를 들어, 사물 내에는 사물을 구분 할 수 있는 ID값이나 기본적인 정보만을 탑재하고, 자세한 정보는 네트워크로 연결이 가능한 서버에 저장할 수 있다. 사물의 속성에 따라서 제어 방식과 사용 형태가 달라지기 때문에 사물의 다양한 정보를 관리, 활용하는 데이터 통합 플랫폼이 필요하다. 즉, 사물 디바이스는 각각 용도가 다르기 때문에 고유한 속성 정보를 가지게 된다. 이러한 속성에 따라서 사물의 동작형태도 달라진다.

IoT 데이터 통합 플랫폼에서 모든 데이터를 관리하기에는 한계가 있기 때문에 지역별로 IoT 데이터 서버를 구축하여 분산 관리가 필요하다. 통합 플랫폼은 지역 및 범주별로 분산되어 있는 IoT 데이터 서버의 인증 역할을 하고, 세부 사물 정보는 지역별 IoT 데이터 서버에서 관리하는 방식이다. 만약, 사물 디바이스가 인증 받지 않은 IoT 데이터 서버에 접속하면 오류 정보를 받아오거나 해킹의 우려가 있으므로 서버 인증 과정이 반드시 필요하다.

지역별 IoT 데이터 서버는 통합 플랫폼의 인증을 통해 해킹과 보안에 취약하지 않도록 철저히 관리되어야 한다. IoT 데이터 서버에 접속이 가능한 사물에서 기하급수적으로 생성되는 다양한 데이터가 지속적으로 서버 시스템에서 갱신되도록 관리되어야 한다. 사용자 개입이 거의 없는 IoT에서는 자동화된 인증 서버의 역할이 더욱 중요하므로 해킹 방지를 위해 원격지의 IoT 데이터 서버가 안정성을 인증 받은 서버인지에 대한 관리가 반드시 필요하다. 지능화된 사물에 의해 바이러스 전파가 더욱 쉽고 빠르게 진행될 수 있기 때문에 자동화된 인증 서버의 역할이 더욱 중요하다. 이는 접속기술을 통해 사물의 ID를 획득하고 자세한 정보는 네트워크 상의 서버로부터 얻게 되므로 접속의 과부하 또는 데이터의 유실에 대비해 백업 시스템 구축도 필요하다.

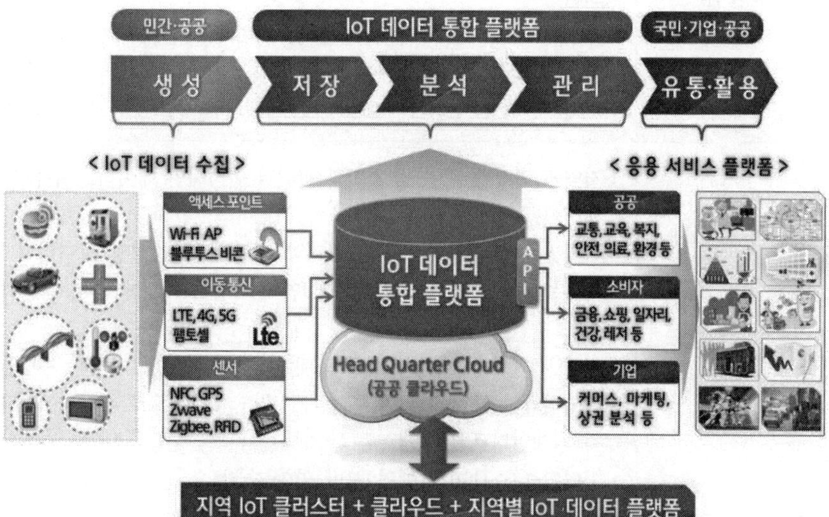

그림 2-2 IoT 데이터 통합 플랫폼 구축방안

*출처: 한국정보화진흥원, 초연결사회를 견인할 IoT 데이터화 전략

나. 데이터 특성 및 수집 방법, 위치 등의 효율성 고려

IoT 데이터의 형태나 빈도, 연결되는 네트워크가 다양하므로 수집, 갱신, 백업 과정이 복잡하고 구현의 난이도가 높아진다. 때문에 특화된 플랫폼 서버가 필요하다. 단일 시스템으로 처리하기에는 데이터 수집 및 처리속도, 데이터 탐색과 구분의 어려움이 있기 때문에 데이터 백업 및 관리의 이유 등으로 예측 못한 상황이 발생 시 유연한 대응이 가능한 플랫폼 구축이 필요하다. 또한 지역별로 수집되어 해당 지역에서 활용이 가능한 IoT 데이터는 해당 지역에서 처리 및 활용하도록 지역별 데이터 특성에 대한 고려가 필요하다.

❙ 표 2-5 ❙ IoT 데이터 통합 플랫폼 및 지역별 서버 역할의 예

분야	내 용
IoT 통합 플랫폼 (대표 도메인)	· 핵심 정보의 수집, 정제, 관리, 암호화 및 지역 서버에서 필요 정보를 입출력 · 다차원 분석 로직과 알고지름 보유 및 지속적인 개발 · 고차원적 분석을 통한 실제 공공 및 민간에 필요한 정보/서비스의 생성/교환 · 데이터 수집, 관리, 연계, 활용 및 서비스 제공에 대한 정책 수립 · 통합 플랫폼의 보안체계에 따른 연계 또는 지역 서버와 연계 · 지역 서버 및 민간 데이터와의 호환성 마련 및 보안 등의 통합 관제
지역별 IoT 데이터 서버 (서브 도메인)	· 지역별 연결된 기업 및 기기와 관련된 미시적인 데이터를 수집 및 커뮤니케이션 채널 담당 · 지역별로 분산된 IoT 기기 관리와 데이터 이상 상황 모니터링 및 관리 · 각 지역 특성 및 지역의 데이터 연계 기업의 특성에 맞는 데이터를 전문적으로 관리 · 지역별 역량을 기반으로 기초 데이터를 정제하고 데이터 수명을 관리 · 데이터 1차 분석을 통해 통합 헤드쿼터 클라우드로 송부하고, 지자체 단위 빅데이터 업무수행 · 지역별 IoT 데이터 백업 서버 역할 수행

*출처: 한국정보화진흥원, 초연결사회를 견인할 IoT 데이터화 전략

IoT 데이터 서버는 각각의 특성을 반영해 통합 플랫폼 및 지역별 서버에서 각각 분산 처리 및 관리하는 구조가 필요하다. 이와 관련하여 시스코는 클라우드 내 세분화된 접점센터를 두고 IoT에 맞는 다양한 요구사항과 데이터에 대응하는 구조로 '포그(Fog) 클라우드' 체계를 제안했다. 여기서 포그는 건물이나 특정 지역 내 데이터를 관리하는 게이트웨이 역할을 하는 서버가 정보를 처리 및 관리하는 개념이다. 데이터를 먼 곳에 있는 클라우드 서버까지 보내지 않고 해당 지역 내에서 빠르게 처리하는 원리이다.

IoT 데이터 통합 플랫폼과 지역 서버의 역할에 맞는 데이터 분석이 필요하다. 통합 플랫폼에서는 범국가적 사항들과 미래 전략에 대한 다차원적인 분석을 하고, 지역 서버는 지역별 전문화된 분야의 데이터 수집 및 분석을 한다. 여기에서 다차원 분석 모델은 오픈소스 통계 프로그램과 같은 기존의 솔루션 뿐만 아니라 외부 전문가가 참여하는 개방형 분석모델의 설계도 가능하다. 검증된 분석모델은 기업과 같은 외부의 수요가 발생할 시 제공하고 정책 수립 시에 적용하는 등의 목적으로 확장하여 활용이 가능하다. 또한 통합플랫폼과 지역 서버 간의 연계와 외부 클라우드 연계를 위해 기업, 공공기관, 의료기관과 같은 기관별 특성과 퍼블릭, 프라이빗, 하이브리드와 같은 클라우드의 특성을 고려해야 한다.

2) IoT 데이터 연계 및 활용 방안

IoT 데이터의 원활한 연계와 활용을 위해서는 데이터 서버 간 연결 및 데이터 연계, 데이터 공개, 데이터 제공, 데이터 활용 방안을 마련해야 한다.

이를 위해 우선, 통합 플랫폼과 지역 서버별 연계 데이터의 비중과 빈도 및 보안을 고려한 방안을 고려해야 한다. 통합 플랫폼은 게이터웨이 서버를 통해 데이터 입출력이 가능하다. 또한 지역 서버 간에는 정의된 API의 규격을 기반으로 연계가 가능해진다. 예를 들어, 통합 플랫폼의 필요에 의해 수합되거나 높은 보안성이 요구되는 데이터의 사례로는 금융사 거래 데이터, 통신사 기지국 정보 등이 있다. IoT 데이터의 다양한 활용을 위해 지역별 연계나 인구/사회정보, 관세정보, 특허 정보 등과 같은 정책 데이터 등과 연결되어야 한다. 예를 들어, 지역별 단위 연계가 가능한 데이터들은 부산의 '항만물류', 제주의 '관광, 중국인 투자 규모' 데이터 등이 있다. 지역 서버에서는 디바이스 목적, 지역적 특성과 상황에 따른 전문적인 데이터 처리와 데이터의 수명 주기 관리가 필요하다. 이는 각 지역의 119 차량을 위한 교통통제의 경우, 해당 지역의 특성과 상황을 빠르게 파악할 수 있는 '센터'에서 신호 처리를 해야 빠른 처리가 가능하기 때문이다.

IoT 서비스를 구성하는 요소들과 관련된 다양한 정보를 수집하여 데이터베이스화하면 IoT 데이터 기반의 새로운 서비스들이 다양하게 등장할 토대가 마련된다. 이는 실시간적으로 생성되는 1회성으로만 사용되는 IoT 데이터들의 분석을 통해 새로운 의미를 부여함으로써 새로운 서비스와 활용의 가치를 창출할 수 있다. 또한 네트워크 부하를 관리하기 위한 트래픽 정보는 접속되는 디바이스 수량에 따라 분석하고 장기적으로 누적하여 트래픽 트랜드를 예측할 수 있다.

표준화된 openAPI[17], LOD[18] 방식을 통해 IoT 데이터의 개방성을 확보함으로써 이를 활용한 다양한 제 3자 서비스의 등장을 지원한다. 이는 API로 공개된 데이터를 공동으로 이용해 새롭고 혁신적인 비즈니스를 창출하는 'API경제'를 지원한다. IoT 디바이스가 데이터를 자동으로 이해하고 처리할 수 있도록 더욱 세분화되고 표준화된 openAPI 방식의 데이터를 공개 및 제공할 필요가 있다. 웹 기반 openAPI로 지원하면 디바이스나 플랫폼 종류에 관계없이 연결이 가능하기 때문이다. 사물 스스로 판단해 동작할 수 있는 상황인식용 데이터를 openAPI로 제공함으로써 지능형 사물의 구현이 가능해지고 다양한 서비스 등장이 용이해 진다. 또한 웹페이지를 URL 주소로 링크 하듯이 사물 데이터를 링크해 사물 디바이스가 사용할 수 있도록 함으로써 IoT 서비스가 더욱 다양해지고 연관된 데이터를 추출하여 분석, 사용함으로써 디바이스 별 맞춤형 서비스가 가능해진다.

---

17) openAPI: 검색, 블로그 등의 데이터 플랫폼을 외부에 공개하여 다양하고 재미있는 서비스 및 어플리케이션을 개발할 수 있도록 외부 개발자나 사용자들과 공유하는 프로그램을 말한다. 구글은 구글맵의 API를 공개해 친구 찾기 · 부동산 정보 등 300여개의 신규서비스를 창출했다.

18) Linked Data와 Open Data를 합성하여 앞 글자를 딴 것이다. Open Data는 공공데이터를 의미하고, Linked Data는 웹 상에 존재하는 데이터를 개별 URI로 식별하고 각 URI에 링크 정보를 부여함으로써 상호 연결된 웹을 지향하는 모형을 의미한다. 즉, Linked Data 구축 원칙에 맞게 만든 개방형 데이터이다.

IoT 데이터 송수신은 거리와 호출 빈도에 따라 네트워크 방식을 선택해야 한다. 기기나 통신 대상과의 거리에 따라 네트워크방식을 선택하는 것도 가능하다. 발신한 정보에 대해 여러 개의 네트워크 장비가 반응함으로써 상세하고 복합적인 정보를 제공하고 정보의 정확성 확보 및 센싱의 정밀화가 가능하다.

3) 위치 및 비콘 데이터 관리 및 활용 방안

기존에 산재된 네트워크 기기에서 발생되는 신호를 신호 수신기로 수집하여 관리한다. 와이파이 AP에서 발신되는 신호를 신호 수집기로 수집해 위치정보를 DB화 하여 이를 활용할 수 있다. 실제로 와이파이 기반 위치정보 서비스 업체인 스카이 훅(Skyhook Wireless)은 인터넷서비스 사업자가 제공한 IP 정보를 기반으로 차량에 와이파이 신호수집기를 장착하고 각 지역을 돌아다니며 위치에 따라 감지되는 와이파이 신호를 DB화 하였었다. 이와 같은 사례를 위해서는 무단 수집 이슈와 보안성이 약한 네트워크에서 데이터 무단 취득에 대한 관리가 필요하다. 이는 매우 중요한 사안으로 취급되어야 한다.

새롭게 설치되는 기기들의 위치정보를 설비 사업자로부터 획득하여 관리한다. 와이파이 AP를 주요 상점 등에 설치해 네트워크 서비스를 제공하는 이동통신 사업자들과 제휴하여 관련 데이터를 확보할 수 있다. 이는 비콘이 통신 거리가 짧고 주로 실내에 설치되어 신호 수집이 쉽지 않으므로 운영 사업자로부터 비콘 정보를 확보하는 것이 현실적이기 때문이다. 수집 후에는 설치된 디바이스의 잦은 변경이 발생할 수 있으므로 데이터의 활용 빈도 및 중요도에 따라 정기적으로 또는 수시로 갱신이 필요하다. 이와 함께 수집 데이터의 유효성과 정합성 등을 확인하는 검증 체계가 필요하며, 최신 데이터의 이상 발생 시에는 데이터 복원을 위한 백업 체계가 필요하다.

IoT를 위한 위치정보의 제공방법도 기존의 위치정보서비스와 유사하지만 더욱 다양한 접근 방법을 통해 위치정보를 획득할 수 있도록 유연하고 확장된 구조를 갖는 것이 중요하다.

2장 요약

1. IoT 데이터는 IoT 서비스를 구성하는 사물과 이런 구성 요소들이 사용하는 데이터, 그리고 사물간 연결을 통해 발생하는 데이터를 포함하고 있다.

2. 사물이 인터넷을 통해 다양한 정보를 제공받고 스마트하게 동작하기 위해서는 사물 스스로 상황에 대한 인식을 하는 것이 중요하다.

3. IoT 시대에도 각 사물을 구분할 수 있는 ID값을 부여해 관리하고 세부적인 사물 정보는 인터넷 서버에서 제공하는 것이 필요하다. 사물 디바이스에는 사물을 구분할 수 있는 ID값이 내장되며, 사물로부터 해당 ID값을 다양한 엑세스 기술을 이용하여 획득한다.

4. 다양한 공공 사물 디바이스 또는 시설물 등의 속성, 상태, 접속 및 제어 방법 등 사물의 상태를 알 수 있는 데이터이다. 공공 시설물 등에 포함되어야 하는 데이터 항목, 데이터 갱신의 시기와 작업자 등에 대한 기준 마련을 통해 체계적인 상태 데이터의 구축이 필요하다.

5. 스마트폰의 대중화로 인하여 위치기반 서비스는 당연시 되고 있다. 이러한 위치 정보는 미래에서도 의미 있게 사용되는 데이터 요소이다.

6. 생활환경에 존재하는 다양한 사물의 상세 정보를 파악하고 데이터를 수집, 관리, 활용할 수 있는 데이터 통합 플랫폼이 필요하다.

7. IoT 데이터의 형태나 빈도, 연결되는 네트워크가 다양하므로 수집, 갱신, 백업 과정의 복잡하고 구현의 난이도가 높아진다. 때문에 특화된 플랫폼 서버가 필요하다.

8. IoT 데이터의 원활한 연계와 활용을 위해서는 데이터 서버 간 연결 및 데이터 연계, 데이터 공개, 데이터 제공, 데이터 활용 방안을 마련해야 한다.

2장. 연습문제

1-1. IoT 데이터는 어떤 것들이 포함되는지 설명하시오.

2-2. 상황인식이 왜 중요한지 IoT 측면에서 설명하시오.

3-3. IoT에서의 각 사물을 관리하는 방법을 설명하여라.

4-4. IoT에서 특화된 플랫폼 서버가 필요한 이유를 설명하시오.

5-5. IoT 데이터의 원활한 연계와 활용을 위해 해야 할 일을 설명하시오.

03

IoT/CPS/블록체인

3.1 | 정보사회에서 IoT/CPS 사회로의 패러다임 변화

1) IoT와 함께 부상하는 CPS

빠르고 혁신적으로 발전하는 IoT(Internet of Things) 신기술은 CPS(Cyber Physical System)로의 기술 확대와 발전을 촉진하고 있다. 이는 ICT 신기술의 급속한 혁신으로 IoT가 진전되면서 CPS도 동시에 부상하기 때문이다. CPS의 촉진 요인으로는 크게 센서, 모바일 기기, 클라우드, 분산처리기술 등으로 볼 수 있다. 세부적으로 센서는 점차 소형화되고 저렴해지고 있어서 사용의 폭이 넓어지고 있다. 뿐만 아니라 기술의 발전으로 저에너지화로 인하여 더욱 쓸모가 다양해졌다. 모바일기기의 경우에는 기존의 데스크탑 PC와 성능이 뒤지지 않을 정도로 고성능화되었고, 클라우드 기술이 대규모화되고 그 사용비용이 저렴해지고 있다. 이외에도 분산처리기술이 고도화되고, 통신속도가 고속화되면서 동시에 통신비용 저렴화됨으로써 CPS가 촉진되고 있다고 볼 수 있다. 또한 IoT의 진전으로 디지털 데이터를 수집·축적·해석하고, 그 해석 결과를 사이버에서 현실세계로 피드백하면서 현실과 사이버세계와의 상호관계가 발생하게 되었는데 이것이 CPS라고 볼 수 있다.

IoT와 CPS는 유사 개념이지만 IoT는 현실세계인 물리적 개념에 중점을 둔 반면 CPS는 사이버세계에 중점을 두고 있다. 지금까지 인터넷은 인간과 인간을 연결시키는 것이 주된 용도였지만, 앞으로는 여러 가지 센서에서 획득한 사물 정보가 직접 인터넷에 연계되는 시대에 도래했다. 사물을 사람의 개입 없이 직접 인터넷에 연결하기 위한 IoT는 현실(물리)세계를 중심으로 한 견해로, 현실의 사물을 인터넷에 연결하는 것에 중점을 두고 있다. CPS는 현실(물리)과 사이버세계를 연결하고 연결 이후 현실과 사이버 정보(데이터)를 융합하고 분석하여 도출된 데이터를 현실에 피드백 하는 것에 중점을 두고 있다. CPS와 IBM의 'Smarter Planet', HP의 'CeNSE(Central Nervous System for the Earth)', MIT나 Auto-ID 랩이 추진한 'IoT(Internet of Things)'등이 유사한 개념으로 시작하였다.

그림 3-1 IoT와 CPS의 연계성

*출처: 한국정보화진흥원, 일본 전자정보기술산업협회(JEITA, www.jeita.or.kr/japanese/)

2) 정보사회에서 IoT/CPS 사회로의 패러다임 변화

사회의 전반에 걸쳐서 정보화를 추진하여 정보를 중심으로 하는 정보사회가 일상생활에 더 나아가서 최근에는 사회 전체의 최적화를 통해 새로운 가치나 서비스를 창출하는 사회의 패러다임이 변화하고 있다. 정보사회에서의 주요 목적은 분야별로 합리화와 최적화를 이루는 것이었다. 하지만 앞으로는 현실과 사이버세계와의 상호작용이 근본적으로 변화하고 있다. 스마트 홈, 스마트 빌딩, 스마트 팩토리, 스마트 그리드, 스마트 교통 등과 같이 사회 모든 기반 시설이 지능화되고 서로 연결되어 상황에 맞는 서비스를 항상 제공하는 사회를 지향하고 있다.

그림 3-2 정보사회에서 IoT/CPS 사회로 진화

*출처: 한국정보화진흥원, 일본 전자정보기술산업협회(JEITA, www.jeita.or.kr/japanese/)

인공지능, 빅데이터 등의 기술이 진화함에 따라 고도의 데이터 해석이 가능해 지고, 해석 결과가 피드백 되어 점차 현실세계가 자율성을 갖고 자동화 되면서 큰 사회변혁이 일어날 전망이다. 이렇게 미래 사회는 완전히 새롭고 획기적인 어플리케이션이나 서비스 제공자를 출현시키고, 새로운 데이터 활용 가치사슬을 통해 비즈니스 모델에도 패러다임의 변화를 가져올 것이다.

3) 초연결사회로 인한 기존 산업 및 사회에 혁명적 변화

생활 환경에서 사람을 둘러싼 모든 객체들을 연결하여 각각의 객체에서 발생되는 데이터로 전 사회분야의 변화와 혁신을 가져올 것으로 예상된다.[19] 즉, 기기들간의 네트워킹을 이루는 기술적 연결과 더 나은 삶에 대한 인간의 욕구로 인하여 사람과 사물과 정보간의 실시간 상호작용이 이뤄질 것이다. 즉, 사회적 연결이 극대화되는 초연결사회로 변화하게 할 것이다.

그림 3-3 미래 IT 환경

*출처: 한국정보화진흥원, 창조적 가치 연결, 초연결사회의 도래

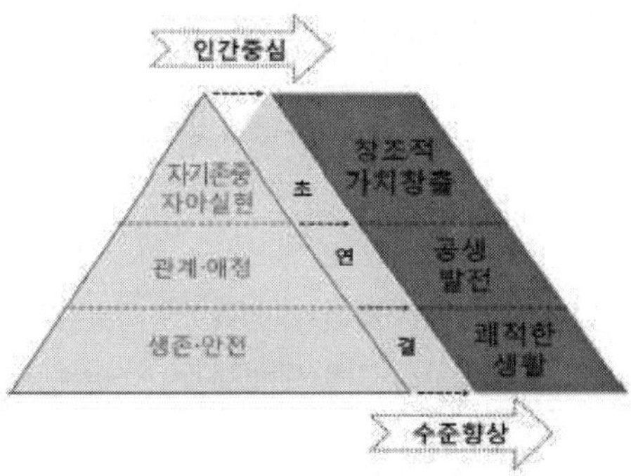

그림 3-4 인간 욕구 변화

*출처: 한국정보화진흥원, 창조적 가치 연결, 초연결사회의 도래

---

19) 한국정보화진흥원(2014, 초연결사회의 공공서비스 진화방향

초연결혁명은 스마트 그리드, u-Health, u-City 등 전 산업은 물론 일상생활까지 광범위하게 영향을 미칠 것으로 기대된다.[20] 이에 따라 기존의 산업 및 사회에 혁명적 변화를 가져올 전망이다. 이와 관련해서 세계경제포럼(WEF)은 2014년 다보스 포럼의 주요 이슈 중 하나로 '초연결(Hyperconectivity)'을 제시하고, 인류가 맞이하게 될 주요한 변화로 주목하고 있다. 또한, 이코노미스트는 2011년에 초연결시대에는 어떤 나라나 기업도 독자적으로 성공하기는 어렵기 때문에 협업, 투명성, 공유, 권력 분산을 통한 개방만이 기업의 생존과 경쟁력 제고를 보장할 수 있다고 주장했다.

4) 초연결사회를 맞아 기술 선점 필요

미래의 초연결사회를 구현하기 위해 개발되고 있는 기술들이 있다. 이 기술들은 사물인터넷(IoT), 빅데이터, 클라우드 컴퓨팅[21] 등으로 핵심 기술별로 하부기술들이 개발 중이다. 특히, 사물인터넷[22]은 M2M(Machine to Machine)이 발전된 기술로 센싱 기술, 유무선 통신과 네트워크 인프라 기술, 서비스 인터페이스 기술 등 하부기술이 이미 표준화가 진행 중이다. 여기서 사물인터넷의 연결대상은 센서, 휴대폰, 자동차, 건물, 의료기기, 금융 등 통신 연결이 가능한 모든 시스템을 포괄한다.

기술 개발을 선도하고 있는 글로벌 기업들은 자사의 핵심역량을 바탕으로 사물인터넷을 실현하여 기술의 우위를 선점하기 위해 플랫폼 및 표준선점에 경쟁 중이다. 하지만, 사물인터넷 하부기술이 아닌 자체 실현 기술에 대한 연구는 아직 정착되지 않은 상태에서 다양한 기술들이 서로 경쟁을 통해 선점을 하고자하는 시점이다. 이와 관련 사례로는 Pachube, ioBridge, HP's CeNSE, ThingWorx, sen.se 등이 있다. 아직 지배적 사업자가 없어 어떤 기업이 승자가 될지 모르는 상황이므로 상호 경쟁과 협력을 모색 중에 있다.

---

20) 관계부처 합동(2014), 사물인터넷 기본계획

21) 한국정보화진흥원(2014), 초연결사회의 공공서비스 진화방향

22) 현재 사물인터넷(IoT), M2M, IoE, USN, MTC, MoC 등 다양한 연결기술의 개념이 서로 혼재되고 있는 실정이나, 여기에서는 사물인터넷(IoT)은 M2M의 발전단계로 기기간 또는 기기에서 사람 간으로의 연결을 지원하며, 점차 사람이 직접 제어하지 않는 상태에서의 지능화된 장치가 연결을 지원하는 확장되는 개념으로 전의한다. (자료: 사물인터넷의 진화와 정책적 제언(KISDI), 창조적 가치연결, 초연결사회의 도래(NIA))

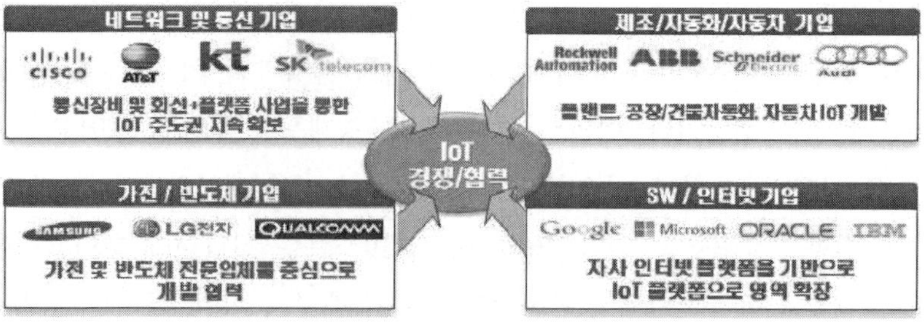

그림 3-5 글로벌 기업 동향

*출처: 관련부서 합동(2014.5.8.), 사물인터넷 기본계획

5) 초연결 및 사물인터넷 실현을 위해 CPS를 주목

하드웨어, 운영체제, 네트워크, 프로토콜, 식별체계의 호환성을 확보하고 사물이 서로 자유로운 통신 및 협업을 통해 상호연동을 함으로써 이전보다 사용자들에게 보다 편리하고 안전한 서비스를 끊어짐 없이 제공받기를 원하고 있다. 이는 기존의 각종 산업기기, 가전용품, 의료기기, 자동차, 항공기 등 컴퓨터를 탑재한 시스템이 유무선 통신을 통해 다른 시스템이 제공하는 정보를 활용하여 기능을 수행하는 복합적인 시스템 형태로 발전함에 따라서 결함의 가능성이 증대되기 때문이다. 나아가 시스템의 사소한 결합 및 오류는 전체 시스템에 영향을 미치게 되어 경제적, 사회적으로 각종 재난과 사고의 원인이 될 수 있다. 예를 들면, 1997년에 화성 탐사선이 소프트웨어 시스템의 오류로 화성에 도착한 후 스스로 리셋되는 일이 있었다. 또 1996년에는 70억 달러를 투자한 아리안 5호 로켓이 발사 40초만에 소프트웨어 에러로 폭발한 일이 있었다. 이와 같이 무기체계, 금융, 공장 등의 분야에서 시스템 간의 연동에 따른 신뢰성과 실시간성의 보장이 기술의 구현에서 큰 사항으로 떠오르고 있다.

그림 3-6 시스템 오류로 인한 사고들

*출처: 한국정보화진흥원, 창조적 가치 연결, 초연결사회의 도래

위와 같은 사항들 때문에 글로벌 기업 및 선도 국가를 중심으로 많은 이종 시스템들이 상호 연동되는 초연결 및 사물인터넷을 실현하기 위한 기술로 사이버물리시스템을 주목하고 있다.

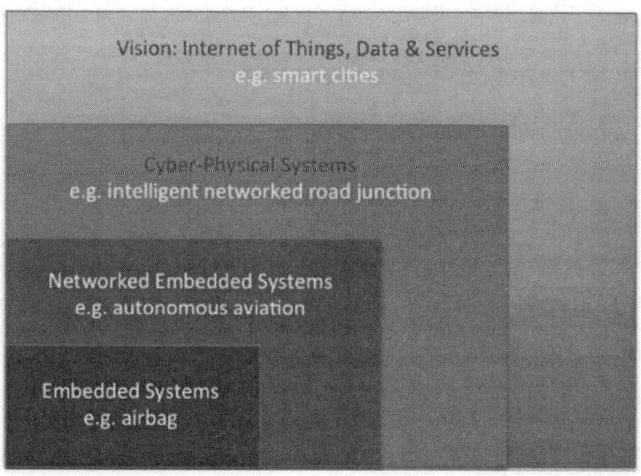

그림 3-7 시스템 발전 단계 *출처: NGC Study 2013, EUTEMA

사이버물리시스템은 센서와 엑추에이터를 이용해 물리 프로세스를 모니터링하여 물리시스템에 새로운 특성과 능력을 제공한다. 소프트웨어에 의한 신뢰성을 높이고,

실시간성과 안전성을 높인 것이 특징이다. 기존의 임베디드[23] 소프트웨어가 주로 단순화된 휴대폰이나 정보가전 등의 운용에 집중된 반면에 사이버물리시스템은 복합적인 무인자동차나 제조공정 등의 자율적인 물리시스템을 제어하는데 그 목표를 갖는다. 사이버물리시스템은 물리시스템과 제어 SW간의 관계를 설계 단계부터 단순화, 체계화하여 신뢰성을 예측 가능한 수준으로 개발하고 운영·관리하는 것이 핵심이다.[24]

3.2 | CPS 개요

1) CPS(Cyber-Physical System) 란?

가. ICT 활용에서 CPS 실현

ICT 기술을 활용한 독립된 기기를 활용하기 시작한 이후 개별 단말기의 네트워크화와 데이터의 처리에 대한 기능이 크게 발전하였다. 이로 인해 ICT 기술의 발전되면서 CPS의 구현 단계(레벨 Ⅳ)까지 발전하였다. CPS가 산업분야 중에서도 특히 제조업을 비롯한 사회 각 분야에서 실현이 구체화되면서 개발·생산·유통 등의 자동화·지능화를 넘어 사회변혁을 초래하고 있다.

참고로 CPS 프로젝트는 각국에서 진행되었다. 미국의 CPS 연구와 함께 각국의 연구자들은 CPS에 주목하기 시작하였다. 2006년 미국과학재단(NSF)이 CPS의 가능성과 과제 등의 논의를 시작하고, 2009년에 연구지원 프로그램으로 연 30억 원의 예산을 투입하면서 CPS에 주목되기 시작하였다. 미국경쟁력위원회가 미국이 향후 경쟁력 유지를 위해서는 CPS가 열쇠가 된다는 견해 피력하였고, 오바마 대통령은 2013년에 발표한 '혁신 프로젝트'에 CPS를 포함하여 이를 기반으로 한 제조·운송 등 산

---

23) 내장형 시스템(Embedded system): 특정 기능을 수행하는 전자적 시스템으로 구성된 컴퓨터 시스템으로 전자하드웨어와 기계부분을 포함하는 전체 장치의 일부에 내장된다는 의미로 임베디드라고 불린다. 예를 들어 디지털 시계, MP3 플레이어와 같은 소형 기기에서부터 교통 신호등, 공장 제어장치, 발전소 제어 시스템과 같은 고정된 설비까지 포함된다.

24) 김원태 등, 대규모 자율제어 CPS 소프트웨어 플랫폼 기술, 정보과학학회지 제31권 제12호, 2013.12

업분야에서 스마트시스템 구축을 제시하였다. 유럽 각국도 CPS 기반의 프로젝트 추진하였다. 독일은 2010년부터 CPS 기반의 '인더스트리 4.0'을 국가 미래 프로젝트로 추진하였다. 유럽 EIT ICT LABS는 2012년부터 CPS 연구를 진행하면서 CPS 비즈니스 인큐베이션, 표준화된 아키텍처, ICT 인프라 및 범 유럽 플랫폼 개발 등을 추진하였다.

▌표 3-1▐ ICT 활용의 변화와 주요 단계

단계	발전 단계	시기
레벨 Ⅰ	개별 ICT 기기를 독립적으로 활용(Stand Alone)	~ '90년대 후반
레벨 Ⅱ	일부 ICT 기기가 네트워크에 접속되고, 디지털 데이터 유통 개시(네트워크화)	~ '00년대 전반
레벨 Ⅲ	데이터 수집·축적·처리 기능이 개별 단말에서 네트워크상의 데이터센터로 이행(클라우드화)	~ '00년대 후반
레벨 Ⅳ	현실세계를 디지털 데이터로 변환·처리한 후, 현실세계로 다시 피드백 하는 루프 발생(CPS)	~ '10년대 무렵
레벨 Ⅴ	인공지능(AI)에 의한 가치 창출과 완전 자율·자동화	향후

*출처: 일본 경제산업성(www.meti.go.jp/commite/sankoushin/shojo/johokeizai/pdf/04_06_0.pdf)

나. 인프라 또는 시스템의 최적화를 위한 CPS 주목

CPS는 개념의 시스템은 이미 반도체 제조공정이나 화학 플랜트 분야 등에서는 적용되고 있었지만 도입·유지관리 비용이 높아 비용 대비 효과 측면에서 타분야에 보편적인 확산의 어려움이 존재했었다. 그러나 사회 각 분야의 기간·산업 시스템 등이 다양화·복잡화·디지털화되면서, 이를 최적화해서 활용하기 위한 방안으로 CPS에 다시 주목하기 시작하였다. 세부적으로 임베디드시스템의 복잡성이 증대하면서 기존과 다르게 SW와 물리세계의 상호작용을 위한 품질 높고 신뢰할 수 있는 설계 기법 요구되었고, 환경·에너지·교통·경제·안전·의료 등 점차 복잡해지는 사회시스템을 안전하고 효율적으로 연계하고 설계·운용·보수하기 위해 CPS를 적용하고자 하였다.

또한 급속한 ICT 발전으로 CPS를 촉진할 수 있는 환경이 정비되고, 복잡한 CPS를 가능하게 하는 요소기술이 개발되면서 CPS가 확산되었다. 이는 수집·축적된 대량의 데이터를 처리할 수 있는 프로세서의 속도가 엄청나게 빨라졌고, 통신용 칩이 저렴해지면서 IoT 기기가 확산되었다. 또한 클라우드를 촉진하는 네트워크 환경의 발전 등이 CPS를 촉진할 수 있는 환경으로 재정비되었다.

다. CPS의 의미

CPS란 '현실계의 다양한 현상과 디지털 사이버계가 긴밀하게 결합'된 시스템으로 정의할 수 있다. CPS는 여러 측면에서 다양하게 해석되고 정의되지만, 일반적으로 현실 데이터를 수집·분석한 후 결과를 현실세계에 피드백 하는 일련의 사이클을 범사회적 규모로 가능하게 해나가는 것으로 인식하고 있다. 즉, 현실세계에서 제어대상의 다양한 상태 또는 현상을 정량적으로 분석함으로써 '경험과 직감'에 의해서만 알았던 내용을 객관적으로 유추해 내는 것이라 할 수 있다.

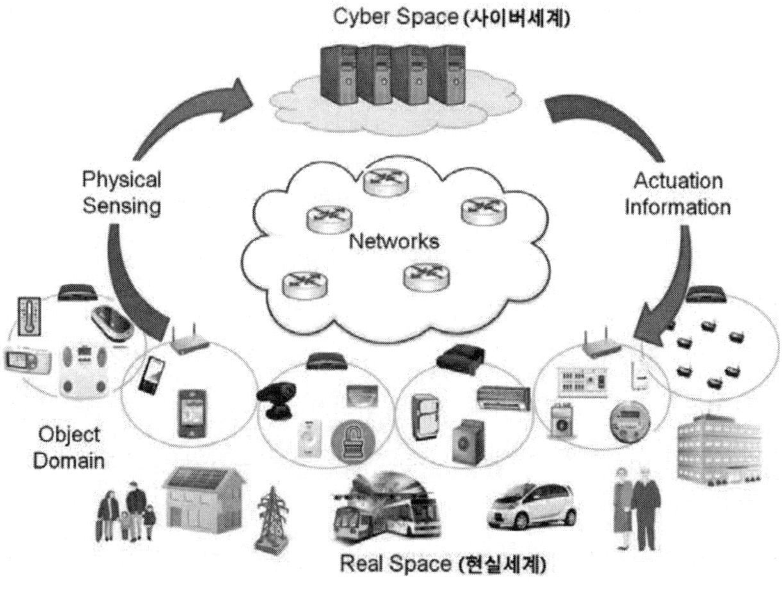

그림 3-8 CPS 개념도(예시) *출처: https://wp.nyu.edu/cpslab/about/

구체적으로는 사람·자동차·제조장치 등의 제어대상에 센서를 부착해서 IoT 기기로 센서에서 발신하는 각종 데이터를 클라우드 상에 빅데이터로 수집한다. IoT와 CPS는 현실 환경에서 센서를 통해 생성된 방대한 양이면서 다양한 종류의 데이터를 수집·관리하는 어플리케이션을 지원할 수 있도록 설계되어야 한다. CPS에서는 데이터 관리와 통신기술을 이용해 더욱 효율적으로 유효한 리소스를 관리함으로써 비용의 절감과 함께 인프라의 개선하거나 혁신적으로 품질이 높은 서비스의 제공이 가능하다.

CPS의 의미는 다양한 측면에서 정의할 수 있다. 크게 사회적 측면, 산업적 측면, 연구 측면, 기술적 측면으로 나뉠 수 있다. 첫째, 사회적 측면의 정의로 현실세계의 다양한 데이터를 IoT 기술 등으로 수집하고, 사이버상에서 대규모 데이터 처리 기술로 분석·지식화해서 이를 통해 창출한 정보나 가치를 활용해 산업 활성화나 사회 문제의 해결을 도모해 나가는 것으로 볼 수 있다. 둘째, 산업적 측면의 정의로는 현실시스템(Physical System) 정보를 사이버세계 시스템(Cyber System) 컴퓨팅과 연계해 효율적이고 스마트한 시스템을 실현하는 것으로 생산현장에서는 설계·개발 등의 데이터를 센싱·축적·분석해 자율적으로 동작하는 지능형 생산시스템을 구축하는 것으로 볼 수 있다. 즉, 상품 설계나 제조 장치뿐만 아니라 상품 개발 업무나 운용·지원업무 전체의 최적화가 목표이다. 예를 들어, 시각시스템이나 각종 센서를 탑재한 작업용 로봇을 네트워크로 컴퓨터에 접속해 사람이 지시를 하지 않아도 스스로 생각해서 작업을 수행해 내도록 하는 것이라 볼 수 있다. 또한 제조업에서 CPS 이용의 이점은 현실에서 실현할 수 없는 조건에서의 검증이 가능하고, 실세계보다 단시간에 검증이 가능하다. 또한 실세계보다 검증 비용이 적게 들고 숙련자의 노하우에 대한 축적이 가능하다. 셋째, 연구 측면에서는 사물·데이터·서비스를 인터넷과 연계하는 현실과 가상(Virtual) 세계의 융합이라 볼 수 있다. 넷째, 기술적 측면에서는 센서와 액추에이터를 갖춘 물리시스템과 이를 제어하는 컴퓨팅이 밀접하게 결합된 네트워크 기반 분산 제어 시스템이라 할 수 있다. 즉, 가상(Virtual) 공간과 물리적 실세계를 연계해 지능형 오브젝트의 커뮤니케이션과 상호작용을 할 수 있게 하는 네트워크 구현을 가능하게 하는 기술이다.

2) CPS의 영향

가. 근본적인 변화와 혁명

인터넷이 개인간 소통이나 상호작용을 혁신적으로 변화시킨 것처럼 CPS는 물리 세계와 가상세계의 상호작용에 근본적 변화와 혁명을 가져올 전망이다. 즉, CPS는 '실현 기술'이라고 불리면서 혁신적 어플리케이션이나 프로세스로 새로운 현실공간을 창출하고, 현실과 가상공간의 경계를 소멸한다.

CPS에 의해 가능해진 수많은 어플리케이션은 사회 각 부문에서 부가가치를 창출하고, 연쇄적으로 새로운 비즈니스 모델을 개발한다. 즉, 미래 CPS는 국가사회가 직면한 주요한 과제에 대응하는 동시에 자동생산 기술, 자동차·기계공학, 에너지, 물류, 그리고 원격의료를 포함한 수많은 산업 부문이나 응용 분야에서도 중요하게 적용된다. 또한 CPS는 비용·에너지·시간의 절감에 의해 비즈니스 효율성이 제고될 뿐만 아니라, 폭넓게는 효율적 시스템 운용을 통해 이산화탄소 배출이 삭감에도 기여함으로써 환경 보호에도 주요 역할을 할 것으로 기대된다.

나. 산업에 미치는 영향

CPS는 프로세스를 혁신적으로 발전시키고 비즈니스 모델의 고도화 등으로 부가가치 창출에 영향을 줄 것이다.

① 고 부가가치화

CPS로 인하여 현실세계와 사이버세계의 상호작용에 의한 고부가가치화가 이뤄질 것이다. 즉, CPS는 제조 프로세스, 모빌리티, 유통, 스마트하우스, 의료·건강, 인프라·산업보안, 행정 등 각 분야에서 절차·운영의 혁신이나 비즈니스 모델의 고도화 등의 형태로 새로운 부가가치를 창출한다.

사용자인 개인이나 조직이 보유한 데이터를 공급자가 분석해 사용자 요구에 대응한 맞춤형 제품이나 서비스를 저비용으로 제공함으로써 공급자의 일방적인 대량생산·대량 소비사회를 사용자 주도로 변혁된다.

정보(데이터)를 활용한 새로운 서비스의 가능성이 질적·양적으로 확대되면서 물건(상품)에서 서비스로 부가가치의 원천이 이행될 것이다. 예를 들어, GE는 기기·설비 센서에서 수집한 데이터를 분석해서 기기·설비의 고도 제어 어플리케이션인 'Predix'를 개발하였다. 이것으로 24개 분야(석유 가스·전력·수송·항공·의료 등) 전용으로 제공되고 있다.

② 데이터의 2차 이용

CPS에서는 데이터의 2차 이용하거나 특정분야 기술 등을 타 분야에 응용해 가치가 창출된다. 즉, 모든 정보가 표준 포맷으로 디지털화·유통되어 해당 분야에서 새로운 서비스나 제품을 생산할 뿐만 아니라, 타 분야에 응용되어 산업의 경계를 초월한 부가가치가 창출되고 파괴적인 혁신이 유발된다.

③ 수평적 분업화

CPS에서는 개발·생산기법의 변용과 규모의 경제성·네트워크 외부성이 발현된다. 즉, 디지털 데이터에 의해 현실세계를 재현할 가능성이 높아지면서 공급망을 모듈화하거나 수평적 분업화가 촉진될 가능성이 향상될 것이다. 또한 개발·생산 현장에서 모듈생산이나 가상화·시뮬레이션으로 개발·평가를 하는 모델기반의 시스템 엔지니어링(MBSE) 등에서 새로운 기법의 활용이 촉진될 것이다.

그림 3-9 CPS 사이클: 데이터 분석 결과를 지속적으로 피드백·활용

*출처: 일본 경제산업성(htp:/www.meti.go.jp/commite/sankoushin/shojo/johokeizai/pdf/04_06_0.pdf)

3) CPS의 특징과 주요 이슈

가. 시스템의 복잡성

CPS의 전형적인 특징 중 하나는 시스템이 양적·질적으로 매우 복잡하다는 것으로, 대량의 데이터 처리량 등 양적 복잡함 이상으로 현실세계의 수많은 물리적 도메인을 연결해야 하는 질적 복잡함이 요구된다. 예를 들어, 스마트시티에 CPS를 적용하기 위해서는 에너지·환경·교통·경제·복지 등 복수의 현실세계 도메인에 있는 기존의 시스템과 신규의 복잡한 시스템을 통합해야 하는 어려움 존재한다.

또한 CPS는 하나의 컴포넌트라고 할 수 있는 물리세계와 긴밀하게 통합되어야 하기 때문에, 모델화와 예측이 어려운 물리세계의 동적인 변화에 유연하게 대응할 수 있는 오픈성이 필요하다.

마지막으로, CPS를 도입해 기존의 사회 인프라나 시스템 구조를 바꾸고 사회를 혁신하기 위해서는 수많은 이해관계자간의 합의가 필요하며, 이는 CPS를 구축할 때 큰 장애로 작용된다. 예를 들면, 스톡홀름 도로과금시스템의 경우 2006년에 실험을 시작할 때 시스템에 찬성하는 시민은 전체 50%를 밑돌았지만, 이후 시스템 도입으로 도로 정체나 환경이 개선되고 끈질긴 합의 형성 노력을 한 결과 반수를 조금 넘는 시민이 찬성하였다.

나. 사회 인프라 분야의 높은 활용도로 사회시스템 변혁

위에서 언급된 어려움이 있음에도 CPS는 사회 인프라 분야에 활용도가 높아 사회시스템 변혁이 기대된다.

스마트제조 분야에서는 CPS로 산업용 기계, 제조 공급망, 비즈니스 시스템 및 고객과 실시간 정보를 공유하고, 생산 절차 전체를 모니터링·제어해 고객 맞춤형 생산 프로세스로 개선하거나 제품의 이력 추적을 향상시킨다.

스마트교통 분야에서 도로교통은 ICT로 큰 변혁을 기대할 수 있는 분야로, 자동차·교차로·신호등 등의 물리시스템을 CPS로 파악하면 구체적으로 과금을 조정할 수 있고 원활한 교통 흐름을 유도하는 등 유연한 교통 정책의 실현이 가능하다.

스마트시티 분야에서 CPS로 사람의 이동·활동을 토대로 교통·에너지를 예측하고, 기상을 관측·예측해 최적의 에너지 생성·분배 계획을 세우는 도시 설계가 가능하다. 예를 들어, 스페인 산탄데르시는 시 전체에 수천 개의 센서를 설치하는 대규모 프로젝트인 'SmartSantander'를 추진하였다. 이 프로젝트의 목표는 스마트 솔루션으로 교통량·에너지의 소비 절감과 환경 개선 등 도시의 다양한 측면을 개선하는 것이다. 이 프로젝트를 통해 스마트 인프라의 이론적인 설계와 현실에서의 활용 격차를 줄이는 것도 테스트할 수 있었다.

스마트빌딩 분야에서 스마트 단말과 CPS로 빌딩 에너지 소비량 절감으로 '제로 에너지 빌딩'을 실현할 수 있고, 안전성·보안성 측정과 강화, 주거의 쾌적성이 향상된다.

스마트의료 분야에서는 몸이 불편한 환자나 고령의 환자를 치료할 때 CPS를 활용해 환자의 신체 상태를 원격에서 실시간으로 모니터링하거나, 치료 로봇으로 인간의 상태를 더욱 심도 있게 관찰하는 데 CPS 활용할 수 있다.

스마트농업 분야에서는 CPS로 기후·토지 등의 관련 기본 정보나 데이터를 수집해 정밀도가 높은 농업관리시스템이 실현된다. CPS는 센서로 급수상황, 온도, 농작물 건강상태 등 각종 리소스를 지속적으로 모니터링 가능하다.

스마트전력 분야에서 전력망은 CPS로 효율을 향상시킬 수 있는 인프라이다. 특히, 풍력·태양광·지열 등이 전력 그리드에 접속할 때 자원 낭비가 없도록 최적화하고 모니터링과 제어를 통해 에너지의 신뢰성·효율성이 향상된다. 예를 들어, 덴마크의 'EDISON 프로젝트'에서는 풍력으로 생산된 잉여전력을 전기자동차에 임시로 저장해 전력 이용을 효율화하였다.

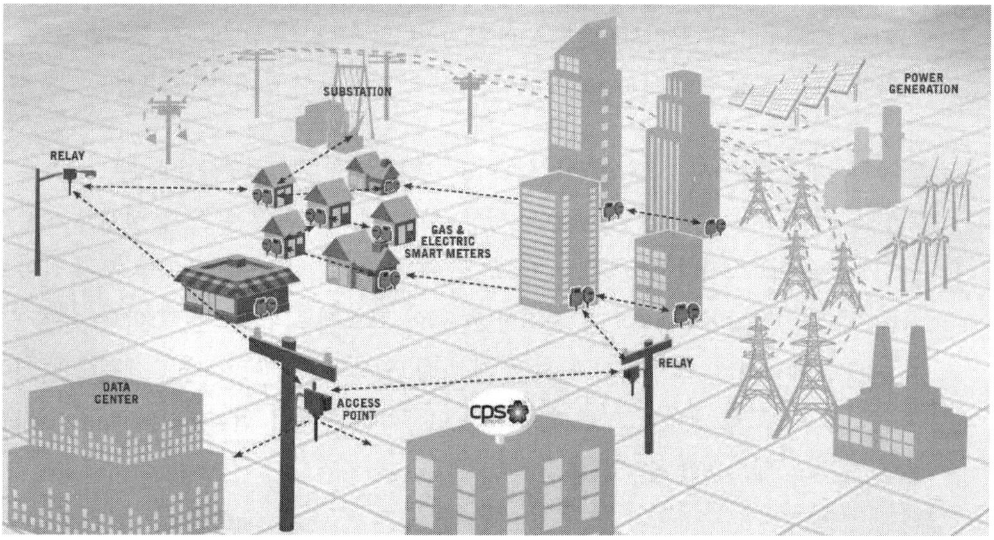

그림 3-10 CPS 기반의 스마트전력 시스템(예시)

*출처: bexarwitnes.com/cps-launches-smart-grid-initiative/

다. 구현을 위해 해결해야할 문제들

CPS 구현을 위해서는 사회·기술적인 관점에서 해결해야 할 문제가 산적해 있다.

데이터 관리측면에서 CPS는 기본적으로 데이터 활용이 기반이 되는 시스템이므로 데이터 저장과 관리, 제공과 관련된 이슈의 해결이 우선되어야 한다. 즉, 데이터의 다양성은 통신 성능과 프로토콜 설계에 영향을 미치는 중요한 문제이므로, 대량의 다양한 종류의 어플리케이션과 단말을 지원하는 데이터 필요하다. 또한 접속된 각종 단말로부터 수집된 빅데이터를 보관·분석하고, 그 데이터를 처리해 실시간으로 결과를 표시하는 것이 필요하다. 각종 센서에서 수집된 대량의 데이터를 실시간으로 적시에 분석하는 것이 중요하므로 CPS가 이러한 시간문제(Time Critical)에 대처하기 위해서는 필요한 네트워크 대역폭과 시스템 용량 확보가 중요하다.

또한 신뢰성 측면에서 CPS는 의료·인프라·물류뿐만 아니라 많은 위기 상황에서도 활용하기 때문에 신뢰성·안전성이 기본 요건이다. 따라서 예측된 상황 이외에 발생할 수 있는 장애를 방지하거나, 즉시 적응하는 CPS가 필요하다.

프라이버시 및 시큐리티 측면에서 프라이버시에 대한 우려와 개인 데이터 관리와의 균형을 통해 데이터에 액세스하는 것이 중요하다. 즉, CPS가 관리하는 대량의 데이터에는 기밀성 높은 정보가 포함되므로 데이터의 프라이버시 문제가 부상된다. 이 문제에 대한 대처를 위해 'CPS 프라이버시 정책' 마련이 필요하다. 또한 CPS는 매우 복잡한 시스템이고 데이터를 수집·보관하기 때문에 시큐리티 문제가 심각하다. 따라서 새로운 'CPS 시큐리티 솔루션'이 필요하다.

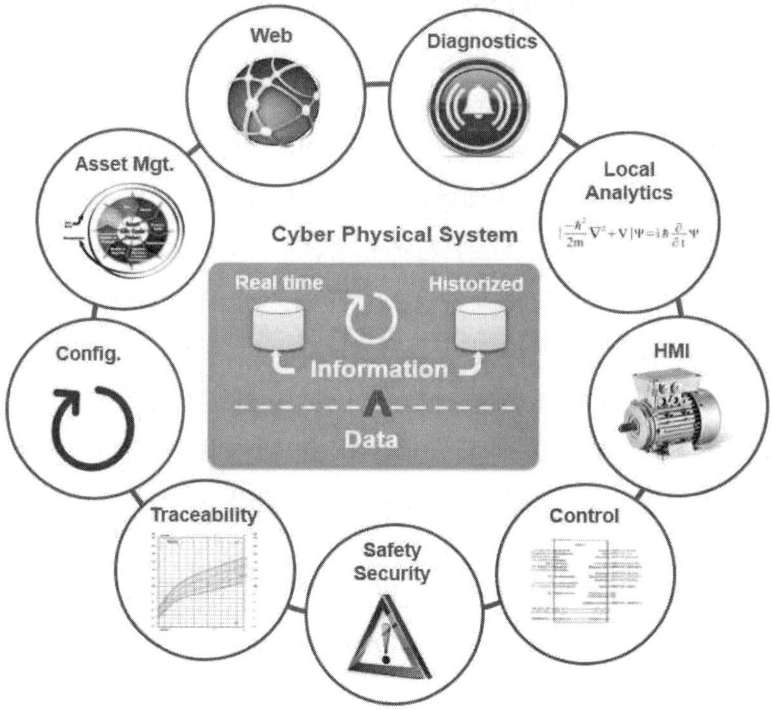

그림 3-11 CPS와 관련된 다양한 요소 *출처: blog.schneider-electric.com/

3) CPS의 추진 사례

가. 독일

독일은 임베디드 시스템이나 CPS 관련 분야에서 세계적으로 시장을 주도하고 있다. 독일이 여타 제조 선진국과 다른 점은 혁신 기술을 재빠르게 제품과 프로세스에 적용하고, 안정된 제조 노동력을 유지하고 있는 것이다. 독일의 뛰어난 임베디드 시스템이나 CPS 관련 노하우는 독일 산업계가 제 4차 산업혁명(Industrie 4.0)을 추진해 나가는 데 큰 기회를 제공하고 있다.

| 표 3-2 | Acatech이 정의한 CPS 특징

번호	특징
1	물리세계와 디지털 세계 간의 직접 연결
2	정보·데이터·기능 통합을 통한 새로운 시스템
3	기능(Function) 통합(다기능성)
4	네트워크를 통한 접근
5	센서와 액추에이터 네트워크
6	시스템 내외부 네트워킹
7	전용 사용자 인터페이스(운용절차 통합)
8	어렵고 복잡한 물리적 상태 배치
9	장시간 운용
10	자동화·적응성·자율성
11	높은 요구(시큐리티·데이터 보호·신뢰성·고비용)

*출처: Acatech, 2011

2020년까지 독일이 CPS의 주요 시장이 되는 것을 목표로 정책 추진을 추진하고 있다. 크게 'Agenda CPS 프로젝트'와 '인더스트리 4.0'으로 볼 수 있다. Agenda CPS 프로젝트는 종합적인 CPS 연구 아젠다 확립을 하는 것이다. 프로젝트 목적은 CPS 연구 아젠다를 확립하고 산업과 기술 플레이어로서 경쟁력을 갖춰 시장에서 독일의 지위를 확고히 하면서 기술 혁명 실현하는 것이다. 독일연방교육연구부(BMBF)의 의뢰로 독일과학기술아카데미(Acatech)에서 추진하고 있다. Agenda CPS 프로젝트에서는 2025년까지 에너지·모빌리티·헬스·산업(스마트팩토리) 등 네 개의 주요한 응용 분야의 CPS 연구를 추진하고 있다.

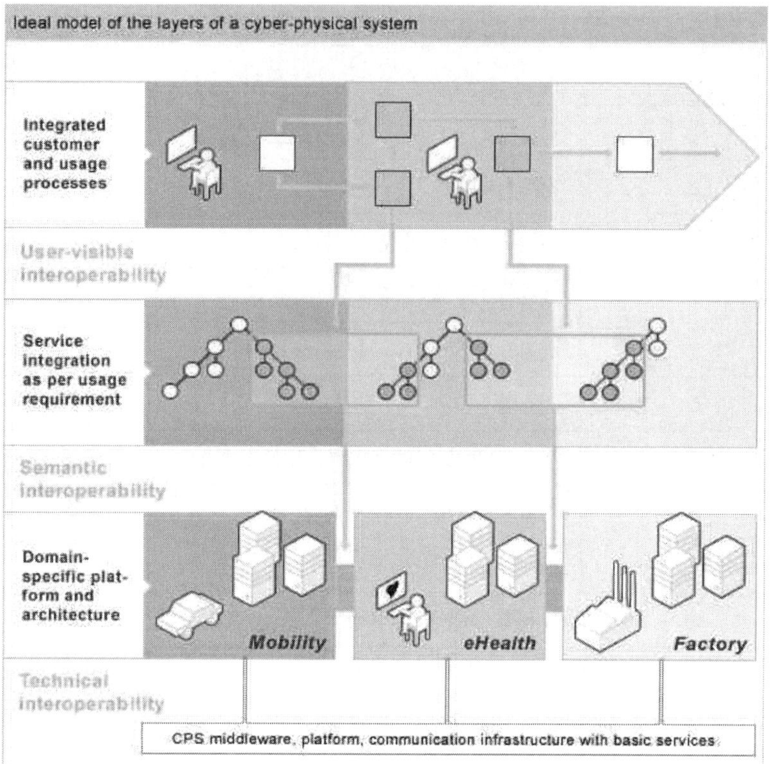

그림 3-12 CPS 레이어 모델(예시) *출처: Acatech, 2011

인더스트리 4.0은 정부 주도의 CPS 기반 제조업 강화 정책이다. 독일 정부는 2010년부터 산학연과 협력해 CPS를 기반으로 하는 제조업 강화 프로젝트인 '인더스트리 4.0(Industry 4.0)'을 전략적으로 추진하였다. 인더스트리 4.0 워킹그룹은 2012년에 발족되었고 다양한 분야의 전문가들이 정부에게 각종 제언한다. 주요 참여 기업은 SAP, BOSCH, SIEMENS, BMW, WV, KUKA이며 참여 단체는 독일정보통신협회, 독일기계공업회, 독일전기전자공업계, 연구기관은 프라운호퍼가 참여한다. 인더스트리4.0에서는 부품·제조장치 등 개별 생산요소에 모두 IP를 할당해 실시간으로 정보 수집·관리한다. 또한, 시장 요구나 물류 등 외부 환경에 유연하게 대응해 개발·제조·생산관리 등의 프로세스 최적화를 실현한다. CPS 플랫폼을 기반으로 소비에서 생산까지 제조과정 전반을 종합적으로 파악하고 더욱 효율적인 생산관리시스템을 구축해서 차세대 공장인 '스마트 공장'을 구현하는 것이 인더스트리 4.0의 추진 목표이다.

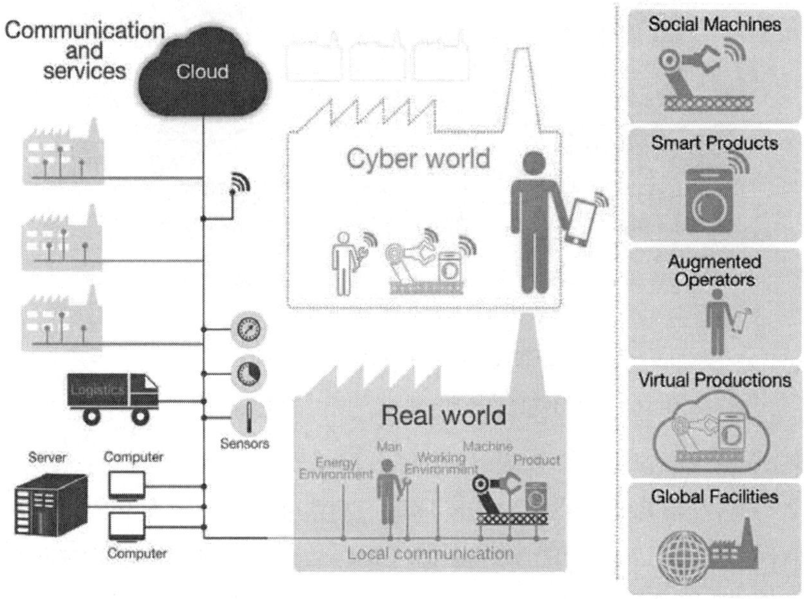

그림 3-13 독일의 인더스트리 4.0 개념도

*출처: htp:/www.industries-4.com/category/industrie-4-0

나. 미국

미국에서는 2009년부터 국립과학재단(NSF)이 CPS 연구지원 프로그램을 수립하고 최근까지 73개 프로젝트에 6,50만 달러의 예산 투자하고 있다. NSF는 이미 2006년에 CPS 관련 워크숍을 개최하고, CPS 가능성과 과제를 논의하였다. 미국은 향후 글로벌 경쟁력 확보를 위해서는 CPS가 키를 쥐고 있다고 판단하고 있다.

2013년에는 CPS를 성장잠재력이 큰 미래 혁신 기술이라고 판단하고 대통령 혁신 펠로우(PIFs: Presidential Inovation Felows) 2기 프로그램의 하나로 선정하였다.

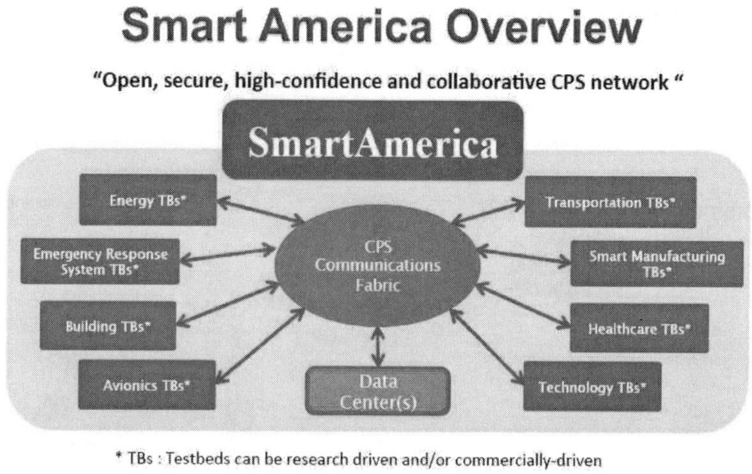

그림 3-14 SmartAmerica 개요

*출처: Presidential Innovation Felows, USA

안전·지속가능성·효율성·의료 등 CPS가 미래사회에 가져올 이익을 제시하기 위해 PIFs는 2013년 12월에 'SmartAmerica Challenge' 프로젝트 런칭하였다. Challenge에는 100개 이상의 이해관계자가 참여(자동차·헬스·에너지·빌딩 등의 산업분야, NIST·NSF·DoT·DoD·DHS·DoE 등 다양한 정부기관 등) 이 참여하였다. 20개 이상의 프로젝트와 팀이 참여하며, 다부문간 CPS 테스트베드 구축을 통해 행정·입법·공공기관·공공부문에서 이익을 보여 주고, 일자리와 경제성장, 새로운 일자리 산업 창출, 삶의 질 향상 등에 기여하였다. CPS 구현을 촉진하기 위해 HW·SW 구성요소, 구현 방법론과 도구개발 관련 연구 등을 추진하며, 분야별로 구축되어 있는 CPS 테스트 베드와 데이터센터를 연계해 통합된 CPS 프레임워크 구축하였다. CPS 연구 관련 7개 핵심 분야는 생산 공정·교통·전력·헬스케어·홈/빌딩·국방·재난대응이다. 새로운 CPS 응용 시나리오와 비즈니스 모델의 제시로 신규 투자기회를 창출하고 민관협력과 분야 간 협업 장려로 혁신 촉진과 CPS 추진 분야별 혜택과 영향 분석을 통해 CPS 이해관계자간의 협력모델 제시하였다. 'SmartAmerica Challenge' 프로젝트를 런칭한 PIFs 일원인 제프몰리건(Geof Muligan)은 CPS가 IoT의 또 다른 명칭만은 아니라고 천명하면서 CPS의 중요성을 강조하였다.

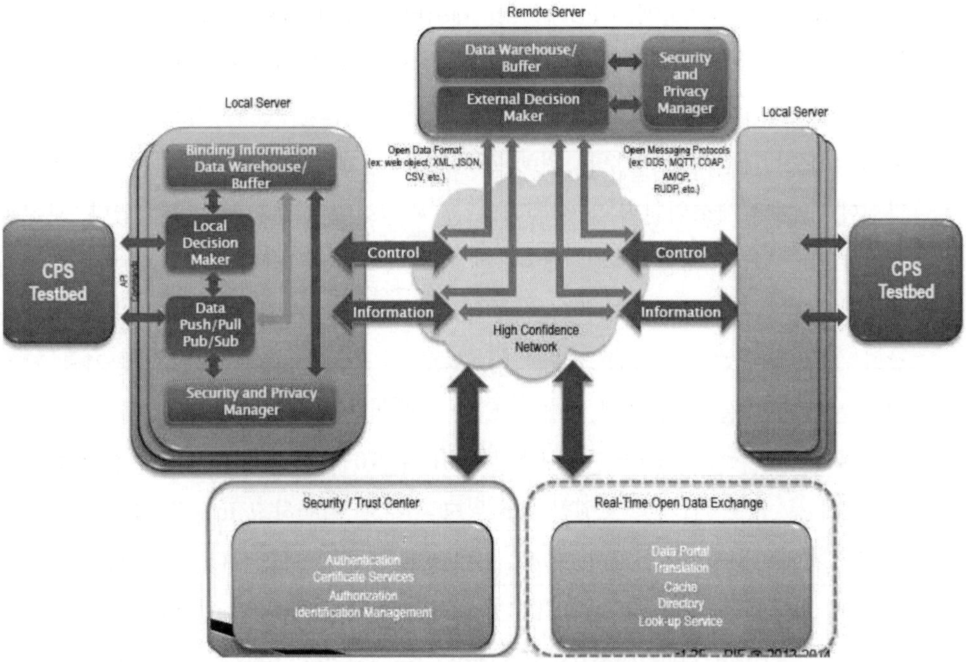

그림 3-15 SmartAmerica Challenge 아키텍처(예시)

*출처: Presidential Innovation Felows, USA

다. 일본

일본은 사회 전체가 CPS에 의해 변혁되는 데이터 구동형 사회[25]를 준비하고 있다. 전 산업분야에서 데이터를 핵심으로 산업간 경계를 초월한 혁신적인 비즈니스가 발생함에 따라 이에 대응하기 위한 국가적 전략을 수립하였다. IoT·빅데이터·AI 등 ICT 신기술의 발전으로 CPS가 실현되면서 혁신적 비즈니스 모델이 발생하고 향후 산업 구조의 대변혁을 예상하고 있다. 유럽·미국 등 선진 각국이 CPS 구현에 대처하고 있는 가운데, 일본 기업이 글로벌 경쟁력을 상실하지 않도록 기업의 데이터 기반의 비즈니스 모델 창출을 촉진하고 지원하기 위해 관련 환경을 정비하고 있다.

25) 데이터 구동형 사회란,「IoT에 의한 사물의 디지털화·네트워크화에 따라 CPS가 다양한 산업사회에 적용됨으로써 디지털화된 데이터가 인텔리전스하게 변환되고 현실세계에 적용되어 데이터가 부가가치를 획득해서 현실세계를 움직이는 사회」, 또는「CPS가 사회 다양한 영역에 실장되어 큰 사회적 가치를 발생시켜 나가는 사회」

이를 위해 2015년 5월에 'CPS에 의한 데이터 구동형 사회 도래를 견지한 변혁'이라는 보고서를 발표하고 관련 제도의 정비 등의 정책을 제시하였다. 일본 경제산업성은 IoT·빅데이터·AI 등 신기술 혁신이 가져오는 산업구조와 비즈니스 모델의 대변혁에 필요한 대응방안 검토를 위해 2014년 12월에 산업구조심의회 상무유통정보분과회에 '정보경제소위원회'를 설치하고 본 위원회에서 보고서 발표하였다. 보고서에서는 CPS 사회에 대응한 제도 정비, 벤처나 대기업 등 다양한 플레이어간 협력체계 정비, 신비즈니스 모델을 지원하는 주요 기술 개발과 시큐리티 대책 마련, 인재육성 강화 등을 정리하였다. IoT·빅데이터·AI로 산업구조의 혁신적인 전환기를 가져올 CPS 시대에 대응하고, 세계 최초로 CPS 기반의 '데이터 중심 사회'를 실현하기 위해 산학관이 협력해 'IoT추진연구소'를 2015년 10월 설립하였다. 연구소에서는 벤처·대기업 등 규모·업계를 초월한 네트워크 구축을 지원하고 IoT 프로젝트 조성과 함께 'IoT지원위원회'를 설치하고 IoT 프로젝트 조언과 대정부에 대한 제언을 실시한다. IoT 프로젝트 대상 분야는 CPS가 급격히 진행될 것으로 예상되는 제조·모빌리티·공공인프라·의료·스마트하우스·행정·유통·농업·금융·관광 등이다.

이와 함께 CPS 진전에 필수적인 AI 연구를 위해 경제산업성에서는 AI연구센터를 설립하고, 문부과학성에서는 AI연구에 10년 동안 1,000억엔을 투자하였다. 총무성에서는 AI 연구에 주력하는 등 세 개 부처가 연계해 AI 컨소시엄 구성도 고려하고 있다.

라. 중국

중국은 물련망(物聯網, 사물인터넷) 정책으로 CPS 사회에 대응하고 있다. 중국의 전략적 산업진흥책인 제 2차 5개년 계획 2011~2015) 기간에 물련망(사물인터넷) 관련 산업을 정부 차원에서 적극 지원하고 추진하고 있다. 물련망은 각종 센서 데이터와 네트워크의 융합으로, 교통이나 물류 등 급격히 성장하는 도시문제 해결을 위해 각 부처나 지자체에서 추진하고 있다. 여기서 물련망은 중국의 전략적 산업진흥책 실현을 위한 정보통신기술의 하나이다. 구체적으로는 각종 센서·전자태그 등 센싱 기술과 정보통신 네트워크를 결합한 것이다. 물련망이 적용되는 10대 분야는 스마트그리드·스마트교통·스마트물류·스마트홈·환경과 안전검사 측정·공업과 자동화 제어·

의료건강·농업과 목축·금융과 서비스·방위산업이다.

중국은 물련망이 CPS로 발전하여 모든 분야에 영향을 미치고, 지능형 제조로 새로운 산업혁명을 통해 정보경제(Information Economy)를 견인하는 등 미래 경쟁력 강화를 위한 필요 기술이라고 인식하고 추진을 가속화하고 있다.

마. 민간 부분

① 제너럴일렉트릭(GE)

인더스트리얼 인터넷은 제조업뿐만 아니라, 에너지·헬스케어·제조업·공공·운수 등 다섯 개의 영역을 대상으로 하는 프로젝트이다. 인더스트리얼 인터넷은 기계(사물)로부터의 데이터 해석과 기계(사물)의 임베디드 SW로 고객의 가치를 비약적으로 높이는 새로운 비즈니스 모델을 제시하였다. 프로젝트 활동을 주도하는 것은 GE·인텔·시스코·IBM·AT&T 등 5개사가 협력해 창설한 인더스트리얼 인터넷 컨소시엄(IC: Industrial Internet Consortium)이며, 이미 2015년 1월에 10개 사가 넘는 미국·유럽·일본·중국의 기업이 참여하였다.

GE는 산업혁명과 인터넷 혁명 이후 제 3의 혁명이 인더스트리얼 인터넷이며, 이를 기기(사물)·데이터를 인간과 연결하는 글로벌 오픈네트워크로 정의하였다. 현실세계 기기(사물)에 매입된 센서로 데이터를 수집하고 이를 해석해 비용절감·효율화·최적화로 이윤을 창출하고 마이크로팩토리(극소공장)를 실현하는 것이다. GE는 자사가 취급하는 선박·항공기 엔진·발전소 터빈·의료기기 등 네트워크에 연결되는 기계에서 방대한 데이터를 해석·효율화해서 고객에게 가치를 제공하고 '1%의 효율화가 연간 20억 달러의 이익을 창출' 할 수 있을 것으로 예상하고 있다.

GE는 또한 CPS를 주력 사업인 항공기 엔진에 적용해 기존보다 효율적인 항공법을 제안하였다. 이는 이태리 알리타리아 항공이 연간 1,500만 달러 연료비용을 절감하는데 큰 역할을 하였다.

② IBM

IBM도 CPS를 기반으로 한 비즈니스(애널리틱스 사업)를 적극 추진하고 있다. IBM

는 2005년 후반부터 반도체 제조 공정에 CPS를 활용해 생산성을 향상시키고, 그 노하우를 IBM의 다양한 사업에 적용 및 효과를 검증하였다.

IBM은 CPS를 '애널리틱스(Analytics)'로 부르고 있으며, 이 애널리틱스 사업(raw 데이터 분석)에 사운을 걸고 대대적인 비즈니스 추진을 추진하고 있다. 애널리틱스를 적용한 IBM의 공급망(supply-chain)은 세계 제 1급으로 발전하였다.

3.3 | Industrie 4.0 및 산업인터넷

기술변화에 따른 산업혁명(Industrial Revolution)은 크게 4단계로 구분할 수 있다. 1차 산업혁명은 18세기부터 19세기에 걸쳐 일어난 수력 및 증기 기관에 의한 공장의 기계화, 2차 혁명은 19세기 후반에 진행된 전력의 활용, 3차 혁명은 20세기 후반에 나온 "프로그램 가능 논리 제어장치(PLC)"에 의한 생산 공정의 자동화를 지칭한다. 4차 혁명인 인더스트리 4.0은 이전 3차에 걸친 산업혁명과 비견되는 기술 혁신이 될 것이라는 비전을 담고 있으며, 인더스트리 4.0의 핵심 동력으로 꼽히는 것이 정보통신기술(ICT)이며, 구체적으로는 네트워크에 연결된 기기끼리 자율적으로 제어할 수 있는 사이버 물리 시스템(Cyber Physical Systems), 네트워크를 통해 얻을 수 있는 빅 데이터의 활용, 생산관리 시스템(MES), SCM(공급망 관리) 등 업무 시스템과의 연계를 포함한다.[26)]

1) 인더스트리 4.0의 등장 배경

가. 추진 배경

인더스트리 4.0은 독일 산업 부흥 정책인 'High-Tech Strategy 2020 Action Plan'의 일환으로 추진하는 하나의 전략이다. 즉, 과학기술 혁신에 관한 핵심 전략인 하이테크 전략은 고용창출을 위해 중소기업 지원을 촉진하는 것으로, 고용창출에 중심을

26) NIPA, Combination Smart ICT with Manu facture Industry, Recent Industry 4.0 Policy ICT Trends of Germany, Recent ICT Trends Report, p. 27-39, 2014.

두고 있는 것이 특징이다. 인더스트리 4.0은 독일 전기·통신·기계 공업회(BITKOM, VDMA, ZVEI)가 운영하는 '인더스트리 4.0 플랫폼' 사무국에서 산학연관 워킹그룹[27]이 공동 추진하고 있다. 인더스트리 4.0 WG(워킹그룹)과 과학기술 아카데미가 정리한 Industrie 4.0 전략을 2012년 10월에 'Industry-Science Research Alliance's Implementation Forum'에서 독일 정부에 제언서로 제출하였다.

참고로 독일 'High-Tech Strategy 2020 Action Plan'은 혁신적인 연구로 기술 혁신(Innovation)을 창출해 독일의 높은 경쟁력을 견지하겠다는 비전을 갖고 2011년 11월에 공포됐지만, 2006년부터 이미 독일 정부가 강력하게 추진하고 있다. 기후·에너지, 건강·식품, 모빌리티, 시큐리티, 통신 등 다섯 개의 중점 분야 정의와 함께 향후 10~15년 이후의 중장기적인 과학기술적 목표를 구체적으로 제시하였으며, 독일이 글로벌 리더의 지위를 유지하기 위해서는, 이 계획의 달성이 필수라는 생각으로 메르겔 총리가 적극적으로 이를 추진하였고, 산학연관으로 구성된 워킹그룹에 대담한 예산을 배분하고 있다.

인더스트리 4.0은 독일 제조업이 직면한 사회(S)·기술(T)·경제(E)·생태(E)·정치(P) 부문의 변화에 ICT를 접목해 총력적으로 대응하겠다는 전략이다. 이는 제조업의 위상을 강화하고 고급인재 유치와 양질의 일자리 마련, 풍요로운 생활 영위 등의 파급효과를 기대하며, 산·학·연·관의 힘을 결집해 새로운 제조업을 모색하는 것이다. 사이버물리시스템을 기반으로 스마트 팩토리 구축, 외부 제조 생태계와의 네트워킹 강화 등을 통해 4차 산업혁명을 일으키고 주도권을 확보하겠다는 목표이다. 또한, 사물인터넷·클라우드컴퓨팅·임베디드시스템 등의 기술을 접목해 숙련공의지식과 노하우를 적재적소에서 적시에 활용하고 노동생산성 향상에 기여하고, 인터넷 등의 네트워크를 통해 공장 내외의 사물·서비스와 연계해 새로운 가치와 비즈니스를 창출하고, 궁극적으로는 에코사회 등 다양한 사회문제 해결에까지 연결하는 것이다. 인더스트리 4.0의 핵심 요인은 표준화, 복잡한 시스템 관리, 산업용 차세대 인터넷, 안전

27) 인더스트리 4.0 워킹그룹에는 독일을 대표하는 기업과 연구기관, 대학들이 참여하며 정부기관에서도 옵저버를 초대하고 있음. 주요 기업으로 ABB, BASF, BMW, Bosch, Infinion Technologies, SAP, Siemens, Daimler, ThyssenKrupp, TRUMPF 등이 참여함.

·보안, 새로운 노동환경, 전문성 개발, 규제체계, 자원효율성이다.[28)]

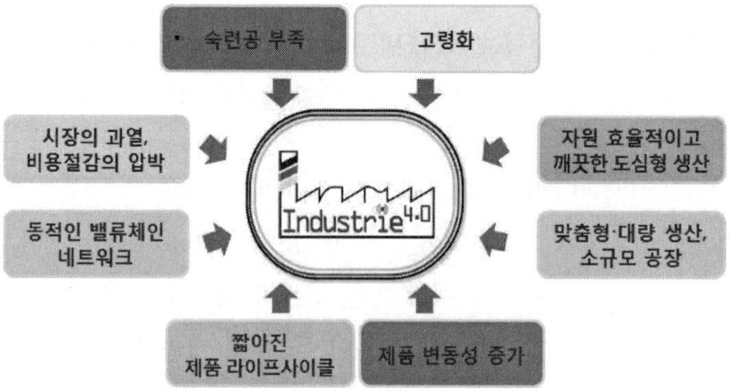

그림 3-16 인더스트리 4.0을 촉진하는 환경 요인 *출처: IDA 세미나 자료, 2013.

나. 추진 전략

정부측면으로 독일 연방교육연구부와 연방경제기술부 지원 하에 네 가지 프로젝트를 2015년부터 2017년까지 추진하였다. 스마트 팩토리 구축, 기반 기술인 사이버물리시스템 및 인공지능시스템 기술 개발·확산, 통신 및 인터넷 기술 개발 등을 추진하였다.

산학연측면으로 스마트 팩토리 사업은 독일 인공지능연구소(DFKI)가 주도하며 지멘스·보쉬 등 산업계, 시스코 등 해외기업, 스웨덴·스페인을 포함한 다국적 대학이 참여하였다. 독일 인공지능연구소는 스마트 팩토리 기술의 사실상의 표준화 정책을 구축하기 위해 다양한 기관의 참여를 독려하였고, 초기에는 독일인공지능연구소(DFKI)가 주축이 됐지만, 현재는 기업과 대학, 연구소 등 27곳이 스마트 팩토리 프로젝트에 참여하고 있다.

28) Industrie 4.0 WG, 2013.4

| 표 3-3 | 인더스트리 4.0의 주요 R&D 프로젝트

프로젝트	연구내용	기간	예산(유로)	참여기관
CyProS	스마트공장의 CPS 운용방식과 도구 개발	'12.9~' 15.9	약 560만	21개
KapaflexCy	CPS를 활용한 유연한 생산시스템 구축	'12.9~' 15.9	약 270만	10개
ProSense	인공지능시스템과 지능형센서 기반의 생산관리 실현	'12.9~' 15.9	약 308만	9개
Autonomik	통신(인터넷) 기능, 상황감지 및 적응기능, 기기간 상호작용이 가능한 스마트 툴 개발	'13~' 17	약 4,000만	미정

*출처: 현대경제연구원, '제조업을 업그레이드하자, 미·일·독 제조업 R&D 정책 동향 및 시사점', 2014.

다. 3차 산업혁명의 한계와 인더스트리 4.0 기반의 혁신 방향

ICT와 제조업의 결합은 3차 산업혁명(인더스트리 3.0) 시대에 시작했지만, 제조 공정은 부분 자동화에 머물러 있고, 공정 간 또는 제조 생태계 차원의 최적화에는 한계가 있었다. 즉, 중앙제어기가 명령을 내리면 생산설비가 받아들여 반제품을 가공하는 단순반복 체계이었으며, 개별 생산 공정에서는 최적화가 가능하지만 생산 공정 전체에서 최적화 달성은 곤란하였다.

인더스트리 4.0은 제조 공정의 최적화 문제를 해결하기 위해 다양한 기기·설비·작업자에게 센서를 부착해 정보를 중앙에서 수집하고 관리하는 체계를 구축하는 것이다. 설비 제어 측면에서는 실시간 설비 모니터링, 장비의 원격 제어, 제조일정 지연 통보 및 대응책 마련, 이상 징후 예측 및 대응방안 생성 등을 한다. 에너지 효율화 측면에서는 에너지 소비량 파악, 환경오염도 파악 및 원격검침, 공장 환경 영향 평가 및 환경이상 원인 분석, 에너지 사용실적 집계 및 패턴 분석 등을 한다. 그리고 물류 효율화 측면에서는 RFID 기반 재고 수량 정보의 자동 전송, 공정별 재고품 진행사항의 추적 및 적정 재고량을 분석하고 3D 디지털 맵 기반으로 최적 이동 경로 안내 등을 한다.

그러나 아직 사물 간 통신(IoT) 단계까지 발전하지 못했기 때문에 실시간 최적화가

미흡하고 중앙통제시스템의 지능화 속도가 더뎌 휴먼에러 노출은 여전히 상존한다. 즉, 현재 중앙통제센터에 전문기술 및 관리 인력이 배치되어 화면의 신호 또는 모바일로 전송된 정보를 통해 상황을 파악한다. 따라서 아직 실시간으로 지능화된 경영을 구현하는 단계에까지는 못 미치는 상황이다.

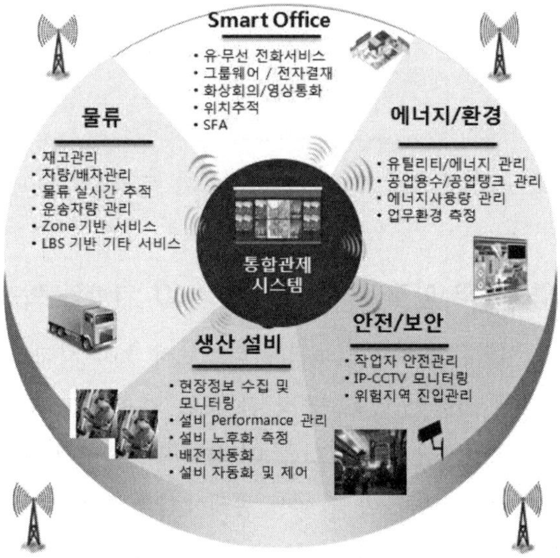

그림 3-17 통합관제시스템을 통한 공정자동화 및 업무효율화 개요

*출처: 포스코(2010), 스마트 팩토리 구축방안, 내부보고서

2) 인더스트리 4.0의 핵심 기술 구조

가. 분산·자율제어 생산체계 구현

인더스트리 4.0에서는 지능형 메모리 개발을 통해 분산 및 자율제어 생산체계를 구현하고 있다.

기계설비 뿐만 아니라 소재·반제품에 센서와 메모리를 부착하고 주문에 따라 설비에 가공 명령을 주면 생산 공정의 병목현상을 자가 진단해 유연하게 최적의 생산 경로를 결정하게 된다. 즉, 메모리를 기계가 읽고 소비자 선호도, 공정상태, 가공방향 등을 스스로 분석해 실시간으로 최적의 경로를 계산하여 현 시점에서 가장 효율적인 경로를 선택하고 적용하게 된다. 또한 고객 맞춤형 생산, 물류 · 유통현황 파악, 사용 · 재활용 과정 추적조사 등으로 제품 전 주기에서 최적화 문제를 검토하고 상류공정에 실시간 피드백 함으로써 공정에서의 혁신을 달성한다.

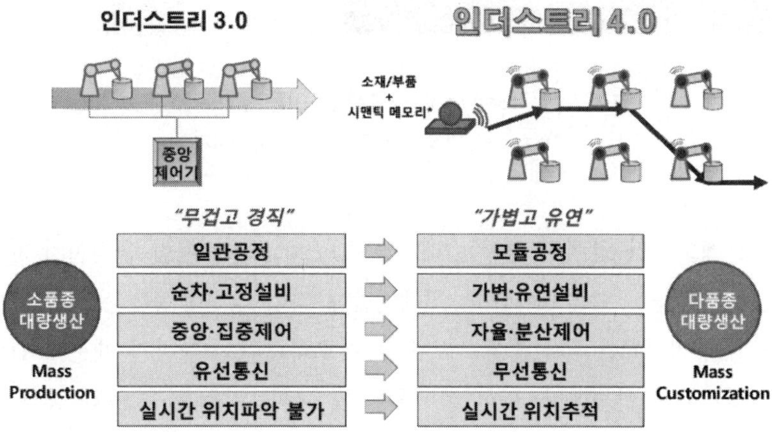

그림 3-18 인더스트리 4.0 하에서 자율·분산제어 생산체계

*출처: 포스코경영연구소, '인더스트리 4.0, 독일의 미래제조업 청사진-ICT와 제조업 융합 지향', 2014.

시맨틱 웹(Semantic Web) 기술이 메모리에 탑재되고 산업용 시맨틱 메모리로 발전하고 있다. SW가 통신, 또는 인터넷 문서 내용과 의미를 추출해 정보를 덧붙이고, SW 에이전트가 원하는 정보를 자동 추출하고 가공하는 시맨틱 웹 기술이 발전하고 있다. 독일의 DFKI[29]는 지능형 시맨틱 메모리 SemProM(Semantic Product Memories)를 개발하고 생산라인에 적용하였다. 또한 지능형 메모리를 생산라인 중 이동 팔레트나 생산 로봇의 관절 등에 부착하여 All-IP 공장을 구현하였다.

29) Deutsches Forschungszentrum für Künstliche Intelligenz: 독일인공지능연구소

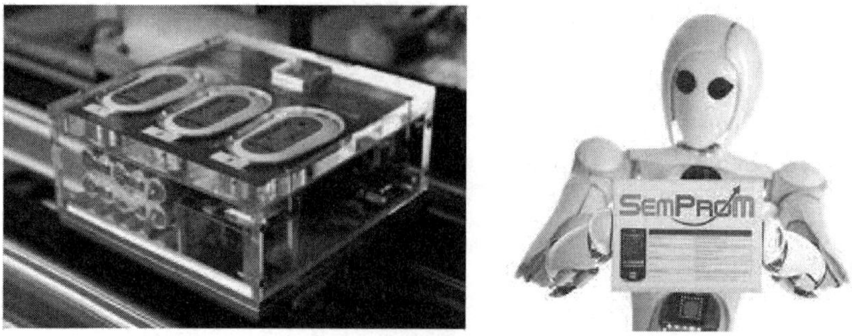

그림 3-19 SemProM을 장착한 이동 팔레트와 로봇

*출처: 독일인공지능연구소(DFKI) 홈페이지

시맨틱 메모리가 탑재된 설비는 레고블럭(Lego Block)처럼 움직이기 때문에 모듈형 생산 플랫폼을 구축할 수 있고, 고객맞춤에 따라 생산공정을 유연하게 변경이 가능하다. 세부적으로는 무선통신 기반으로 메모리끼리 소통하기 때문에 단순한 레이아웃을 설계하기 가능하다. 또한 설비공유 및 교환, 리스 등을 통해 공장 운영자의 선호 및 고객니즈에 맞춰 최소한의 공간에서 다양한 공장의 레이아웃을 설계하고 다양한 운영방식의 적용이 가능하다.

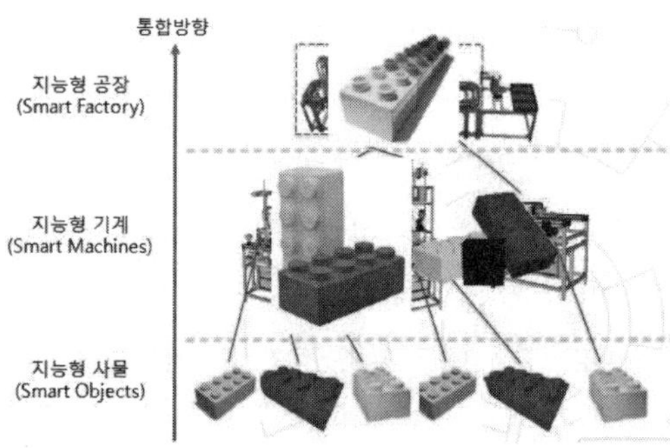

〈인더스트리 4.0 시대의 모듈형 생산 플랫폼〉

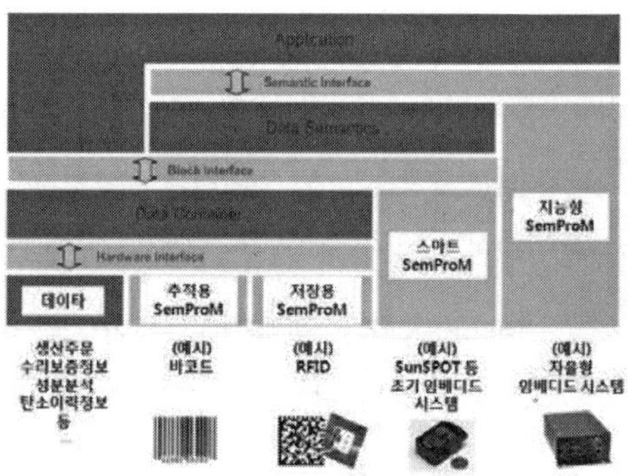

〈DFKI의 시멘틱 메모리 발전 과정〉

그림 3-20 인더스트리 4.0 시대의 모듈형 생산 플랫폼과 DFKI의 시멘틱 메모리 발전 과정

*출처: 독일인공지능연구소(DFKI), 'Cyber-Physical System in Factory Automation

참고로 모듈형 조립 플랫폼의 적용사례로는 구글의 개방형 HW[30] '아라' 프로젝트가 있다. 구글 자회사인 모토로라 모빌리티가 모듈형 스마트폰과 개방형 무료 플랫폼을 개발 중이다. 직육면체 케이스에 더 작은 직육면체 모듈을 끼는 방식으로 스마트폰을 조립해 '맞춤형 제작'이 가능하다. 이런 제작이 만약 모듈의 조립을 소비자의 주문에 맞춰 생산기계가 자율적으로 하는 방식을 택했다면 인더스트리 4.0 범위에 속한다고 볼 수 있다.

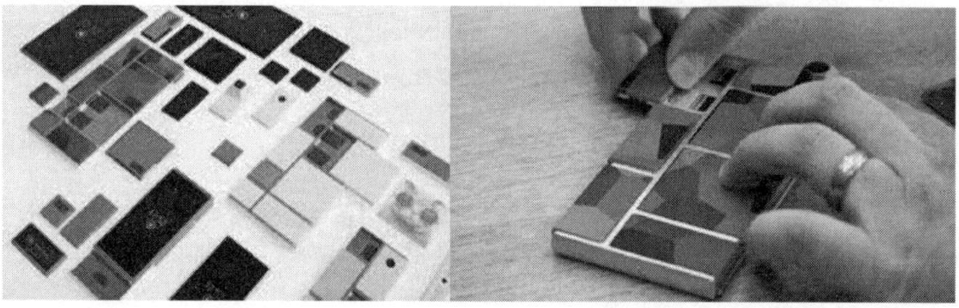

그림 3-21 구글의 모듈형 조립 플랫폼 '아라'

*출처: 연합뉴스, '구글, 개방형 하드웨어 '아라'로 삼성, 애플 압박', 2013.10.30.

나. 초연결 생태계 구현

인더스트리 4.0은 All-IP 공장을 초월해 사물인터넷(IoT)으로 초연결 생태계를 구현하고 있다.

지능화된 생산설비가 생산관리시스템(MES)[31], 전사적 자원관리시스템(ERP)[32]과 연동된다. 중앙정보처리장치의 일방적 명령이 아닌 작업장 내 모든 설비가 상호간 또는 중앙 정보시스템과 실시간으로 통신하고 공장별 MES와 연동되어 최적화된 조업

30) 하드웨어

31) 생산관리시스템(MES: Manufacturing Execution System): 생산계획·작업지시·자재소요·생산추적·설비관리·생산성과 분석 등으로 생산관리의 효율성을 높이는 시스템(위키피디아)

32) 전사적 자원 관리(ERP: Enterprise resource planning): 회사의 모든 정보 뿐만 아니라, 공급 사슬관리, 고객의 주문정보까지 포함하여 통합적으로 관리하는 시스템(위키피디아)

솔루션을 도출하게 된다. 또한 공장 내 최적화 솔루션은 실시간으로 전사적 자원관리시스템(ERP)과 연동되어 그룹사 전체의 경영·재무·재고·유통·인사전략의 수립에 기여를 한다.

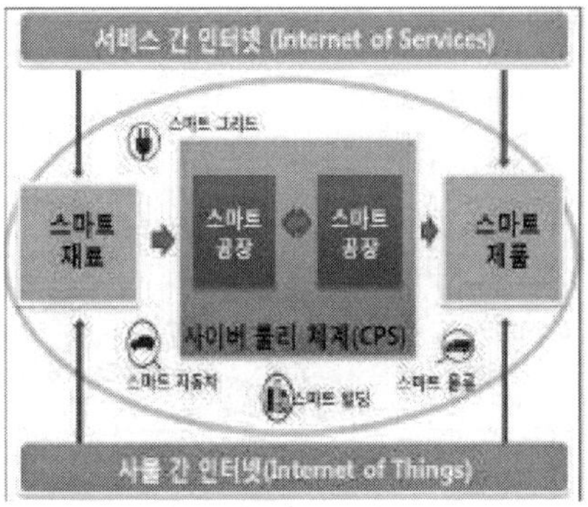

〈스마트 공장과 사이버물리 시스템〉

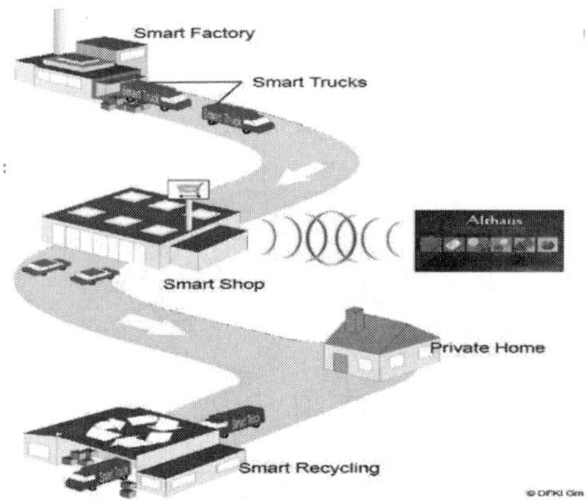

〈미래의 초콜릿 제품생애주기 관리〉

그림 3-22 스마트 공장의 사이버물리 시스템과 초콜릿 제품생애주기 관리
*출처: 독일인공지능연구소(DFKI) 및 현대경제연구원(2014)

사이버물리시스템(CPS)을 통해 스마트 공장과 사물인터넷(IoT) 세상을 연결하고 제품의 생애전주기(PLC) 관리를 수행한다. 공장 내외의 사물이 센서로 연결돼 IP 공장·IP 세상을 연결하는 사이버물리시스템 기술이 발전되고 있다. 이에 따라 스마트 팩토리는 스마트 그리드, 스마트 교통체계, 스마트 빌딩과 연동되고 재료와 제품의 생애 전주기 관리시스템을 구축할 수 있다. 또한 실시간 제품 정보가 출하에서 폐기단계까지 공유되고 저장된 모든 정보가 생산 과정에 환류되어 자원 효율의 극대화에 기여를 한다.

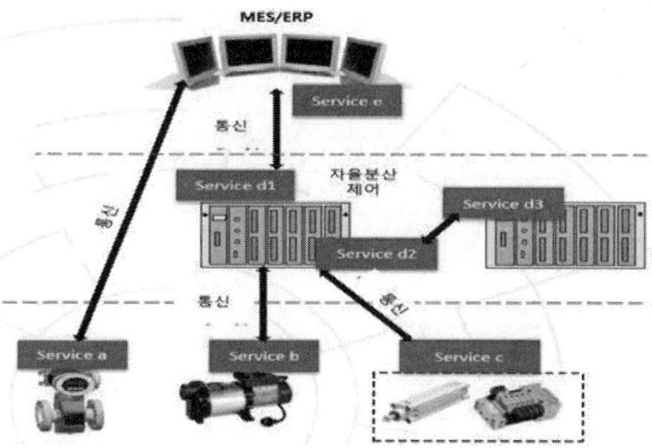

그림 3-23 인더스트리 4.0 시대의 양방향 MES/ERP 시스템
*출처: 독일인공지능연구소(DFKI) 및 현대경제연구원(2014)

3) 인더스트리 4.0의 기대효과

가. 소비자 맞춤형 대량 생산 확대

소비자 고유의 선호도가 제품주문 및 생산계획 단계에 반영되고 고객의 선호도 변화에 따라 제조 방식 및 디자인이 실시간으로 변경될 수 있다. 고객의 니즈를 저장하고 설비부문과 생산방식간의 통신으로 생산정보를 고객사와 공유하기 위해 RFID 기술 개발 및 시스템 구축이 중요하다. 예를 들면 보쉬사의 고객맞춤형 연료 인젝터 생산이 이에 해당된다. 또한 시장 변동성에 맞춰 용이하게 시제품을 제작하기 위해 3D 프린팅 기술을 적용할 수 있다. 예를 들어, BMW의 Jigs and Fixtures가 이에 해당된다.

기업의 소비자 맞춤형 생산에 대한 사례로는 보쉬, BMW, GM을 들 수 있다. 보쉬에서는 디젤엔진 핵심부품인 연료 인젝터 생산시 RFID 적용으로 수십 만 가지 제품사양을 충족하고 실시간 생산정보를 고객사와 공유해 가치를 제고했다. BMW는 신차 출시에 따라 수시로 변하는 부품형상을 3D 프린트로 제조하고, 비용절감 및 생산성 제고는 물론 다양한 고객니즈에 대응하고 있다. 또한 GM에서는 신속 프로토타입(Rapid Prototyping) 프로그램을 통해 차량 부품의 사전 조립 시뮬레이션 및 성능 검증 등을 수행하고 있다.

그림 3-24 NIKE ID와 Chocomize

*출처: 포스코경영연구소, 박형근(LG CNS 발표 자료), 2014.

나만을 위한 제품이 각광받는 'Batch Size 1' 시대 개막과 개인화된 제품을 제공할 수 있다. 고객은 개인화된 제품에 5~20%의 프리미엄을 지불할 의사가 있기 때문에 생산원가를 낮출 경우, 이윤창출과 함께 고부가 시장의 선점이 가능하다. 파레토법칙에 따르면 상위 20% 제품이 전체 매출의 80%를 차지하지만 ICT 발전과 물류혁신으로 80%의 맞춤형 제품이 매출에 상당부분을 기여한다.[33] 또한 나이키는 NIKE ID라는 이름으로 세상에서 단 하나뿐인 운동화를 주문제작 해주고 있으며, 단 하나뿐인 초콜릿 제품을 만들어주는 회사(Chocomize)도 등장하고 있다. 제약업계에서는 약통에 스마트 메모리를 부착해 생산년도, 선적일 등을 저장하고 개봉 후 주변 환경에 반응하여 경과시간 등 환자를 위한 맞춤정보를 제공한다.

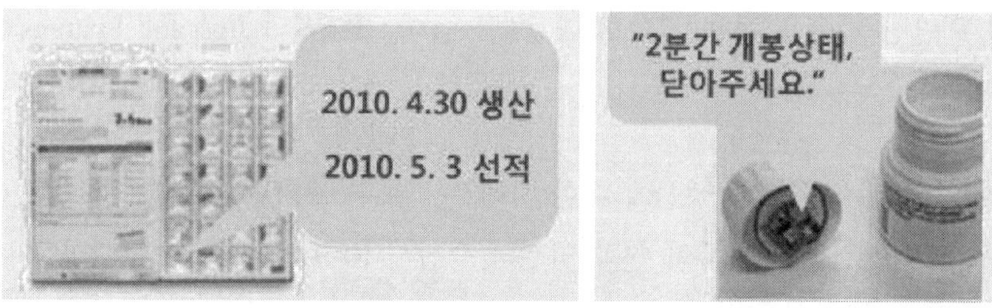

그림 3-25 환자맞춤 제품경로 저장과 정보제공

*출처: 포스코경영연구소, 박형근(LG CNS 발표 자료), 2014.

33) 롱테일경제학, 크리스앤더슨

나. 자원 효율성 제고

인더스트리 4.0은 사전 시뮬레이션 및 End-to-End 엔지니어링 등으로 자원 효율성 제고한다.

고객주문이 생산공정에 미치는 영향 등을 사전에 시뮬레이션해서 비용이 절감된다. 지멘스는 TIA(Totally Integrated Automation) SW를 개발해 공장 레이아웃의 점검부터 제어설계, 생산 시뮬레이션, 가동 모니터링을 하나의 패키지에서 구현하였다.

그림 3-26 지멘스의 TIA 사례

*출처: 지식경제부, 'RFID/GPS 기반 물류혁신 추진방안', 2009.

고객주문에서 맞춤형 생산관리, 재고 및 유통관리, 고객사 이송 및 A/S까지 End-to-End 엔지니어링을 시현한다. 포스코는 창고~유통기지~고객사 도착까지 RFID 체제를 구축하였다. 고객사는 제품 입출고 및 재고관리를 자동화할 수 있고, 포스코는 고객사의 재고 수준을 자동으로 확인하여 JIT(Just In Time) 생산이 가능해졌다.

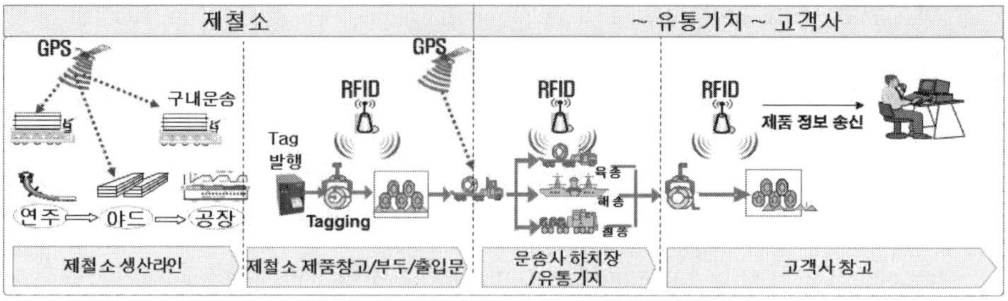

그림 3-27 포스코의 RFID/GPS 기반 물류혁신 사례
*출처: 지식경제부, 'RFID/GPS 기반 물류혁신 추진방안', 2009.

다. 제조업의 서비스화로 경쟁력 제고

숙련공의 노하우를 디지털화하거나 숙련공과 미숙련공을 원격으로 연결시켜 속인성 지식을 공유 또는 전수하는 환경을 마련한다. 숙련공의 속인성 기술을 동영상으로 만들어 클라우드 컴퓨터에 저장하고 언제 어디서든지 지식을 공유하도록 시스템 구축할 수 있다. 가상·증강현실 기술의 발달로 구글 글래스나 모바일 기기를 통해 손쉽게 현장 교육이 가능해져 장거리 생산현장에 갈 필요 없는 원격교육 및 원격보수 가능하다.

그림 3-28 숙련공 원격교육과 증강현실을 활용한 미숙련공 교육
*출처: 독일 인공지능연구소, Industry 4.0: The semantic product memory as a basis for CPPS', 2013.

설비 교체를 통한 공장 업그레이드가 아니라, 설비기능을 상시 모니터링하고 설비에 탑재된 SW 앱을 업그레이드 할 수 있는 앱스토어를 구축할 수 있다. 스마트 팩토리에서는 앱스토어에 저장된 앱을 이용해 실시간 설비 모니터링, 장비 원격제어, 생산설비의 SW를 빠르고 쉽게 할 수 있고 원격갱신도 가능하다. 글로벌 시장에서 고객 Lock-In 효과와 함께 고객과 중장기적 신뢰관계를 구축할 수 있다.

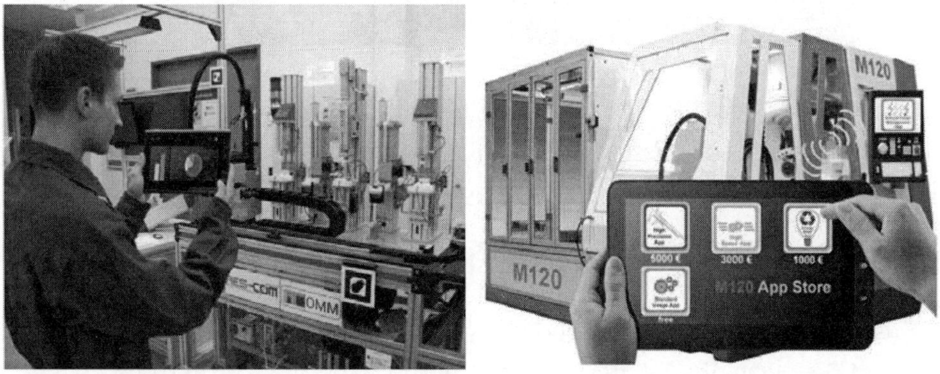

그림 3-28 고객사 설비의 상시 모니터링과 스마트 팩토리를 위한 앱스토어

*출처: 독일 인공지능연구소, 'Industry4.0: The semantic product memory as a basis for CPPS', 2013.

라. 지역사회 공헌 및 일과 가정의 양립이 가능

도심형 공장, 재택근무 활성화로 지역사회 공헌 및 일과 가정의 양립이 가능해 진다. 설비공유, 에너지 효율성 증대 등의 효과가 맞물리며 도심형 공장이 확산된다. 센서가 내장된 모듈형 설비의 확산으로 공장 간 설비의 공유와 함께 설비 배치가 자유로워 작업공간의 효율성이 향상되며, 제조 근로자의 재택근무도 활성화된다. 또한 지능화·자동화된 첨단 제조시설은 에너지 효율화와 함께 소음과 오염배출을 줄여서 도심형·아파트형 공장과 산업단지 구축을 가능하게 하고 이는 스마트 시티 구축으로도 연계된다 자동화기기 업체인 비텐슈타인은 소음과 오염배출을 획기적으로 줄인 친환경 도심형 공장을 운영하여 근거리 출퇴근과 함께 생산 중 잔열을 지역난방으로 활용해 지역사회에도 공헌하고 있다.

그림 3-29 도심형 공장: 독일 비텐슈타인 펠바흐 공장 사례
*출처: 포스코경영연구소, '인더스트리 4.0, 독일의 미래제조업 청사진-ICT와 제조업 융합 지향', 2014.

4) 인더스트리 4.0의 사이버물리시스템 기술

센서(Sensor), 액추에이터 (Actuator), 모바일 기기 등 물리적 세계의 사물이 사이버물리시스템(CPS)이라는 매개체를 통해 인터넷 상의 서비스와 연결되며, 물리적 세계에서 진행되는 일들이 실제 가상의 세계로 미러링되어 사전검증, 실시간 관리, 사후분석이 가능해졌다. 과거 중앙제어장치의 명령을 받아 생산기기가 소재를 가공하던 일방향 서비스 로직에서 소재와 반제품에 RFID 등 스마트 메모리를 장착해 스스로 지능화된 생산기기와 통신을 통해 경로를 결정하는 분산제어체계와 모듈단위 생산체계로 인해 제품의 변경이나 고객주문에 따라 수시로 생산 Lay out 변경이 가능하고 교체 즉시 가동하는 Plug &Produce 시스템이 가능하다.

인더스트리 4.0 구현의 핵심 운영기술인 사이버물리시스템(CPS) 기술 수준 파악 및 청사진 마련이 필요하다. 사이버물리시스템은 인더스트리 4.0 구현뿐 만 아니라 의료 헬스케어, 에너지 송전, 운송, 국방 등 다양한 분야에 광범위한 적용이 예상되면서 다시 주목을 받는 상황이며 미국·독일·EU 등 선진국은 사이버물리시스템을 차세대 핵심 기술로 인식하고 사이버물리시스템 관련 기술과 플랫폼 개발에 총력을 기울이는 상황이다. 사이버물리시스템 구축을 위해서는 센서기술 뿐만 아니라 액추에이터, 보안기술, 최적화 SW, 인지기능 등 다방면의 기술이 동시다발적으로 개발·융합되는 것이 관건이며 ICT로 실제 세계와 가상세계를 연결하는 사이버물리시스템은 엄청난 데이터 처리와 함께 수많은 물리적 도메인을 연결해야 하는 매우 복잡한 시스템이다. 따라서 사이버물리시스템 구축을 위해서는 어떤 분야에 어떤 기술을 어떻게 적용하고 설계, 운용할지 체계적인 기술 로드맵을 수립하는 것이 중요하다.

가. 센서(Sensor) 기술

흔히 우리가 센서라고 하면, 어떤 측정 대상물로 부터 물리량을 검출하고 검출된 물리량을 전기적인 신호로 변환시켜주는 소자를 의미한다. 인간의 감각기능을 제어 가능한 다른 신호로 대체하고 인간의 오감을 인위적으로 실현하여 신뢰할만한 양질의 정보를 인간에게 제공하기 위한 목적으로 사용된다. 주요 응용분야로는 자동화 시스템, 자동차와 관련 산업, 우주항공 산업, 의료분야, 환경측정분야, 산업전반에 걸친 다양한 분야 및 일상생활에 사용되어진다. 우리나라 센서(sensor) 기술 수준은 선진국(미국 유럽 일본)의 2/3 수준에 불과하고, 중국은 90%까지 한국을 추격하고 있다. IoT·IoS 기반의 스마트 팩토리 구축, 더 나아가 궁극적으로 초연결사회 구현을 위해서는 핵심 요소 기술인 센서 개발과 경쟁력 강화가 가장 시급한 과제이다. 현재는 사이버세상과 물리세상을 연결하여주는 사이버물리시스템(CPS)이 대두되고 있으며 지능형 메모리 개발을 통해 쌍방향 분산·자율제어 생산체계 구현이 가능하다. 최근에는 사물인터넷(IoT) 확산 등으로 단순한 주변상황 감지에서 신체정보, 사용자 행동, 감정인지 기능을 수행하는 등 영역이 확대되고 있다.

나. 미들웨어 기술

인더스트리 4.0에 사용되는 사이버물리시스템(CPS)을 통해 다양한 분산 환경의 컴퓨터 시스템에서 많은 양의 데이터가 형성되어지며, 로컬 생산관리시스템으로 이러한 데이터를 안전하고 신속하게 처리(전송)하기 위한 기술이 필요하다. 특히 대규모 분산 환경에서 발생하는 데이터를 실시간으로 전송하기 위한 미들웨어의 요구가 증가하고 있으며 현재 데이터 처리(전송) 기능을 수행하는 미들웨어는 DDS(Data Distribution Service), 웹서비스(Web Service), CORBA(Common Object Request Broker Archi tecture), RMI(Remote Method Invocation), JMS(Java Mesage Service) 등 다양한 데이터처리 미들웨어가 있다. 이러한 미들웨어 중 OMG에서 제안하고 있는 DDS 표준은 사이버물리시스템 환경에서 데이터 중심의 데이터 배포를 구현하기 위한 표준으로 제안하고 있다. 이는 응용 프로그램들이 플랫폼이나 특정 언어에 독립적으로 하나의 데이터 도메인을 형성하고 그들 간의 효율적인 데이터 교환을 가능하게 한다. OMG의 DDS 표준을 만족하는 다양한 DDS 응용제품들이 개발되고 있으며, 국방, 항공등의 도메인에서 데이터교환 및 배포를 위한 표준으로 사용되고 있다. 이렇듯 여러 중요산업에 적용되고 있어 앞으로 DDS 표준을 만족하는 사이버물리시스템의 통신이 더욱 확대될 것으로 보인다.

3.4 | CPS와 블록체인(연결 관계)

1) 블록체인의 등장과 활용

블록체인은 나카모토 사토시라는 정체를 알 수 없는 사람(혹은 집단)이 2008년에 발행한 단 9쪽짜리 논문에서 시작됐다. 사토시는 중앙은행 없이도 가치가 유지될 수 있는 온라인 화폐를 고민했고, 이 화폐를 유지할 수 있는 수단으로 블록체인 기술을 생각해냈다. 블록체인에 대한 자세한 내용은 Part 2에서 다루겠다.

사토시의 기술에서는 전자동전(=비트코인)을 썼지만 동전은 얼마든지 다른 것으로 대체할 수 있다. 전자정보로 바꿀 수 있는 수단이라면 무엇이든 가능하다. 전자우편, 전자물류정보, 전자거래, 전자계약서, 전자유통 등 지금까지 전자상거래는 서로 다른 수많은 개인과 기관, 기업이 제각기 다른 정보 저장 수단을 사용해 왔다. 인터넷 망으로 실시간 연결된 것처럼 보이지만 온라인이나 오프라인을 통해 직접 확인한 뒤 각자 저장 장치에 맞는 형식으로 입력했다. 타 은행 수표를 입금했을 때 실제 통장에 입금되기 까지 2~3일이 걸리는 일을 생각하면 이해하기 쉽다. 은행에서 수표를 진짜 발행했는지 실시간으로 확인할 수 없기 때문이다.

블록체인은 이런 문제를 해결할 수 있다. 각 은행은 블록체인을 형성하는 컴퓨터가 되고 블록체인을 보유한다. 수표를 발행하면 해당 정보가 블록에 기록되고 이 블록은 블록체인을 가진 모든 은행 컴퓨터에 공유된다. 다른 은행에서 벌어지는 일까지 모두 정보가 공유되기 때문에 그 동안 2~3일이 걸리던 거래를 실시간으로 진행할 수 있다.

앞서 말한 것처럼 전자정보로 바꿀 수 있다면 무엇이든 블록체인 기술을 응용하는 것이 가능하다. 우리나라 벤처 기업인 '메디블록'에서는 의료 정보를 블록체인에 담으려 시도 중이다. 각 병원에 제각기 분리돼 있는 개인의 의료 정보를 블록체인에 저장해 스마트폰에서 자신의 의료 정보를 직접 관리하도록 하는 것이 목표다. 삼성 SDS에서는 자체 개발한 블록체인 플랫폼 '넥스레저'로 물류유통과 거래정보를 공유할 수 있는 오픈 플랫폼을 만들고 있다.

의료 인공지능 프로그램 '왓슨'으로 잘 알려진 IBM은 다이아몬드 유통을 파악하는 블록체인을 개발할 계획이다. 다이아몬드 생산부터 최종 유통까지 과정을 모두 블록체인에 기록해 테러 같은 범죄에 이용되는 것을 원천적으로 막겠다는 의도다.

그림 3-30 블록체인의 개념 *출처: shutterstock

2) 블록체인을 이용한 CPS의 구현

이렇듯 블록체인 기술의 배경은 초상품화 과정의 설계에 있다. 즉, 동작조건에 네트워크 각 참가자(블록체인 노드)에게 자동적으로 블록정보에의 접근권한을 부여하는 메커니즘을 설계하고자 함이다.

일상에서 접하는 국가기관이나 공공기관들이 해주고 있는 신용보증이나 거래보증이나 권위의 양도 등은 믿을 수 있는 제 3의 누군가를 세우는 TTP(Trusted Third Party 또는 Trustee) 방식이다. 이는 평판체계의 불완전성으로 인한 어쩔 수 없는 선택이었다.

그러나, 블록체인(Block Chain)에 의해 Peer to Peer간의 실시간 신뢰보증이 정보 통신 기술과 고난도의 알고리즘으로 P2P의 평판의 불완전성을 극복할 수 있게 되었다. 즉, 블록체인은 모든 형태의 거래 행위나 모든 형태의 처리과정에 조작이 불가능하도록 메커니즘적 동작을 구현하고 평판의 불완전성을 극복하는 것이다. 이러한 '평판의 불완전성 극복'은 사기행위나 정보의 독점이나 관리의 독점을 통한 부당한 이익을 취하는 행위를 완전히 봉쇄할 수 있게 해준다.

인간, 사물, 환경에 상관없이 그 어떤 것도 블록체인상에서는 고도의 믿음이 있는 Cyber-Physical World에 있게 된다. 블록체인은 말 그대로 조작이 불가능한 기계적인 처리를 전제로 하는 상호 신뢰보증체계다. 스마트폰을 통하여 가상공간과 물리공간을 자유롭게 왕래하며 살 수 있게 되는 CPS(Cyber-Physical System) 모빌리언스가 될 수 있다. 마찬가지로 블록체인이라는 새로운 스마트폰을 가지게 되면 '조작이 불가능한 기계적인 상호 신뢰보증 체계'를 구축할 수 있다.

가상공간과 공유결합되는 물질세계 -'초상품'- 에서는 더 이상 가짜가 존재할 수 없게 만들 수 있다. 현 시점에서의 '초상품'들은 암호화폐, 화폐전송, 외환송금, 전자지불에 그치고 있지만 점점 증권, 채권, 대출, 모기지, 부동산 소유권, 스마트 자산 등의 영역으로 확대될 것이다. 기부금, 여론조사, 선거 등의 영역으로도 자연스럽게 이동하게 될 것이다. 이처럼 세상의 모든 영역으로 확장될 것이다.

가상세계와 공유결합하는 '초상품'의 종류는 다양하며, 세상의 모든 것에 해당한다. 세상의 모든 믿음의 대상이 되는 모든 물질이나 행위들이 모두 포함된다. 심지어 법률문서도 '초상품'에 속한다. 법률문서가 코드화 되어 직접 유통되고 거래에 사용된다. 마치 지금의 전자적 인감증명도장인 전자서명과 같이 법률적 문서도 전자적으로 코드화 시킬 수 있다. 인간이 확인하는 것이 아니라 기계가 직접 확인하고 처리한다. 이처럼 '초상품'의 거래에는 인간의 개입을 허용하지 않는다. 엄격하게 말하자면 인간의 조작을 허용하지 않는다. 이것을 Smart Contract이라고 한다.

세상의 모든 프로세서에 인간 행위의 개입을 제거하는 발상이 필요하다. 냉장고에 계란이 부족하면 냉장고가 직접 블록체인 세상에 장보기를 하러 가는 것을 가능하게 할 수 있고 주인의 성향을 미리 파악해주는 집안의 집사 인공지능의 도움을 받아서 주인의 까다로운 취향을 맞출 수 있는 가성비 높은 계란을 냉장고가 사러 가는 것도 가능할 것이다.

3) CPS에서 블록체인 조건

가. 필요조건

블록체인의 필요조건은 당연히 어떻게 믿음을 주는 것인가 하는 것이다. 블록체인의 필요조건에는 두 가지 측면이 존재한다. 첫 번째는 믿음의 뿌리 Root of Trust에 대한 합리적 약속이다. 모든 거래에 대한 믿음의 근거가 되는 뿌리가 있어야 한다. 거래의 시작점에 대한 합리적 약속에 믿음이 존재한다면 그 이후에 일어나는 모든 거래에 대한 믿음을 제공할 수 있게 된다. 두 번째는 이중거래, 즉 하나의 가치를 두 번이상의 사기거래가 존재하지 않음을 증명하는 것이다. 이 두 가지는 블록체인의 유지하는 가장 필수적인 행위이다. 전자와 후자 모두 TTP 또는 Trustee들이 하는 모든 관리 유지노력을 대신하는 것과 동일한 효과를 갖는 것이다. 블록체인의 거래증명은 그냥 기계적인 행위이기에 블록체인 원리의 핵심사항은 아니다.

다시 돌아와서 첫 번째 믿음은 참여하는 모두가 동의하는 방법으로 블록체인 세상이 첫 이벤트를 만들고 그것을 모두가 확인하는 것이다. 첫 번째 이벤트의 주인공에게 선물을 준다. 이것을 채굴이라고 한다. 첫 번째 채굴행위가 이루어지고 모든 참여자가 확인하는 기념비적 이벤트가 Root of Trust이다. 두 번째의 믿음은 거래 이력의 이상상태를 발견한 자가 신속하게 이 사실을 모두에게 통보하고 서로 확인시키면서 거래 투명성을 유지하게 하는 것이다.

블록체인 역시 인간의 개입을 허용하지 않는 방법으로 거래의 투명성을 보장해야 하기 때문에 블록체인은 채굴행위가 일어날 때마다 자동적으로 이중거래를 기계적으로 체크화하는 메커니즘을 내장하고 있다. 이것이 충분히 거래의 투명성을 보장해줄 수 있다는 것이 증명되어 있다. 이로써 블록체인의 필요조건이 완성됐다.

한 가지 분명히 알아야 할 것은 채굴행위와 채굴행위로 받는 보상이 Trustee, TTP를 두지 않는 대신 지불되는 비용이라는 것이다. 이것이 블록체인이 '초상품' 거래를 투명하게 보장할 수 있는 원리임을 명확하게 이해할 수 있게 해주는 것이다. 나중에 이야기가 되겠지만, 이 두 가지의 필수 신뢰메커니즘을 일반인들은 그 구조를 전혀 몰라도 되는 컴퓨터나 네트워크의 개념으로 제공돼야 한다.

나. 충분조건

이제 블록체인의 충분조건을 검토한다. 블록체인을 실제로 동작하게 하기 위한 준비는 앞서 언급된 가장 중요한 것이 가상공간과 물질공간의 가치가 공유결합(물리적으로 분리할 수 없는 결합)되는 초상품화 과정이다.

TV 드라마를 매개로 하는 초상품을 생각해보자. 지금도 많은 부분 메카니즘화 되어 있는 것이기에 이해가 쉬울 것 같다. 이미 드라마 콘텐츠는 제작과정에서 DRM과 결합하여 변조의 가능성을 없애고 이용자가 지불한 가격에 따라 정해진 횟수와 정해진 기간만 동작하도록 초기 개념의 초상품화가 되어 있기 때문이다. 여기에 초상품이 블록체인 인터넷(새로운 인터넷 개념 도입이 필수적인 사항임) 위를 유영할 수 있도록 블록체인 메커니즘과 공유결합시켜 초상품화하는 작업이 필요하다.

이런 초상품화 과정은 도메인마다 무수히 존재한다. 이것이 각 도메인에서 해줘야 할 블록체인의 충분조건이다. 이것 역시 새로운 생태계의 탄생을 말하는 것이고 새로운 직업의 탄생을 의미한다. 초상품화 과정을 기계가 담당한다고 해도 새로운 장치산업의 탄생을 이야기 할 수 있기 때문이다.

기술요구는 블록체인의 신뢰메커니즘을 내재하는 블록체인 인터넷 기술의 구현이다. 초상품의 전주기 유통을 지원할 수 있는 인프라다. 다음으로는 다양한 유무형의 가치들의 초상품화 플랫폼 구축이 필요하며, 초상품들이 유통체계를 지원할 수 있어야 한다.

즉 블록체인 인터넷, 초상품화 플랫폼, 초상품 유통플랫폼의 실현이다. 구조설계부터 시작해서 관련한 Technical tree를 구축하고 국가 차원에서 범국가적 자원동원 계획을 수립할 수 있도록 정보를 제공할 수 있어야 한다.

CPS 세상이 곧 블록체인 세상임을 인식할 필요가 있다. 가상공간과 물리공간이 블록체인인터넷과 인공지능과 초상품 유통체계로 밀접하게 결합되는 블록체인 세상이 다가온다.

Tip Box 1

IoT 데이터/서비스 플랫폼의 사례

사물인터넷 데이터 플랫폼은 IoT의 디바이스를 데이터 소스로 간주하여 물체의 이질성을 논리적으로 분리시켜, 외부에서 IoT 디바이스의 데이터에 쉽게 접근할 수 있는 구조를 제시한다.

1) 국내 사례

가. 모비우스 및 앤큐브 플랫폼

모비우스(Mobius) 및 앤큐브(&Cube) 플랫폼은 oneM2M 표준에서 제시하는 기본 기능에 사물 및 응용서비스에 대한 검색기능을 강화하고 사물인터넷의 앱 생태계를 활성화하기 위한 앱 거래기능이 추가된 개방형 사물인터넷 플랫폼이다.

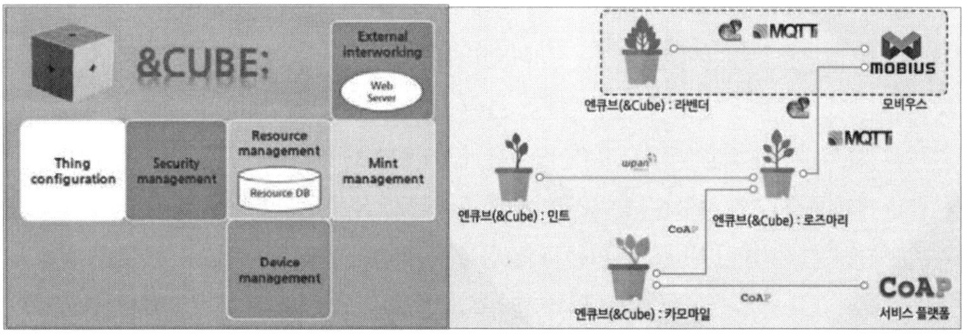

그림 3-31 모비우스 및 앤큐브 플랫폼

*출처: OCEAN, http://www.iotocean.org/download/?tab1=2

Mobius는 서버 및 클라우드 형태의 사물인터넷 플랫폼 기능을 수행하며, HTTP, MQTT, CoAP 프로토콜에 대한 바인딩을 지원하며 RESTful Open API를 통하여 기능을 활용할 수 있도록 제공한다.

&Cube는 사물인터넷 디바이스 및 게이트웨이 등에 탑재가 되는 사물인터넷 플랫폼으로서 적용하기 위한 하드웨어 및 시나리오에 따라서 여러 가지 타입을 제공한다.

나. 씽플러스

달리웍스는 IoT 클라우드 서비스를 제공함으로서, 누구나 쉽고 빠르게 사물인터넷 서비스를 개발할 수 있는 씽플러스(Thing+)를 개발하여 서비스하고 있다. Thing+포털을 활용해 누구나 쉽고 빠르게 자신만의 IoT 서비스를 구축할 수 있으며, 클라우드 환경을 통해 안정적이고 확장성이 높은 서비스를 제공한다.

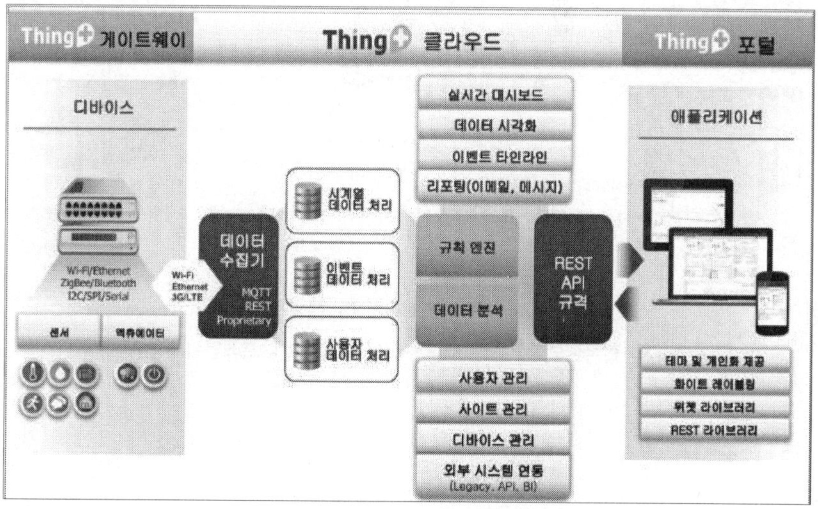

그림 3-32 씽플러스 플랫폼

*출처: 씽플러스, https://thingplus.net/

다. Com us

ETRI, 핸디소프트, KT, 다음커뮤티케이션즈는 시맨틱 IoT 서비스 플랫폼 기술연구(COMUS, 2010~2014)를 통해 사용자의 요구에 맞는 다양한 센서 자원을 동적으로 구성하여 서비스를 제공하고, 서비스 완료 후에는 다른 서비스 사용자에 의해 활용 가능케 하는 개방형 센서 자원 커뮤니티 기술을 개발하였다. 주요 기술로는 센서 자원 상호운용을 위한 동적 관리 기술, 시맨틱 지식 컨텐츠 생성 기술, 모바일 저전력 통신 응용 기술, 지능형 센서 제어 기술 등을 포함하고 있다.

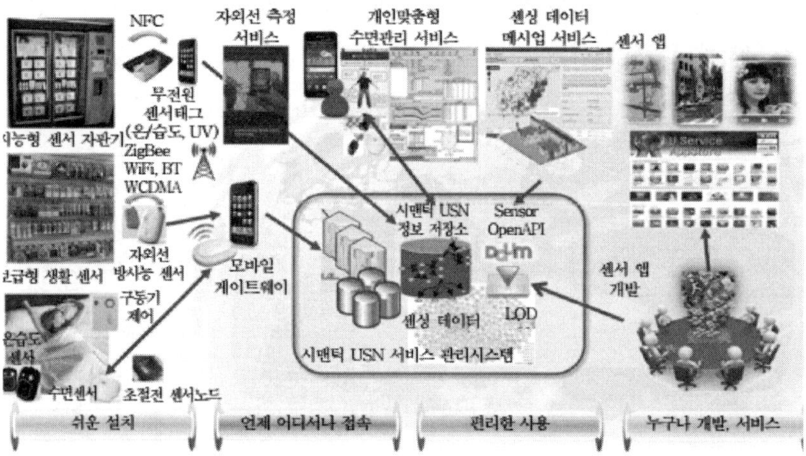

그림 3-33 COMUS 플랫폼

*출처: 한국정보화진흥원(2012), CPS기반의 IoT 프레임워크 연구

2) 국외 사례

가. 애플

모바일 시장의 글로벌 생태계를 구축하고 있는 애플은 ios에 기본 기능으로 사물인터넷 플랫폼 기술들을 탑재하고 있다. 홈킷(Home Kit)과 헬스킷(Health Kit)이다. 블루투스나 와이파이로 연결된 가전제품을 애플의 운영체제인 ios8에 통합시켜, 스마트플러그, 스위치, 가전 등을 제어할 수 있도록 하며, 시리(Siri)의 음성인식 기능을 통하여 가전제품을 제어할 수 있다. 애플의 IoT 플랫폼은 이외에도 자동차의 정보기기와 아이폰과의 연결을 통해서 메시지 확인, 인터넷 검색, 음성인식 서비스 등을 제공하기 위한 카플레이가 있다.

그림 3-34 애플의 플랫폼 *출처: 애플, www.apple.com

나. 구글

구글은 2014년 1월 학습기능을 내장한 스마트 온도제어기인 'Nest Therm ostat'와 연기 감지를 통해서 알람을 해주는 'Nest Protect'를 개발하여 상용화한 네스트랩스(Nest Labs)를 32억 달러에 인수하여 언론을 떠들썩하게 하였다. 구글은 네스트랩스를 인수한 이후로 이 플랫폼을 기반으로 'Works with nest'라는 생태계 확산 프로그램을 통하여 다양한 사물인터넷 디바이스 제조사를 끌어 들이고 있다. 이 뿐만 아니라 구글은 가정용 CCTV전문업체인 드롭캠을 5억 5500만 달러에 인수함으로써 화상모니터링 분야의 기술력까지 확보함으로서 웹에서의 글로벌 경쟁력을 다시 사물인터넷 글로벌 시장으로 확대하기 위한 전략을 추진 중이다. 구글은 또한 네스트랩스의 온도제어기를 스마트 홈의 홈 게이트웨이로 사용할 것을 고려중이다.

그림 3-35 구글의 플랫폼 *출처: 구글, www.google.com

다. Xively의 Parchube

Xively는 사용자와 사물간의 인터랙티브 환경에서 사물 센서들로부터 들어오는 실시간 데이터들을 관리할 목적으로 시작된 프로젝트로서 2008년 프로토타입을 발표한 이래 2010년에 Pachube라는 이름으로 공개되었다. Pachube는 사람들과 사물, 어플리케이션을 IoT에 이어주기 위한 목적으로 개발된 서비스 플랫폼이다.

디바이스를 소유하거나 빌딩, 에너지 정보를 제공할 수 있는 사용자가 간단한 가입절차만으로 IoT의 데이터 소스로서 참여가 가능한 오픈플랫폼이며, 현재 10여개 국가에서 데이터가 수집되고 있고 하루 10만 개의 피드(Fed)가 업로드 되고 있다.

피드된 데이터에 대해서 접근 가능한 API를 제공하기 때문에 데이터를 이용한 메시업(mashup) 응용개발이 가능하다. Pachube를 매개로 이종 IoT 디바이스의 데이터를 이용한 다양한 응용의 출현이 가능하다.

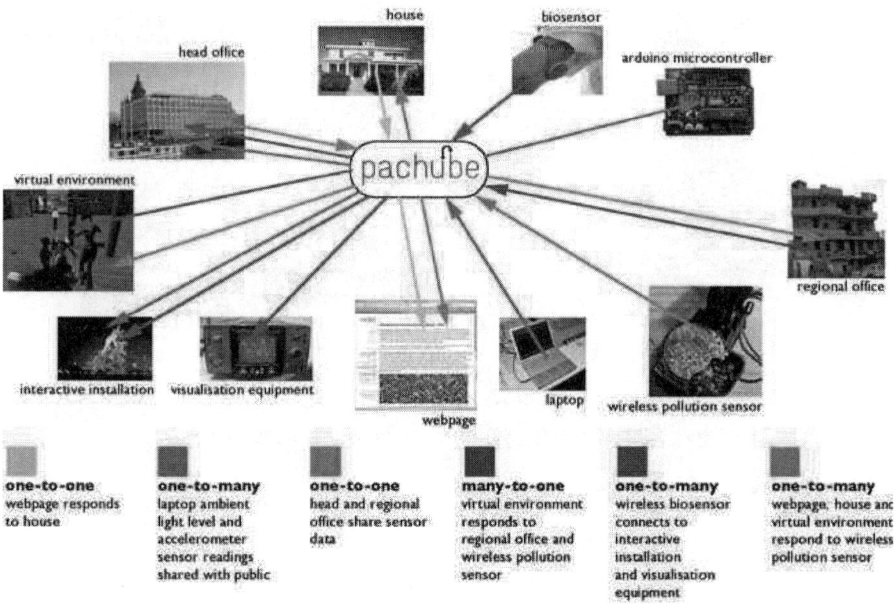

그림 3-36 Parchube 플랫폼

*출처: 한국정보화진흥원(2012), CPS기반의 IoT 프레임워크 연구

라. ioBridge

전용의 하드웨어 모듈을 이용하여 실생활의 디바이스들을 ioBridge의 클라우드 서버에 연동하는 구조이다. Parchube와 마찬가지로 피드된 데이터는 ioBridge 서버의 API를 통하여 응용으로 개발이 가능하다.

Parchube와 달리 전용의 하드웨어 모듈이 필요한 단점이 있다. 그러나 ioBridge는 상용제품에 탑재할 수 있는 전용 모듈인 iota를 제공하므로, 제조사 입장에서 연동이 수월하다는 장점이 있다.

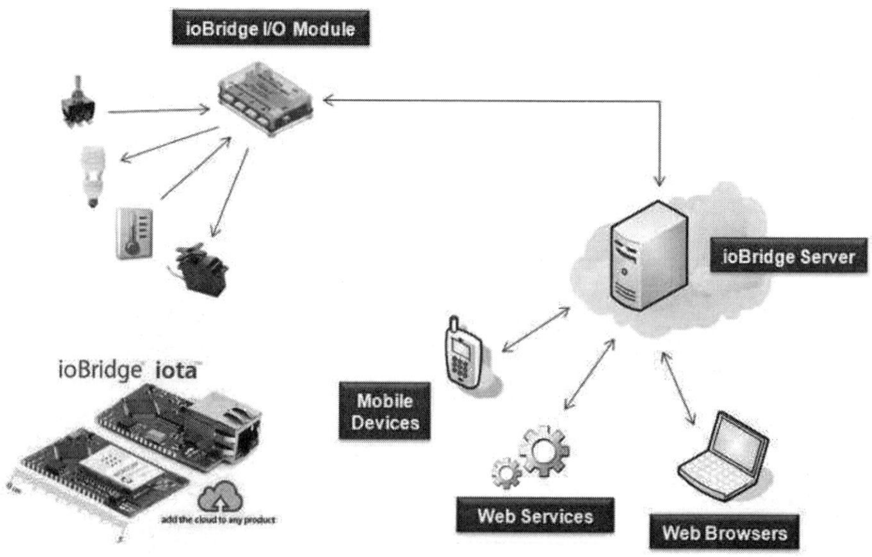

그림 3-37 ioBridge의 개념

*출처: 한국정보화진흥원(2012), CPS기반의 IoT 프레임워크 연구

마. HP의 CeNSE

HP의 인터넷에 연결된 글로벌 센서 네트워크인 CeNSE는 수조개의 나노스케일 센서와 액추에이터(actuator)로 구성된 센서 네트워크로 수집된 데이터는 인터넷으로 연동되는 것을 목표로 한다.

예를 들어, 수천 개의 센서가 다리에 설치외어 진동이 관측되면 다리 안전 뿐만 아니라 먼 거리에서도 지진여부 확인이 가능하다.

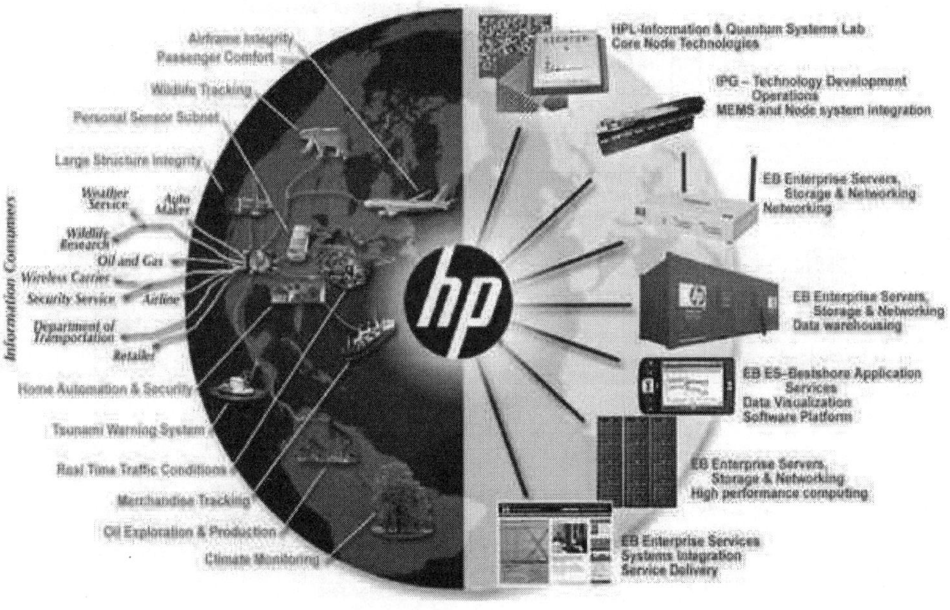

그림 3-38 ioBridge 플랫폼

*출처: 한국정보화진흥원(2012), CPS기반의 IoT 프레임워크 연구

마. EVRYTHING

EVRYTHING은 기존의 제품을 웹으로 연결하여 사물 간 정보공유를 통해 스마트 환경을 제공하는 서비스 플랫폼이다. 사물 기기에 대한 웹에서 식별할 수 있는 유일한 영구적인 ID를 URL형식을 통해 제공하고 이를 통해서 유일하게 식별된 사물과 통신을 가능하게 한다. EVERYTHING은 RESTful 방식의 웹 API를 통해서 어플리케이션을 개발할 수 있다.

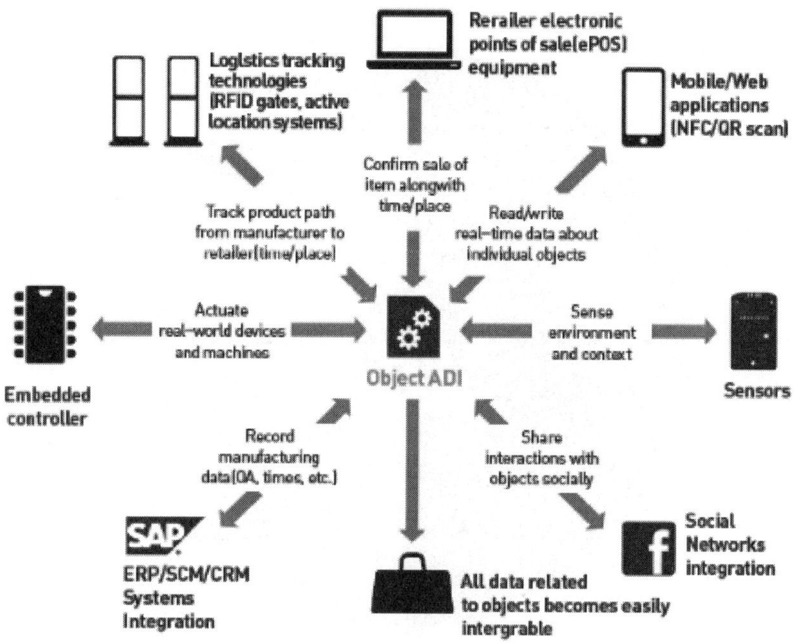

그림 3-39 EVERYTING 플랫폼

*출처: 한국정보화진흥원(2012), CPS기반의 IoT 프레임워크 연구

바. ThingSpeak

ThingSpeak는 인터넷 기반 모니터링과 컨트롤 하드에어 제조사인 ioBridge를 통해서 2011년에 공개된 오픈소스 IoT 서비스 플랫폼이다. ThingSpeak 플랫폼은 데이터 저장, 데이터 프로세싱, 데이터 전달, 위치 기반 서비스, 상태 업데이트, 소셜 네트워크 통합 플러그인을 지원한다. 웹 기반으로 HTTP 메시지를 통해서 데이터를 보내고 받을 수 있으므로, 데이터에 대한 필터링을 지원하여 평균, 합산과 같은 데이터 처리 옵션을 들 수 있다. ThingSpeak는 Twitter 기반의 API를 제공한다.

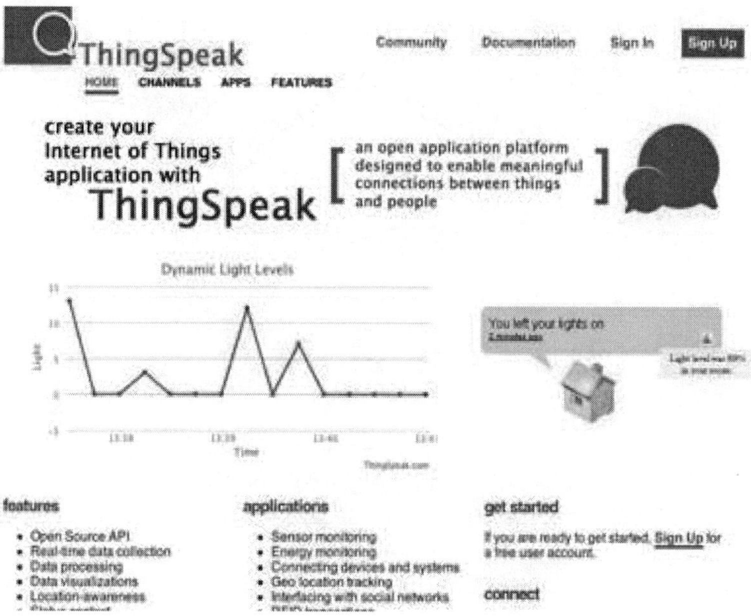

그림 3-40 ThingSpeak 플랫폼

*출처: 한국정보화진흥원(2012), CPS기반의 IoT 프레임워크 연구

사. ThingWorx

ThingWorx는 폭발적으로 증가하고 있는 센서, 디바이스의 연결을 위해서 고안된 IoT 서비스 플랫폼으로 2009년에 공개되었다. ThingWorx 플랫폼을 통해 연결된 디바이스, 센서, 시스템으로부터 데이터 획득, 제어, 통신이 가능하며 웹 기반 검색, 소셜 서비스를 위한 중요 기능을 포함하고 있다. ThingWorx 플랫폼은 코드를 작성하지 않고도 드래그 앤 드롭과 같은 쉬운 인터페이스를 제공하여 관련한 IoT 매쉬업 서비스를 빠르게 개발이 가능하다.

그림 3-41 ThingWorx 플랫폼

*출처: 한국정보화진흥원(2012), CPS기반의 IoT 프레임워크 연구

Tip Box 2

CPS사례: 스마트 공장

1) Dell의 공급망

고객 지원 측면에서 고객이 자신의 필요에 맞게 컴퓨터의 사양을 변경해 맞춤 주문을 할 수 있는 시스템을 제공하고 있다. 이러한 주문들은 20,000가지가 넘는 조합의 맞춤 제품을 제조할 수 있는 OptiPlex 제조 설비로 전달된다. 전달된 주문들은 실시간 공정 스케줄링과 재고 관리 작업을 통해 공정의 일부로 통합된다.

매 두 시간마다 수정되는 제조계획의 작성 뿐만 아니라 협력사나 공급사들이 제품 제조에 필요한 자재를 지정된 공장 건물, 출입구, 생산라인으로 적시에 정확히 배송할 수 있도록 동기화된 재고 주문 발주를 가능하게 한다.

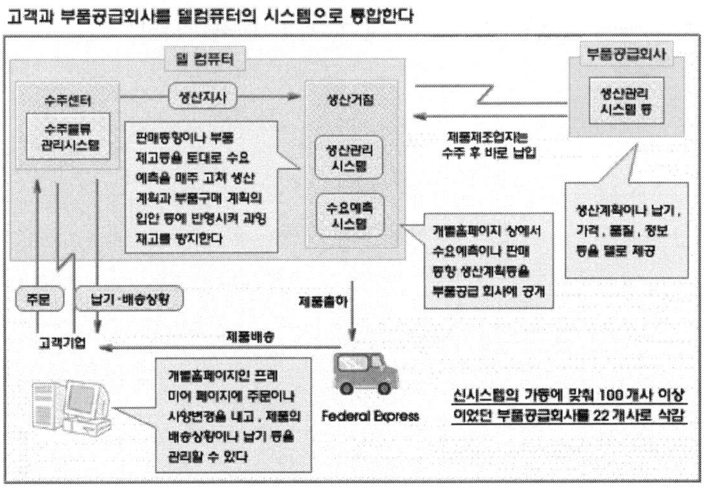

그림 3-42 Dell의 SCM 사례 *출처: kocw.net - 공급사슬관리(SCM)

2) GE의 SCADA[34)]

모바일을 지원하는 어플리케이션을 이용해 과거에는 PC에서만 이용이 가능했던 실적 데이터와 현황 업데이트를 태블릿으로도 제공하고 있다. 이로 인해 설비 관리자들과 현장 직원들은 더 이상 중앙 통제실에 묶여있을 필요가 없어졌다. GE의 자동화 소프트웨어 총괄 매니저인 Mark Bernardo는 "직원들에게 모바일 기술을 활용해 정보를 제공하여 문제 발생과 대응 시점간의 시간차를 극적으로 줄일 수 있었다. 따라서 생산 라인에 품질 문제가 새겨도 폐기해야 할 제품이 생산되기 전에 라인을 정지시킬 수 있다."고 밝혔다. 또한 센서들은 온도, 압력, 정렬수준, 두께 등 운영 관련 통제요소들의 값을 프로세스 수준에서 지속적으로 측정하여 원격 통제장치로 전달한다. 사전에 설정된 범위를 넘어선 통제 요소의 이탈이 감지되면, 통제장치는 구동계가 프로세스에 적절한 조정을 수행하도록 자동으로 명령을 보낸다.

3) Harley-Davidson

바이크 제조업체인 Harley-Davidson은 생산 공장에 스마트화를 위한 기기와 소프트웨어를 설치하여 생산 장비들이 어떻게 다르게 작동하고 있는지(예: 도장 설비의 팬 회전 속도 차이 등)를 지속적으로 측정, 기록하였다. 이 소프트웨어는 생산 장비들의 통제 요소(예: 펜 회전속도, 온도, 습도)의 측정치가 수용할 수 있는 범위를 벗어나면 자동으로 기계를 조정하여 문제 발생을 사전에 예방한다.

34) SCADA(Supervisory control and data acquisition): 원격장치의 상태정보 데이터를 원격 터이널 유닛으로 수집, 수신, 기록, 표시하여 중앙 제어 시스템이 원격 장치를 감시 제어하는 시스템

3장. 요약

1. 사물을 사람의 개입 없이 직접 인터넷에 연결하기 위한 IoT는 현실 (물리)세계를 중심으로 한 견해로, 현실의 사물을 인터넷에 연결하는 것에 중점을 두고 있다. CPS는 현실(물리)과 사이버세계를 연결하고 연결 이후 현실과 사이버 정보(데이터)를 융합하고 분석하여 도출된 데이터를 현실에 피드백 하는 것에 중점을 두고 있다.

2. 스마트 홈, 스마트 빌딩, 스마트 팩토리, 스마트 그리드, 스마트 교통 등과 같이 사회 모든 기반 시설이 지능화되고 서로 연결되어 상황에 맞는 서비스를 항상 제공하는 사회를 지향하고 있다.

3. 사물인터넷은 M2M(Machine to Machine)이 발전된 기술로 센싱기술, 유무선 통신과 네트워크 인프라 기술, 서비스 인터페이스 기술 등 하부기술이 이미 표준화가 진행 중이다.

4. 인더스트리 4.0은 독일 제조업이 직면한 사회(S) · 기술(T) · 경제(E) · 생태(E) · 정치(P) 부문의 변화에 ICT를 접목해 총력적으로 대응하겠다는 전략이다.

5. 인더스트리 4.0은 제조 공정의 최적화 문제를 해결하기 위해 다양한 기기 · 설비 · 작업자에게 센서를 부착해 정보를 중앙에서 수집하고 관리하는 체계를 구축하는 것이다.

6. 사이버물리시스템 구축을 위해서는 센서기술 뿐만 아니라 액추에이터, 보안기술, 최적화 SW, 인지기능 등 다방면의 기술이 동시다발적으로 개발 · 융합되는 것이 관건이며 ICT 로 실제 세계와 가상세계를 연결하는 사이버물리시스템은 엄청난 데이터 처리와 함께 수많은 물리적 도메인을 연결해야 하는 매우 복잡한 시스템이다.

3장. 연습문제

1-1. IoT와 CPS를 비교하여 설명하시오.

2-2. 인더스트리 4.0에 대해 설명하시오.

3-3. 사이버물리시스템 구축을 위해 필요한 기술들을 설명하시오.

PART 02

블록체인의 개요

04

블록체인의 개념

4.1 | 블록체인의 정의 및 특성

1) 4차 산업혁명의 시작

증기기관과 기계화로 인해 시작된 1차 산업에 이어, 전기를 이용한 대량생산이 시작된 2차 산업혁명, 컴퓨터와 인터넷으로 인한 정보화사회, 즉 3차 산업혁명에 이어 지금은 IT와 인공지능(AI)이 기반이 되어 인간의 의식적 행동 없이 사물이 사물끼리 소통하고 연결되어 지능적으로 제어하고 통제하는 사회, 현실과 가상이 통합되는 사회, 즉 4차 산업혁명의 시대가 되어가고 있다.

4차 산업 혁명의 특성상 IT와 AI가 기반이 되는 사회로 정보의 중요성이 커지고 있다. 이에 따라 중요성이 커짐과 동시에 정보의 보안, 윤리, 사이버 도덕성까지 중요성이 야기되고 있다.

앞으로 다가올 시대는 사물인터넷을 통해 수집된 정보, Data는 빅데이터화 되어 이를 AI와 같은 분석도구를 통해 처리 분석하는 시대가 다가올 것이다. 정보화 시대를 넘어 완전한 디지털 시대, 인공지능시대, 시공간적 제약 없이 인터넷과 연결되어 사람뿐만 아니라 사물까지 어떠한 정보를 만들어 내는 시대일 것이다. 이러한 시대의 변화를 벌써 몸소 느낄 수 있다. 4차 산업혁명의 전초라 할 수 있는 VR, AR, IOT, 3D프린팅, 드론 등 이를 통한 산업이 발전할 것이다. 다시 말해 AI, IOT, 빅데이터,

모바일 등 첨단 ICT가 경제, 사회 전반에 융합되어 혁신적인 변화가 나타나는 4차 산업 혁명은 인공 지능(AI), 사물 인터넷(IOT), 클라우드 컴퓨팅, 빅데이터, 모바일 등 지능정보기술이 기존 산업과 서비스에 융합되거나 3D 프린팅 등 여러 분야의 신기술과 결합되어 모든 사물과 서비스를 네트워크로 연결하고 사물을 지능화하는 시대일 것이다.

4차 산업혁명은 초연결, 초지능화, 초융합사회가 될 것이며 사용자에게 개인화, 맞춤화, 편리성을 제공할 것이다. 하지만 이러한 기술이 사용자들에 도움을 주고 활용이 되려면 사물과 사물간, 사물과 사람간, 현실공간과 가상공간의 소통에 있어 인터넷과 같은 정보통신기술 즉 ICT가 주요기술로 필요하다. 이에 따라 정보의 중요성이 커지고 있으며 정보의 보안성까지 중요시 되고 있다. 새로운 시대의 변화에 따라 정보에 대한 위협이 커질 뿐만 아니라 새로운 위협이 증가할 것이다.

이러한 이유들 때문에 새로운 정보정책들이 탄생하고 있지만 컴퓨터 보안 즉 기밀성, 무결성, 가용성이라는 목적을 위한 보안 및 암호화 기술의 발전은 다른 주요 기술에 비해 발전 속도도 느리고, 그 필요성의 인식도 하지 못하고 있다.

이러한 문제와 신뢰문제를 보안할 수 있는 기술이 비트코인으로 인해 많이 알고 있는 블록체인이라고 할 수 있다. 사이버 신뢰문제는 사용자들의 금융거래 등 의 문제에서 가장 크게 다가오는데 이러한 문제를 해결하는 하나의 도구라고도 할 수 있다.

2) 정의

비트코인으로부터 시작된 블록체인 기술은 차세대 인터넷을 이끌 혁신적 기술로서 수많은 업계의 관심을 모으고 있다.

많은 업계의 관심을 모으고 있는 블록체인이란 무엇인가? 자세히 알아보도록 하자.

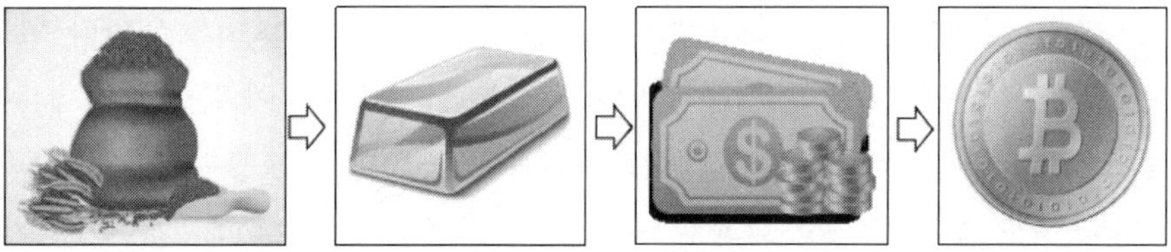

그림 4-1 화폐의 발전[35]

인터넷이 발전하면서 새로운 개념의 화폐가 등장하게 되었다. 곡식은 1만 년 전부터 사용되어진 화폐의 원형이라고 할 수 있다. 그 후로 약 5000년 전부터 등장한 금은 상당기간 화폐로 사용되었고 종이화폐는 약 1000년 전 중국에서 처음 사용하게 되면서 상당 기간 화폐로서의 역할을 해오고 있다. 최근 인터넷 기술이 발달하면서 전자화폐가 등장하게 되었는데 그 중 하나가 비트코인이라 할 수 있다.

그렇다면 실물화폐와 비트코인의 차이점은 무엇인가? [표 4.1]을 통해 알아보자.

┃표 4-1┃ 실물화폐와 비트코인의 차이점

	실물화폐	비트코인
발행주체	중앙 은행	채굴 참여자
도입기관	국가	개발자 그룹
가치보증	국가 기관 및 은행	소프트웨어 알고리즘
화폐 소유 관리	실물 현금, 은행 잔액 기반	공개 장부, 거래내역 기반
공급 결정권	국가 기관 및 은행	발생량 및 총량이 결정됨

이러한 비트코인을 거래할 때 보안성, 무결성을 제공하는 저장 플랫폼이 바로 블록체인이다.

블록체인이란, 온라인 금융 거래 정보를 블록으로 연결하여 P2P 네트워크 분산 환경에서 중앙 관리 서버가 아닌 참여자들의 개인 디지털 장비에 분산, 저장시켜 공동으로

35) 블록체인과 블록체인 비즈니스 (서강대학교 서강미래기술원 글로벌 핀테크 연구소 고덕윤)

관리하는 방식을 말한다. 블록체인의 기본 구조는 블록(block)을 잇따라 연결(chain)한 모음을 뜻하는 말로, 저장된 데이터를 블록 단위로 나누어 분산 저장해 서로 연결함으로써 하나의 데이터를 구성하도록 하는 기술이다. 즉 블록체인이란 공공 거래 장부라고도 부르며 가상 화폐로 거래할 때 발생할 수 있는 해킹을 막는 기술이다.

블록체인기술은 쉽게 말해서 '거래 기록을 남기는 기술'이라 할 수 있다. 과거엔 보호하고자 하는 정보에 아무도 접근하지 못하는 방식으로 보안이 이루어졌다면 블록체인은 이러한 보안 상식을 완전히 뒤집는 새로운 개념의 보안 기술이라고 볼 수 있다. 블록체인은 분산 데이터베이스와 유사한 형태로 데이터를 저장 하는 구조체 리스트로 네트워크 참여자들이 데이터를 저장·검증하므로 임의조작이 어렵도록 설계되었다.

블록체인의 각 블록은 헤더와 바디로 구성된 구조체로 헤더에는 이전, 현재 블록의 해시값, 넌스(Nonce) 등을 포함하고 있으며, 블록 검색 시 데이터베이스 인덱스 방식으로 데이터 값을 찾는다.

블록 헤더에는 다음 블록의 해시값을 포함하지 않으나, 편의상 값을 추가하여 이용한다.

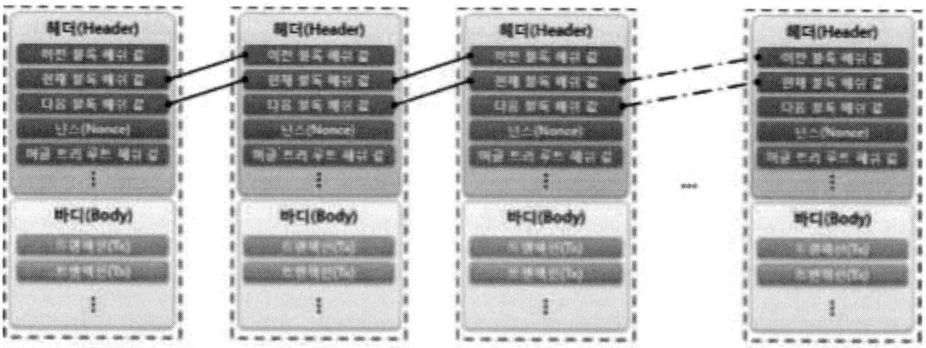

그림 4-2 블록체인 연결 구조[36]

36) 블록체인 및 비트코인 보안 기술 (보안연구부 보안기술팀/2015.11.23.)

블록체인 시스템은 수많은 노드가 P2P 네트워크로 연결되어 사용자의 트랜잭션을 처리하는 시스템으로서, 트랜잭션에 대한 기록을 순차적으로 저장하는 일종의 분산 장부 시스템이라고 볼 수 있다.

모든 거래 DB를 전 세계 곳곳에 있는 수백만 대의 컴퓨터에 저장시켜 쉽게 해킹하지 못하도록 하는 것으로 여러 개의 컴퓨터에 생성되는 보안 블록은 서로 체인처럼 연결되어 있어, 해킹을 하려면 모든 컴퓨터에 저장된 것을 동시에 해야 하기 때문에 매우 강력한 보안 시스템이라 할 수 있다.

[그림 4.2]를 이해했다면 블록체인이 왜 안정성을 보장하는지 알게 될 것이다. 각 노드들에 저장 된 해시값은 이전 블록들의 값에 영향을 받아 생성되므로 등록된 내용을 위, 변조하는 행위가 현실적으로 매우 어렵기 때문이다. 다만, 노드의 과반수를 동시에 해킹했다면 데이터의 변조가 가능하다. 하지만 현실적으로 매우 어려운 일이다. 이러한 방식의 시스템은 사물이 인터넷에 연결되는데 중앙형 컴퓨터 인프라에서 벗어난 구조를 가지고 탈중앙화 방식으로 연결되는 구조이다. 이러한 구조 덕분에 P2P 네트워크도 가능하며, 누구든지 어떠한 제약도 없이 즉시 거래가 가능하다는 것도 큰 특징이다.

블록체인은 사이버 상의 신뢰문제를 해결하고자 하는 하나의 방법으로, 사물이 인터넷에 연결되는데 탈중앙화 방식으로 연결되는 방식이라 할 수 있다. 블록체인을 처음 도입한 어플리케이션이 비트코인이며, 비트코인의 자세한 설명은 뒤에서 언급 할 것이다.

그렇다면 블록체인의 원리를 A와 B가 거래를 하는 과정을 예로 들어 알아보자.

만약 A가 B에게 땅을 구입하였을 때 A는 이 사실을 A와 B 뿐만이 아니라 구성원들 모두에게 토지 판매 사실을 알려주어 구성원들은 거래 내용을 모두 기록하게 된다. 이 과정은 블록체인에서 A와 B의 거래 정보가 하나의 블록으로 생성이 되며, 그 블록이 네트워크의 다른 구성원들에게 전달되어 네트워크 내 모든 구성원들이 해당 거래의 타당성을 확인하게 되는 과정이라 할 수 있다. 블록에 이상이 없다면 그 블록은 기존의 블록체인에 추가적으로 결합되고 거래가 성사된다고 할 수 있다.

이로 인해 A가 토지거래 문제를 조작한다하여도, B로 부터 돈을 받을 때에는 구성원들의 정보 모두를 조작하여야 하기 때문에 조작으로부터 어려운 문제가 존재 한다. 이처럼 블록체인의 거래 정보를 조작하기 위해서는 체인으로 연결되어 있는 모든 구성원들의 블록을 해킹하고 위조, 변조해야 하기 때문에 조작이 거의 불가능 하다고 할 수 있다.

CLOUD 사업자 및 기존은행은 Client-server를 이용한 중앙서버관리 방식, 중앙 집중형 시스템으로 한 부분에 오류가 발생하면 큰 문제를 야기한다. 그러나 분산 구조, 탈중앙화 관리방식인 블록체인은 네트워크 일부에 문제가 발생해도 전체 네트워크에는 큰 영향을 주지 않게 된다.

이 외에도 블록체인은 모든 거래 내역을 공유하고 기록하며, 사용자가 직접 모든 거래를 확인하고 검증하는 과정이 있어 투명성이 보장된다. 또한 블록체인 운용에는 기존보다 많은 비용이 필요하지 않아 비용절감 또한 블록체인의 장점이라고 할 수 있다.

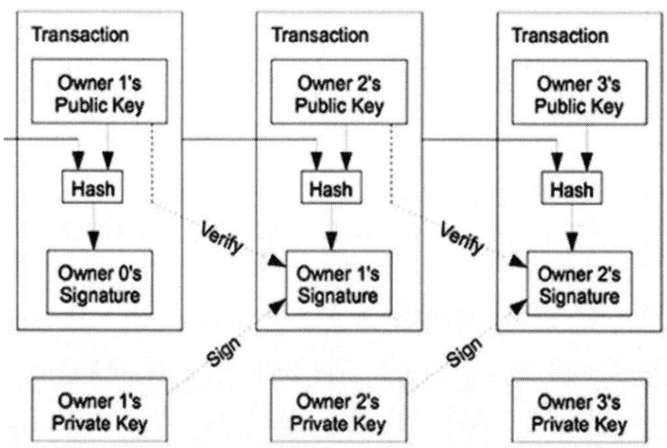

그림 4-3 블록체인의 거래과정

아직도 블록체인이 왜 안정성과 신뢰성을 보장하는지 이해하지 못했다면 [그림 4.4]를 통하여 쉽게 알아보자.

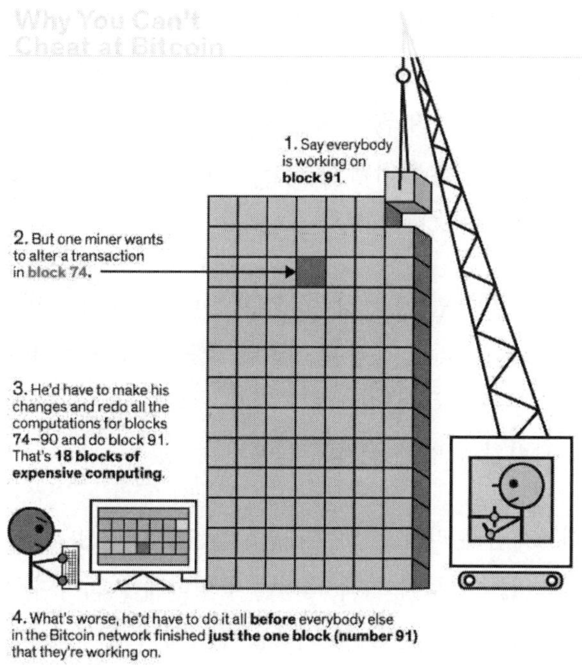

출처: IEEE SPECTRUM

그림 4-4 블록체인의 원리[37)]

① [그림 4.4]처럼 90개의 블록이 만들어져 있다고 하였을 때, 모든 참여자들이 91번째에 대해 타당성을 확인하는 작업을 하고 있다고 가정해 하자.

② 이 상황에서 어떤 해커가 74번째 블록에 담긴 거래기록을 임의로 수정하고자 한다.

③ 블록체인은 체인 구조로 되어있기 때문에 90번째부터 75번째 블록까지 모두 수정해야 하며, 수정을 해야만 74번째 블록에 접근하여 수정 할 수 있다. 즉 18개의 블록을 만드는데 소요된 모든 컴퓨팅 비용을 감당해야 한다.

37) 출처: http://etinow.me/250 [에티 ETI]

④ 이러한 작업을 모든 사용자가 91번 블록에 대한 타당성 검사를 완료하기 전에 끝내야 하기에 사실상 불가능에 가까운 일이라 할 수 있다.

설명이 어렵다면 예를 들어 생각해보자. 어릴 때 우리가 가지고 놀던 장난감을 블록이라고 생각해보자. 블록을 차곡차곡 쌓아 높은 탑을 만들었다. 그런데 중간에 끼어 있는 블록의 색이 맘에 들지 않아 중간에 끼워져 있는 블록을 바꾸고 싶다면 어떻게 할 것인가? 물론 맨 위에 쌓아져있는 블록부터 빼서 중간에 있는 블록을 빼내어야 한다. 이러한 원리와 비슷하다고 할 수 있다.

블록체인은 기존 은행처럼 거래 장부용 데이터베이스로 관리할 필요가 없어 관리 비용이 절감되며, 분산 처리로 해킹이 어려워 금융 거래의 안전성도 향상된다. 블록체인 방식은 주식, 부동산 등의 거래에도 적용 가능하며, 토지 권리 양도나 가정 현관키 등 보안에 관련된 다양한 분야에 활용될 수 있다.

블록체인은 대표적인 온라인 가상 화폐인 비트코인에 적용되어 있다. 비트코인은 누구나 열람할 수 있는 장부에 거래 내역을 투명하게 기록하며, 비트코인을 사용하는 여러 컴퓨터가 10분에 한 번씩 이 기록을 검증하여 해킹을 막는다.

이러한 블록체인 기술의 단계별 발전 방향에 대해 설명하고자 한다.

| 표 4-2 | 블록체인 기술의 단계별 발전 방향

세대	Blockchain 1.0	Blockchain 2.0	Blockchain 3.0	Blockchain 4.0
단계	도입기	발전기	확산기	정착기
시기	2009 ~ 2013	2013 ~ 2016	2017 ~ 2022	2022 ~ 2030
설명	공개 블록체인 (누구나 열람)	- 개인(기업형) 블록체인 등장 - 스마트 계약	산업과의 융합	국가 인프라
활용 예	예: 비트코인	예: 나스닥 장외 주식거래, 이더리움	예: SCM, 에너지, 물류 등	예: 예산 관리, 투표 등 정부·공공 서비스

*자료: "블록체인 TechBiz 컨퍼런스", IITP 박현제, 2017.06

블록체인은 블록체인 1.0을 시작으로 현재는 블록체인 3.0까지 발전해온 것을 볼 수 있다. 블록체인 1.0의 활용 예를 보면 '비트코인'인 것을 볼 수 있는데 비트코인과 관련된 자세한 설명은 6장에서 하도록 한다.

다음으로 블록체인 2.0을 보면 기존의 블록체인 1.0과 달리 스마트계약이 추가된 것을 볼 수 있다. 스마트계약이란 블록체인 기술을 기반으로 해 프로그래밍된 계약 조건을 만족시키면 자동으로 계약이 실행되는 프로그램이다. 이 프로그램은 금융 거래뿐만 아니라 부동산 계약 등 다양한 계약에 활용할 수 있다. 현재 블록체인 3.0은 여러 가지 산업과 융합되고 있으며 활용 예로는 SCM, 에너지, 물류 등에도 블록체인 기술을 접목시켜 활용하고 있는 것을 볼 수 있다.

[표 4.2]처럼 블록체인 기술은 지속적으로 보완되며 발전하고 있다. 하지만 블록체인이라고 문제점이 없는 것은 아니다. 발전됨에 따라 새로운 위협도 발생하고 있다. 블록체인 기술이 더 발전하기 위해서는 이러한 위협을 해결해 나가야하는 것이 블록체인의 과제라고 말할 수 있다.

앞서 설명한 '비트코인'이란 대체 무엇일까? 비트코인은 지폐나 동전과 달리 물리적인 형태가 없는 온라인 가상화폐(디지털 통화)다. 디지털 단위인 '비트(bit)'와 '동전(coin)'을 합친 용어다. 나카모토 사토시라는 가명의 프로그래머가 빠르게 진전되는 온라인 추세에 맞춰 갈수록 기능이 떨어지는 달러화, 엔화, 원화 등과 같은 기존의 법화(法貨 · egal tender)를 대신할 새로운 화폐를 만들겠다는 발상에서 2009년 비트코인을 처음 개발했다.[38)]

즉, 비트코인은 중앙서버의 개입 없이 개인 간(P2P) 익명의 거래가 가능한 것을 말한다. 이러한 비트코인의 신규화폐는 채굴(Mining)에 의해 발행되며, 동시에 새로운 블록이 생성된다. 채굴, Mining은 새로운 블록을 만드는 작업을 말하는데 이전 블록의 해시값을 찾아낸 것이 Proof-of-work이다. 채굴은 조금씩 코인을 쌓아가는 과정이 아니라 10분에 한 번씩 벌어지는 달리기 경주와 로또와 유사하게 진행된다. 전 세계

38) 비트코인 [bitcoin] (한경 경제용어사전, 한국경제신문/한경닷컴)

에서 채굴에 참여한 모든 컴퓨터가 평균 10분에 한 번씩 전 세계에 거래(Transaction)를 모아 조건을 만족하는 해시값을 구하여 새 블록을 생성하는 것이다. 계산 중에 다른 노드가 만든 블록이 입수되면 즉시 계산을 중단하고 그 다음 블록을 만드는 계산에 착수하는 것이다. 이 때, 새 블록이 블록체인에 추가된 노드만 채굴 보상금을 수령하는 것이다.[39)]

이러한 블록체인은 보안을 어떻게 형성할까?

첫 번째로 분산 네트워크를 통해 형성한다. 블록체인 정보는 네트워크에 참여하는 노드들이 가지고 있으며, 동일한 거래 내역이 분산 저장되어 관리한다. 또 거래를 블록체인에 포함시키기 위해서 거래를 승인하는 분산 합의 제도를 채택하고 있으며, 제 3의 신용기관 없이 P2P 분산 네트워크에서 검증한다. 채굴 시 각 정보는 각 노드들에게 전송되고, 유효성 검증을 수행 한 후 합의(노드의 51%)를 통해 블록을 승인하는 형태이다.

두 번째로 암호기술이다. 복호화가 가능한 공개키 기반 검증과 일방향 함수라고도 불리는 해시 암호화(SHA-2)를 이용하는 것이다. 또 개인 간 거래 시 생성되는 디지털 서명을 검증하여 거래내역이 변경되지 않았음을 입증하는데 ECDSA 전자서명 알고리즘을 이용하고 익명의 공개키를 계좌 정보로 이용하여 누가 다른 누군가에게 얼마를 보냈는지 알 수 있으나, 거래 당사자들에 대한 정보가 연결되어 있지 않아 소유자에 대한 정보는 알 수 없다. 거래내역을 포함하는 블록의 정보가 변경되지 않음을 증명하고, 새로운 블록을 찾기 위해 넌스(Nonce)값을 찾는데 해시 암호화를 사용한다.[40)]

3) 개념

2009년 1월 사토시 나카모토라는 개발자가 지금까지 세상에 없던 새로운 디지털 화폐를 세상에 선보였다. 이 화폐가 암호화폐와 블록체인의 아이콘인 비트코인

---

39) 비트코인의 기반기술 블록체인의 원리, 김석원, 2016.01.20.

40) 블록체인 및 비트코인 보안 기술 (보안연구부 보안기술팀/2015. 11. 23)

(Bitcoin)이다. '비잔틴 장애허용 알고리즘(Practical Byzantine Fault Tolerance, PBFT)', '작업증명(Proof of Work)' 등 그동안 여러 분야에서 단편으로만 적용했거나 이론으로만 이야기해온 암호화와 분산 기술을 함께 구현한 이 디지털 화폐는 처음으로 중앙의 관리자나 중개자 없이도 거래할 수 있다는 것을 보여줬다는 점에서 의미가 크다.

이 비트코인의 뒤에 있는 분산형 데이터 저장기술이 바로 '블록체인(blockchain)'이란 기술이다. 이 기술은 P2P(Peer-to-Peer) 기반 환경에 데이터와 거래내역을 저장해 누구나 볼 수 있도록 투명한 관리를 지원한다. '블록(Block)'에 저장한 거래기록은 참여자 절반 이상이 해당 정보가 문제없음을 검증하면 블록을 시간 순으로 연결, 하나의 체인으로 만들고 참여자(node) 컴퓨터에 저장한다.

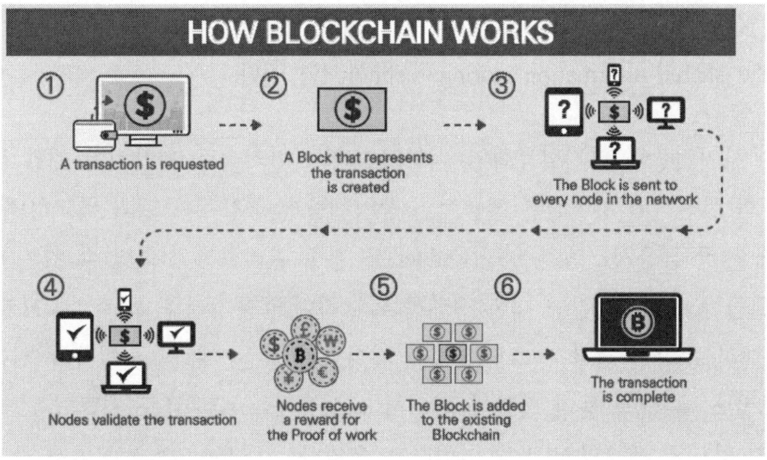

그림 4-5 블록체인 기술에서 거래가 이뤄지는 과정

*출처: MLS데브(mlsdev.com/blockchain)

이처럼 다수의 참여로 제 3의 신뢰기관이 없이도 거래는 물론, 데이터를 전송할 수 있는 탈중앙화 설계는 다양한 장점이 있다. 중앙시스템의 해킹이나 장애 등 문제를 걱정하지 않아도 괜찮고, 사실상 과거 기록을 위변조할 수 없으며, 누구나 해당 거래

의 내역을 투명하게 들여다볼 수 있는 것이다.

비트코인이 탈중앙화를 구현한데 이어 2세대 블록체인 기술로 꼽히는 이더리움(Ethereum)의 등장 은 스마트 계약(Smart Contract)을 세상에 선보였다. 스마트 계약으로 블록체인 기반 다양한 앱이 등장할 수 있었다. 암호화폐의 개척자로 유명한 닉 재보(Nick Szabo)가 창안한 이 개념은 원하는 조건을 충족하면 계약을 완료한 것처럼 필요한 일을 수행하게 지원하는 것이다. 개발자가 원하는 조건에 따라 코드를 작성할 수 있어 이를 기반으로 다양한 블록체인 비즈니스를 구현할 수 있다. 이 같은 특징으로 이더리움을 1세대 비트코인에 이은 2세대 암호화폐로 부르거나 블록체인 2.0 시대를 열었다고 평가한다.

① 정의

블록체인은 인터넷에서 서로 알지 못하는 다수의 상대방과 거래를 할 때 중개기관의 개입없이 서로 신뢰할 수 있도록 만들어주는 탈중앙화된 정보공유 저장기술(Decentralized shared-information storing technology) 이다.

처음 사이버상의 디지털통화인 비트코인의 기반기술로 제안되어 개발 된 블록체인 기술의 혁신적인 차이점은 전통적인 중앙집중형 금융 시스템과 비교하면 쉽게 알 수 있다. 기존 금융시스템은 원장(Ledger)을 집중 관리하는 신뢰할 수 있는 제 3의 기관을 설립하고 해당기관에 대한 신뢰를 확보하여 금융거래를 하는 방식으로 발전해 왔다. 특히 온라인 금융 시스템에서는 페이팔과 같은 제3의 사업자가 거래자에 대한 신상정보 및 잔액 등의 장부를 관리하고 이용자는 수수료를 지급했다. 하지만 신뢰할 수 있도록 제 3의 기관을 설립하고 운영하는 비용이 매우 높아서 금융산업 발전의 제약 요인으로 작용해 왔다. 이러한 신뢰 비용이 사용자들의 부담으로 고스란히 전가되는 폐단이 있었다. 블록체인기술은 사용자간 상호 신뢰를 할 수 있도록 설계된 시스템이다.

이를 위해 블록체인기술은 모든 개인 간의 거래를 포함하는 원장을 모든 구성원이 갖고 있는 분산저장 시스템을 구현했다. 어떤 순간이고 모든 구성원이 같은 장부를 갖고 있는 것을 입증할 수 있다면 이를 조작하는 것이 사실상 불가능하여 신뢰할 수 있다. 이를 위해 특정시간 단위로 블록이라는 단위의 거래장부를 생성하고 이를 모든 구성원에게 전송하여 다수의 구성원이 거래타당성을 검증하고 전송된 블록의 유효성을 승인할 경우 모든 구성원이 각자 분산관리하는 원장 즉 기존의 블록더미에 새로운 블록을 체인형태로 연결한다. 이렇게 해서 모든 구성원이 같은 블록체인을 갖게 한다.

이렇듯 블록체인으로 설계되고 구현된 시스템은 공통의 장부를 관리하는 다수의 네트워크 참여자가 거래 타당성을 검증하고 이를 승인해야 거래가 성립된다. 이 시스템은 중앙권위기관(Central Authorized Institution)의 개입 없이 사용자 간(P2P: Peer-to - peer) 직접적인 거래가 가능하도록 참여자들에게 상호 신뢰를 주도록 정책적인 장치가 설계되어 있다.

결론적으로 블록체인기술은 전통적으로 신뢰가 없는 네트워크 상에서 사용자들의 부담으로 고스란히 전가되는 신뢰비용을 최소화하고 익명의 상대와 거래를 할 수 있는 기반기술이라고 정의할 수 있다.

4) 종류

블록체인기술은 계속 진화하고 있는데 이를 구분하는 방법은 여러 가지가 있다. 블록체인은 네트워크 참여에 사전 승인이 필요한지에 따라 퍼블릭(Public)과 프라이빗(Private) 블록체인으로 구분한다.

퍼블릭 블록체인은 블록체인을 유지·관리하는 합의 과정에 누구나 쉽게 참여할 수 있는 프로젝트로 중앙에 별도 운영자가 없는 것이 특징이다. 네트워크 참여자는 합의 과정에 일조한 보상으로 암호화폐를 받는다. 이런 시스템에서의 블록체인은 경제적인 인센티브를 동반하는 작업증명(Proof of Work)이나 지분증명(Proof of Stake) 등의 수단을 사용한 암호 검증으로 안전성이 보증된다. 일반적으로 퍼블릭 블록체인은 참여자들이 익명으로 참여할 수 있도록 되어있고 거래를 검증하거나 참여자간의 합의를 도출하는 등 블록체인을 유지하기 위해 참여자들에게 통화의 발행이라는 인센티브를 제공한다. 우리가 잘 아는 비트코인이나 이더리움을 비롯해 라이트코인

(Litecoin), 대시(Dash), 지 캐시(ZCash), 모네로(Monero), 네오(NEO), 퀀텀(Qtum) 등 다양한 암호화폐 기반 블록체인과 디앱(Dapp)이 여기에 해당한다.

프라이빗 블록체인은 구성원의 사전 승인이 있어야 네트워크에 참여할 수 있다는 점에서 기업이나 정부, 공공부문에서 주로 채택한다. 또 이해관계를 같이 하는 기관이나 기업이 공동으로 컨소시엄을 만들어 블록체인을 서비스하는 것도 넓게 보면 프라이빗 블록체인이라고 할 수 있다.

▌표 4-3▐ 세계의 주요 프라이빗 블록체인 플랫폼 현황

플랫폼 이름	개발사	특징
Corda	R3CEV	금융 산업에 특화된 플랫폼
Hyperledger Fabric	Linux Foundation	다양한 산업에 적용 가능한 모듈화 플랫폼
Quorum	J. P. Morgan	이더리움 기반의 허가형 블록체인
BigChainDB	BigchainDB	디지털 자산 거래에 특화된 플랫폼
Chain Core	Chain	금융 자산 거래에 특화된 플랫폼
Monax	Monax	비트코인 기능의 확장형 플랫폼
HydraChain	Brainbot Technologies	이더리움 기능의 확장형 플랫폼
Multichain	Coin Sciences	멀티 금융 자산 거래에 특화된 플랫폼
Openchain	Coinprism	디지털 자산 거래에 특화된 플랫폼

*출처: 한국과학기술기획평가원, 2018

대표적인 어플리케이션으로는 항공회사의 분산 데이터베이스 관리 시스템이 있다. 항공사는 전 세계의 여행사와 연동하여 고객데이터와 탑승 스케줄 등을 관리한다. 일반적으로 특정 기업이 사용하는 이러한 분산 시스템은 거래를 하거나 혹은 거래검증을 위한 시스템을 운영하거나 참여자간의 합의를 도출하거나 하는 프로세스를 만들거나 내부 화폐를 발행할 필요가 없다.

다수의 기업 혹은 컨소시엄이 운영하는 프라이빗 블록체인 시스템은 미리 지정된 개인이나 단체가 참여자간의 합의 프로세스를 검증하는 권한을 갖는다. 예컨대 금융기관의 컨소시엄 등이 운영하는 블록체인 시스템은 참여자가 제한되고 이들의 권한과 접속이 제한되는 형태로 운영된다. 따라서 부분적 탈중앙화된 시스템이다. 이 형태는 특히 금융기관들이 선호하는 시스템으로 사용자들의 아이디는 고객확인제도(흔히 업무파악의무와 고객파악의무로 지칭되는 금융기관의 의무 사항)를 따르는 것이 필수 사항이 될 수 있다.

전 세계 다양한 분야에서 컨소시엄 블록체인을 구성해 블록체인 플랫폼의 성능을 개선하고 표준화를 추진하고 있다. 우리 기업도 이들 컨소시엄에 가입, 기술을 공유하거나 공동으로 사업을 추진하기도 하고, 컨소시엄 참여 기업 간 공동으로 사업을 추진하는 사례가 늘고 있다.

삼성 SDS와 코인플러그는 하이퍼레저와 EEA 컨소시엄에서 활동하고 SK 텔레콤, 블로코, 더루프 등은 EEA 진영에 가입해 있다. 또한 LG CNS는 R3CEV에서 활동한다.

5) 블록체인기술의 진화단계별 구분

2015년 블록체인이 기술적으로 어떻게 발전해 왔는지는 다소의 의견이 차이가 있다. EBA는 '블록체인의 기술은 지난 2009년 이후 네 가지 범주로 분화되어 진화해왔다'고 했고 그 범주는 암호통화, 자산등기기술, 어플리케이션스택, 자산중심기술이다. 피넥터 보고서는 블록체인 기술이 '암호화폐, 자산발행기술, 자산중심기술, 응용플랫폼, 허가형 블록체인의 다섯 가지로 진화해왔다'고 했다.

블록체인은 암호통화기술(Currencies), 자산등기기술(Asset Registry), 자산중심기술(Asset Centered), 플랫폼기술(Application Platforms), 디앱(Dapp: Distributed Application: 분산 어플리케이션) 기술과 DAO(Distributed Autonomous Organization: 분산자율법인)로 진화해 왔다.

DAO는 엄밀한 의미에서 분산자율사업단(Distributed Autonomous Business Unit)과

분산자율기업(Distributed Autonomous Corp: DAC)과 분산자율법인(Distributed Autonomous Organization: DAO)로 나누어 생각할 수 있다.

DAO는 다시 분산자율정부(Distributed Autonomous Government: DAG)로 진화하면서 정부의 기능이 부분적으로 스마트계약에 의해 자율적으로 작동될 것으로 예측된다. 마지막으로 DAO는 분산자율사회(Distributed Autonomous Society: DAS)로 진화하며 사회의 기능이 부분적으로 스마트계약에 의해 자율적으로 작동되는 단계로 진화할 것으로 예측된다. 스마트계약의 진화를 따라서 발생하는 여러 가지 개념의 분산자율단체의 개념에 대해서는 뒤에 다시 설명된다.

① 암호 통화 기술(Crypto-currencies)

초기 블록체인기술은 비트코인을 필두로 라이트코인(LiteCoin), 피어코인(PeerCoin), 도지코인(DogeCoin) 등 암호화통화의 가치보존과 유통을 위해 설계되었다. 블록체인은 신뢰할 수 없는 익명의 다수가 참여하는 네트워크에서 신뢰할 수 있도록 수학적 알고리즘에 의해 설계된 점은 큰 장점이었다.

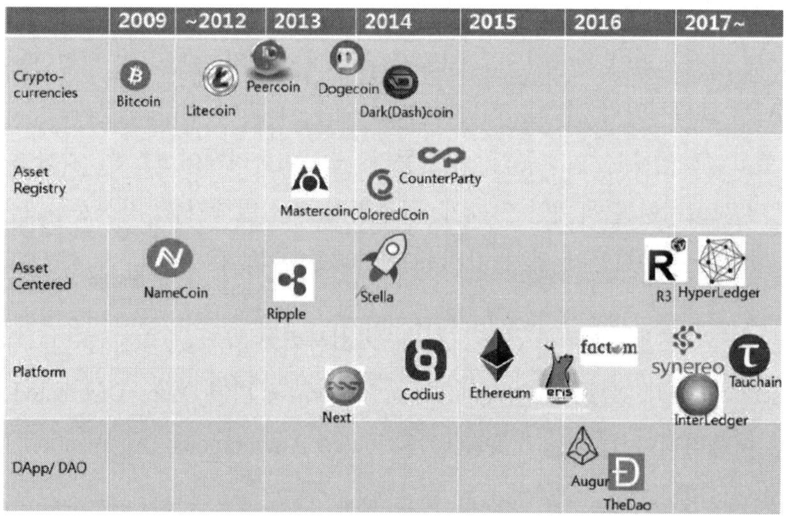

그림 4-6 블록체인 기술 진화과정

*출처: 한국인터넷진흥원, 국내외 블록체인 기술 적용분야 및 사례연구

또한 임의조작이 불가능하도록 고안되었고 암호화되었으므로 지급결제 수단으로서 법정화폐(Fiat Currencies)처럼 안전하게 유통시킬 수 있다. 다만 보통의 법정화폐가 갖는 법적인 지위는 갖지 않지만 동시에 규제와 감독의 대상이 아니라는 점은 장점이자 동시에 단점으로 생각될 수 있다.

아직 암호화통화의 시장규모는 미미한 정도이고 현재의 비트코인 등에 사용된 블록체인은 법정화폐를 위협할 정도의 사용량은 보이지 않고 있다. 또한 초당 처리할 수 있는 거래 수 등 확장성 등 내재하는 기술적인 한계로 인하여 지금까지 개발된 암호화통화는 성장가능성이 다소 의문시 되고는 있다. 그러나 지속적으로 진화 발전하고 있는 암호화통화가 가져오는 혁신은 주목해야 한다.

② 자산 등기 기술(Asset Registry Technology)

자산등록기술은 암호화통화인 '코인'을 사용하기 위해 블록체인을 사용하기 보다는 자산을 등록하는데 사용한다. 블록체인 상의 작은 거래 기록을 통해서 어떤 자산(주식, 자동차, 건물, 도메인이름 등)의 존재에 대한 증거를 남기면 중앙 기관(대부분 정부)에서 관리하는 등기소에 등록할 필요 없이 특정한 자산에 대한 소유권을 증명할 수가 있다. 공공원장에 존재하는 개인키의 소유자가 그 특정한 자산에 대한 소유주가 되는 것이다. 자산등록기술은 규제와 감사 비용을 줄일 수 있는 개연성이 있다. 예를 들면 매스터코인, 컬러드코인, 네임코인, 카운터파티 등의 자산등록 서비스가 있다.

현재 자산등록은 기존의 블록체인에 추가 데이터를 포함하여 단순 인지하는 테크닉을 쓰고 있다. 즉 새롭게 시스템구성을 하지 않고 기존의 비트코인 블록체인 등을 이용하여 짧은 시간 안에 적은 노력으로 활성화 하기에 용이하다. 하지만 기존의 네트워크에 단순히 데이터만 포함하기 때문에 기존의 네트워크 참여자는 그것이 특정 자산을 입증할 목적으로 포함되었다는 중요성을 인지하지 못할 수 있다. 즉 비트코인 블록체인 참여자가 비트코인이외에 매스터코인이나 컬러드코인의 가치를 보호할 이유는 별로 없다. 게다가 상당량의 추가 데이터가 네트워크의 퍼포먼스에 부정적으로 영향을 줄 수 있고 거래를 입증하기 위해 추가적인 프로세싱파워가 소비될 수 있다. 만일 원래의 블록체인 네트워크의 퍼포먼스에 걸림돌로 작용할 수 있다는 것은 치명적일 수 있다. 이 현상이 소위 "블록체인 블로우트"라는 것인데 대량의 금융 데이터와 함께 이 카테고리상의 어플리케이션들의 확장성에 의문을 제기하게 되는 것이다. 결론적으로 아직은 자산등록 카테고리가 금융산업을 위한 제한된 범위에서의 활용 외에는 확장되기 어렵다.

그럼에도 불구하고 주목을 해도 좋은 것은 많은 플랫폼과 서비스가 출현함에 따라서 자산등록에 집중할 서비스가 많아지고 있다는 점이다.

③ 자산 중심 기술(Asset Centered Technology)

자산 중심 기술은 자산 존재의 디지털표현과 관리에 초점을 맞춘 기술이다. 즉, 자산등록기술과 유사하나 퍼블릭 원장에 데이터를 추가하는 방식이 아닌 고유한 기술과 프라이빗 네트워크나 컨소시엄 네트워크를 구현하여 자산의 거래나 이동을 용이하게 기술을 개발한다. 예컨대, 리플, 스텔라, 하이퍼렛저 등의 서비스는 각각 자산(통화, 금속, 주식, 채권 등) 존재의 디지털 표현과 관리에 집중하고 있다. 이 네트워크에서의 신뢰는 비트코인 식의 블록체인을 통한 마이닝이 아닌, 참여자들 직접 제공하여 만들어낸다.

이런 방식이 성공하기 위해서는 참여자들이 '미화', '위안화', '금', '비트코인' 등의 데이터 자산을 네트워크에 출고하겠다는 약속이 있어야 가능하다. 게다가 동시에 참여자들 중 몇몇은 이러한 자산을 다른 자산으로 바꿀 수 있도록 하는 책임이 있다. 즉, 물리적 세계와 가상세계를 연결하는 게이트웨이 역할을 해야 하는 것이다. 어떤 자산을 다른 자산으로 바꾸기 위하여 마켓메이커라는 기능이 이 기술에는 필수적이다. 많은 경우 마켓메이커는 외환거래 기관일 가능성이 높다.

④ 플랫폼기술(Platform Technology)

블록체인에 있어서 플랫폼기술은 암호화통화 기술을 플랫폼화하여 타 분야에 적용하는 방법을 모색하고자 하는 기술이다. 이들은 분산 네트워크상에서 완벽한 어플리케이션의 개발과 실행을 위한 플랫폼 개발이 이들의 주된 목표이다. 이더리움은 완벽한 어플리케이션 개발 플랫폼을 위하여 그들의 블록체인 플랫폼에 "튜링 완전성"

을 제공하는 강력한 프로그래밍 툴을 장착했다. "튜링완전성"이란 수학적 시뮬레이션인 튜링 머신의 수준까지 프로그래밍이 가능하다는 것이다. 이는 순차(Sequential) 프로그래밍에서 가능한 모든 기능을 장착하였다는 뜻으로 병렬처리 프로그래밍을 제외한 보통의 컴퓨터에서 실행 가능한 프로그래밍이 모두 가능하도록 설계되었다는 뜻이다. 다만 이더리움이 지향하는 튜링완전성은 컴퓨터 이론으로 보면 비결정적(Undecidable)이다. 즉, 참과 거짓을 판단할 수 없는 문제가 있기 때문에 스마트계약을 튜링완전성이 있는 언어로 써야 한다면 비결정적이다. 따라서, 이더리움이 지향하는 블록체인에서의 완전성은 무한정한 강력함을 제공하는 반면 그와 동시에 비결정적(Undecidable)하다는 점에서 불완전하다.

튜링완전성을 제공하는 이더리움과 같은 블록체인기술은 문자 그대로 "무한대의 확장성"을 갖는다. 따라서 블록체인기술에 전혀 새로운 산업의 지평을 여는 계기가 되고 있다. 프로그래밍 언어를 이용하여 스마트계약을 정교하고 정밀하게 설계하면 과거에는 존재하지 않았던 프로그램에 의해 운영되는 계약형태의 사업영역과 모델이 탄생한다.

따라서 이더리움의 튜링완전성이 가져다주는 확장성을 이용하여 Dapp(Distributed Application)이라는 새로운 사업 개념과 사업 영역이 탄생하였다. 이에 대한 자세한 설명은 아래 탈중앙어플리케이션(Distributed Applications)기술과 분산자율조직(Distributed Autonomous Organization)에서 설명한다.

이더리움이외에 스마트 계약을 중심으로 개발되고 있는 블록체인은 시네리오(Synereo) 와 타우체인(Tau-Chain)이 있다. 시네리오는 또 다른 튜링완전성을 보장하는 블록체인인데 다소 다른 점은 소셜네트워크 상에서 구현하는 중이고 2017년 릴리즈 될 것으로 준비 중이다. 시네리오는 로랭(Rholang)이라는 언어에 기반하여 알체인(RChain)을 설계했는데 정확한 수학적인 시맨틱에 근거하여 이더리움보다 더 나은 테스트와 시뮬레이션을 기반으로 정확한 검증을 거칠 수 있어서 이더리움이 해킹을 당하는 것을 피할 수 있다고 주장하고 있는 중이나 검증이 필요할 것이다. 또한 가지 흥미로운 점은 시네리오는 코인을 두 개로 나누어서 발행하는 것을 설계하고 있다. 첫 번째는 AMP라는 거래 가능한 코인이고 두 번째는 REO라는 코인으로 거래 가능한 코인이 아니고 사용자의 평판을 반영하는 코인이다. REO는 특정 사용자의 글이 공동체 안에서 어떻게 커뮤니티 안에서 영향을 미치는지 내용물이 얼마나 많이 주목을 받는지 등으로 보상된다.

타우체인은 위에서 설명된 이더리움의 튜링완전성은 DAO를 설명할 때 자세히 언급하겠지만 비결정적이다. 비결정적이라는 말은 강력한 프로그래밍 가능성(Programma bility) 을 포함하지만 동시에 치명적일 수 있다. 타우체인은 튜링완전성을 포기하고 결정성(Decidability)만 선택하는 확실한 방안을 택했다. 타우체인은 결정적이므로 프로그램에 대한 검증이 가능해진다. 강력함을 포기하는 대신 안정성을 택한 것이다.

⑤ DApp(Distributed Applications: 분산 어플리케이션)기술과 DAO(Distributed Autonomous Organization: 분산자율조직)

이더리움과 같은 플랫폼기술이 무한확장이 가능한 프로그래밍 수준에 까지 활용할 수 있도록 프로그래밍이 가능하기 때문에 이를 이용한 스마트계약이 최대한도로 사용될 경우 계약에 의해 실행되는 비즈니스 모델이 탄생할 수 있다. 이 프로그래밍을 기능을 이용하여 어플리케이션을 개발하는 것을 DApp이라고 부르고 현재 수백 개의 DApp이 개발되어 사용되고 있다.

스마트계약에 의한 어플리케이션은 기업운영의 형태까지도 띌 수 있는데 '탈중앙자율조직(Decentralized Autonomous Organization: DAO)' 혹은 '분산자율조직(Distributed Autonomous Organization)'이라고 부른다. 이는 법적으로 이전에는 존재하지 않았던 새로 운 사업모델의 형태로 이것이 유한책임을 갖는지 무한책임을 갖는지 조차도 불분명하다.

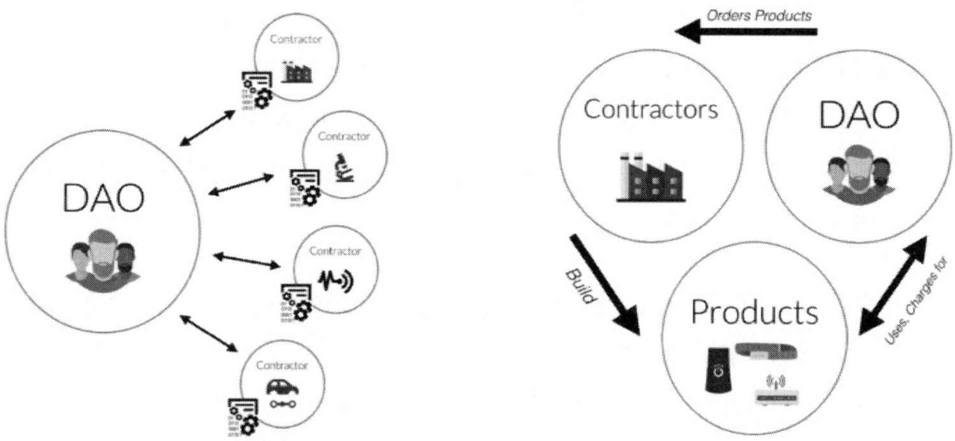

그림 4-7 계약에 의해 성립되는 자율조직 다오

*출처: 한국인터넷진흥원, 국내외 블록체인 기술 적용분야 및 사례연구

분산자율조직의 첫 번째 케이스는 더다오라는 그룹으로 투자자가 직접운영하는 크라우드펀딩을 통한 벤처캐피털을 펀드를 지향하고 2016년 5월 펀드모집을 했다. 더다오(TheDAO)는 이더리움 블록체인을 이용한 다수의 계약을 통해 존재하는 조직이라는 점에서 어느 국가에도 속해있지 않은 사업조직이었다. 더다오는 "프로젝트에 펀드를 나눠주는 허브역할"을 하려고 했다.

즉, 더다오는 토큰을 투자자들에게 판매하고 거기서 만들어진 펀드를 투표를 통해 벤처투자를 하려고 했다. 더다오는 완벽하게 투명할 수 있도록 펀드매니저와 펀드디렉터를 없애고 투자자가 직접 벤처투자에 관여하도록 한 것이다. 더다오는 모든 것이 투명할 뿐만 아니라 모든 것이 프로그램 코드에 의해서 운영되도록 했다. 누구나 자세한 내용을 들여다 볼 수 있게 한 것이다. 아쉽게도 더다오는 2016년 6월 해킹을 당해 그 운영이 종료되었다.

DAO와 DApp은 개념적으로 많은 시사점이 있고 앞으로 새로운 산업의 기술적 기반이 될 정도로 혁신성이 있으나 아직도 불분명한 부분이 많고 실제적으로 어떻게 사용될 수 있는지 많은 부분이 의문점이 있다. 예컨대 이더리움은 서비스거부(Denial of Service: DoS) 공격을 지속적으로 받았고 2016년 7월부터 시작해서 11월 중순까지 하드포크(Hard Fork)를 네 번이나 행했다. 11월 29일에는 다섯 번째 하드포크가 일어났는데 이번 것은 다른 버전을 가지고 있던 서버가 충돌하면서 전혀 의도하지 않게 일어난 사건이었다는 점에서 치명적이다. 사용자들이 신뢰를 가지기 힘들어진 것이다.

이렇게 심한 공격을 받는 데에는 여러 가지 원인이 있지만 그 중에서 가장 두드러진 것은 아이러니컬하게도 이더리움이 제공하는 튜링완전성, 즉 프로그래밍의 강력함에 있다. 이더리움이 지향하는 튜링완전성은 컴퓨터 이론으로 보면 비결정적(Undecidable)이다. 즉, 참과 거짓을 판단할 수 없는 문제가 있기 때문에 스마트계약을 튜링완전성이 있는 언어로 써야 한다면 비결정적이다. 비결정적이라는 말은 프로그램 에러에 대한 참과 거짓을 결정할 수가 없으므로 검증을 할 수가 없다는 말과 같다. 따라서 이더리움에 사용된 프로그램의 에러를 필터 해 낼 수 있는 장치가 이론적으로 불가능해진다는 치명적 단점에 노출된다.

이렇듯 치명적인 단점이 있기는 하지만 이더리움이 스마트계약의 새로운 형태인 DAO와 Dapp 등에 대한 가능성을 증명했다는 점은 중요하다.

비결정성이 갖는 단점을 보완하면서 스마트계약이 가져다 줄 수 있는 많은 장점을 실현하려고 하는 사업자들에 의해 수많은 시도가 만들어지고 있는 중이다. 예컨대 리카르드 계약이라든지 타우체인 등이 그것들이다.

3) 암호 자산(Crypto Assets)

비트코인과 이더리움 외에도 블록체인 기술에 기반을 둔 다양한 신종 암호화폐(Alt Coin)가 탄생하고 있다. 코인마다 채택한 기술과 용도, 기능이 달라 코인별로 다양한 구분이 이뤄지고 있고 나라나 기관마다 서로 다르게 규정하는 상황이다.

IMF는 실물 없이 가상으로 존재하고 법정화폐와 교환을 보장하지 않는다는 점에서 가상화폐(Virtual Currency)라고 표기했고, BIS는 일부지만 화폐의 특성이 있는 디지털 자산이라는 점을 고려 해 디지털화폐(Digital Currency)로 분류했다. 또 해외 언론 등에서는 암호화 기술에 기반을 둔 통화라는 뜻으로 암호화폐(Crypto Currency)라는 단어를 쓰고 있다.

최근에는 커런시라는 단어가 일반인에게 화폐라는 인식을 줄 수 있다는 점에서, 암호자산(Crypto Assets)이라는 단어로 대체하려는 사례가 늘고 있다.

전 세계 암호자산 시장 시가총액 규모는 3,244억 달러(한화 약 350조 원)에 달하는 것으로 보인다(2018년 5월 코인마켓캡 기준). 이중 비트코인과 이더리움 등 시가총액 상위 열 개의 암호자산이 전체 시장에서 79.9%를 차지한다.

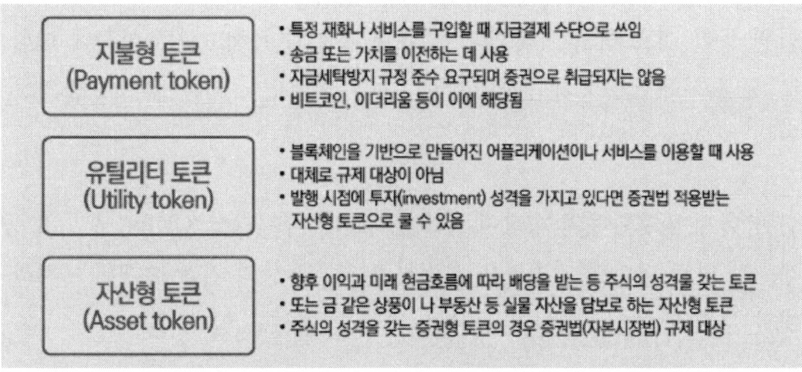

그림 4-8 스위스 FINMA 가이드라인에 따른 토큰 분류

*출처: 스위스 FINMA, 한화투자증권

대다수 전문가는 암호자산을 목적과 기능에 따라 지급수단용(payment tokens), 자산용(asset tokens), 유틸리티용(utility tokens)으로 구분하고 있다.

지급수단용 토큰은 상품이나 서비스 이용을 위한 단순 지급 수단으로 활용하려는 것을 말하며 자산 용 토큰은 발행자의 채무 또는 지분을 표시하는 기능을 하는 것으로 기능 면에서 주식이나 채권 또는 파생상품과 유사하다고 분석한다. 유틸리티용은 기업이 제공하는 서비스나 응용 어플리케이션을 이용하기 위해 스마트 계약 등에 적용할 목적으로 개발한 것을 뜻한다. 전 세계에서 지급수단용이나 유틸리티용은 규제를 느슨하게 적용하는 반면, 자산용 토큰은 증권법에 준해 엄격하게 규제를 적용한다. 하지만, 블록체인의 특성상 하나의 토큰이라도 다양한 기능이 있는 경우가 많고 해석에 따라 분류 기준이 달라질 여지가 많아 논란이 많다.

전 세계 암호자산 거래는 엔화가 33.9%로 가장 많고 다음으로 달러화(23.9%), 테더(17.4%), 비트코인(11.8%), 원화(6.8%)의 순인 것으로 나타났다. 엔화 비중이 높은 것처럼 보이는 이유는 외국은 스테이블코인(Stable coin)인 테더(Tether)나 암호자산 분야의 기축통화 역할을 하는 비트코인으로 다른 암호자산을 구매하는 사례가 많기 때문이다.

암호자산의 거래는 주로 암호화폐거래소에서 이뤄지는데 국내에서는 빗썸, 업비트, 코인원 등이 대표 적인 거래소다. 2018년 초까지만 해도 암호자산에 대한 높은 관심으로 국내 거래소가 거래금액 상위에 자리 잡았지만, 최근에는 그 순위가 내려가 20위권에 머무는 상황이다.

대신 중국계 암호화폐의 성장이 두드러지는데 바이낸스, OKEx, 후오비 등 암호화폐 거래소가 나라 마다 현지법인을 설립하고 암호자산의 거래 중개뿐 아니라 자체 토큰 발행과 투자와 액셀러레이터 등으로 영역을 넓히고 있다.

최근에는 중앙집중식 거래소 문제를 해결하고자 블록체인 기반 탈중앙화 거래소 프로젝트도 등장 하고 있다. 0x 프로젝트, 에어스왑(AirSwap), 카이버네트워크 등 프로젝트를 추진하며, 바이낸스 역시 바이낸스체인이라는 탈중앙화 거래소를 추진하고 있다. 우리나라 역시 비슷한 시도가 이뤄지고 있어 탈중앙화 거래소가 얼마나 시장에 영향을 줄지 관심이 쏠린다.

| 표 4-4 | 세계의 주요 허가형 블록체인 플랫폼 현황

구분	엔화	달러화	테더	비트코인	원화	유로화	기타	합계
비트코인	51.9	23.2	14.8	-	3.7	3.7	2.7	100.0
이더리움	0.3	32.7	21.6	31.4	6.9	5.3	1.8	100.0
리플	0.3	18.4	12.1	24.6	37.5	3.7	3.4	100.0
비트코인캐시	0.5	19.9	23.6	42.4	9.5	1.6	2.5	100.0
라이트코인	0.0	29.8	26.9	34.6	2.4	3.2	3.1	100.0
합계	33.9	23.9	17.4	11.8	6.8	3.7	2.5	100.0

*출처: 한국은행, 2018

#	이름	조정된 거래량(24시간)*	거래량(24시간)	거래량(7일)	거래량(30일)	시장 없음	변경(24시간)
1	Binance	₩693,277,376,558	₩693,277,376,558	₩6,763,579,991,988	₩32,689,715,969,844	386	-3.63%
2	OKEx	₩404,503,524,134	₩407,001,897,129	₩3,668,067,821,850	₩19,405,487,780,810	516	-5.88%
3	Huobi	₩376,219,882,724	₩376,219,882,724	₩3,051,619,135,067	₩15,919,645,894,533	281	-9.53%
4	HitBTC	₩283,574,248,564	₩283,578,403,525	₩1,961,466,062,682	₩10,971,697,384,009	799	-6.02%
5	ZB.COM	₩251,069,081,935	₩512,627,651,057	₩3,327,342,523,157	₩15,733,955,563,076	94	6.73%
6	DigiFinex	₩248,113,517,505	₩248,113,517,505	₩1,928,940,255,082	₩7,364,541,820,589	89	-14.18%
7	Bibox	₩222,951,560,390	₩222,951,560,390	₩1,606,681,608,753	₩8,372,665,028,102	192	0.12%
8	LBank	₩211,119,927,045	₩211,119,927,045	₩1,677,955,731,337	₩7,791,082,970,044	86	16.05%
9	IDAX	₩193,905,410,449	₩193,905,410,449	₩1,474,249,236,177	₩5,738,176,688,969	107	-10.90%
10	BCEX	₩180,741,631,832	₩180,741,631,832	₩1,112,541,569,569	₩5,509,957,151,177	64	-7.31%

그림 4-9 전 세계 거래액 상위 암호화폐 거래소

*출처: 코인마켓캡(coinmarketcap.com/ko, 2018.10.21. 조정거래액 기준)

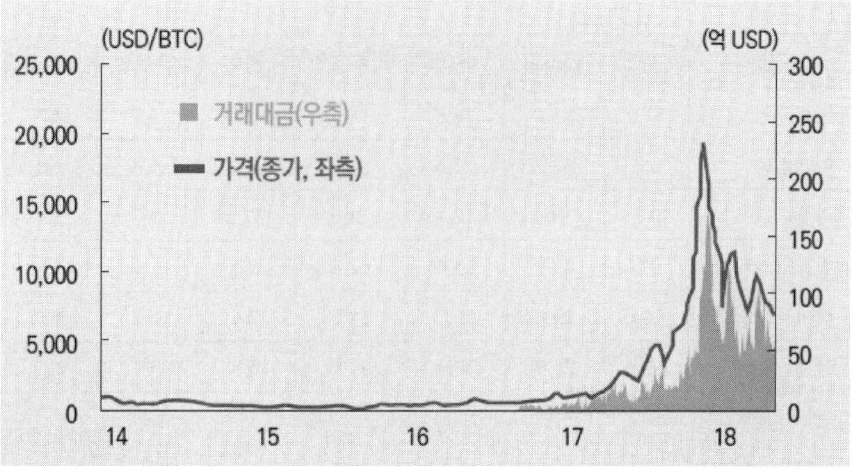

그림 4-10 비트코인 국제가격 및 거래자금 추이 *출처: 코인마켓캡, 2018

2018년 급등한 암호자산의 가격은 하반기에 들어서면서 하향 안정세를 보인다. 2018년 1월, 비트코인 가격이 2,500만 원을 넘는 초강세를 보였으나 이후 계속 하락해 2018년 9월 비트코인 가격은 700만 원 내외에서 오르내리고 있고 거래 대금도 하루 평균 2,000억 원(2018년 5월, 국내)에 머물고 있다.

4) 암호화폐 공개 현황과 쟁점

암호화폐 공개(Initial Coin Offering)란 새로운 블록체인 프로젝트를 추진하고자 프로젝트에 쓰일 토큰을 주는 조건으로 투자자에게서 초기 개발 자금을 모집하는 행위를 말한다. 크라우드 펀딩과 주식 공개모집(IPO)의 의미가 함께 있다.

크라우드 펀딩은 킥스타터처럼 자금을 모집하는 중개자가 있다. IPO 역시 주간사를 선정하고 심사 등을 거친다. 하지만, ICO는 중간자 없이 프로젝트를 추진하는 재단이나 기업이 직접 자금을 모집한다는 점에서 차이가 크다. 프로젝트를 추진하려는 기업은 프로젝트의 목적과 운영 방식, 사업계획 등 내용을 담은 백서를 발행하고, 이에 동의하거나 공감하는 기업 또는 개인을 대상으로 초기 투자자를 모집한다.

ICO는 백서만 발행하고 토큰을 판매하기에 사업을 실현하기 전 아이디어 단계에서 먼저 사업추진에 필요한 자금을 모을 수 있다. 창업 후 수년간 사업을 유지하고 해당 사업에 대한 재무제표를 바탕으로 이뤄지는 IPO와 달리 사업 초기 단계에서부터 자금을 조달할 수 있다. 또 토큰 투자자를 모집하는 과정에서 마케팅과 홍보가 함께 이뤄져 ICO는 사업을 위한 생태계 구축이나 이용자 확보라는 측면에서도 매우 중요한 의미가 있다.

이 같은 방식으로 2014년 이더리움이 약 2,000만 달러어치의 비트코인을 조달한 것을 계기로 전 세계에서 ICO가 스타트업의 새로운 자금 조달 방식으로 붐을 이루고 있다. 2017년 파일코인(Filecoin)이 ICO를 통해 2억 5,700만 달러의 자금을 유치했으며, 테조스(Tezos)가 2억 3,232만 달러, 이오스(EOS)가 1억 8,500만 달러를 모집했다. 또 2018년에도 텔레그램이 17억 달러, 페트로(Petro)의 7억 달러의 자금을 모으는 기록을 세웠다.

이에 2014년 3,000만 달러에 불과했던 세계 ICO 규모는 2017년에는 54억 8,000만 달러로 늘었고, 2018년 상반기에만 116억 달러의 투자를 끌어냈다.

산업 부문별로 보면 플랫폼 역할을 하는 인프라 프로젝트의 추진이 활발한 가운데(25.8%) 금융, 통신, 데이터 저장, 의료 등 다양한 분야에서 많은 프로젝트가 이뤄지고 있다.

국내에서는 2017년 6월 보스코인(Boscoin)이 처음으로 스위스에서 ICO를 통해 자금을 모집했고, 이어 데일리금융(2017년 8월, ICON)과 현대 BS&C(2017년 12월, HDac) 등도 ICO 대열에 뛰어들었다. 많은 기업이 ICO를 완료했거나 ICO를 준비하는 상황이다. 특히 최근에는 기존 기업이 블록체인을 도입하면서 신규 자금 확보 수단으로 ICO를 이용하는 리버스 ICO(Reverse ICO)도 증가하는 추세다.

하지만, 미흡한 계획을 바탕으로 무조건 "자금만 확보하고 보자!"는 식의 ICO가 많아지다 보니 여러 가지 부작용에 대한 우려가 커지는 상황이다. 애초 밝혔던 사업을 제대로 추진하지 않는다거나 자금집행의 투명성에 문제를 제기하는 것이다.

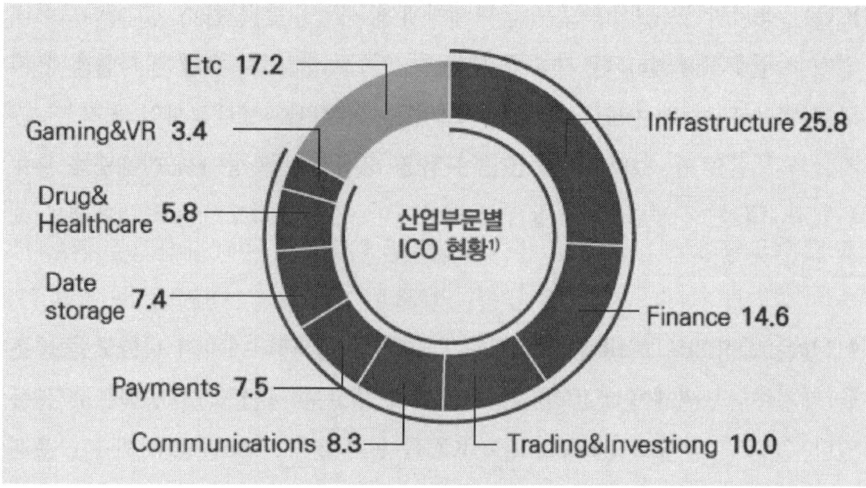

그림 4-11 전 세계 산업 부문별 ICO 현황(단위: %)

*출처: Coinschedule.com, 2017

2018년 5월 월스트리트저널이 1,450개의 ICO 프로젝트를 대상으로 조사한 내용을 보면, 전체 ICO의 18%인 271개 ICO에 문제가 있는 것으로 나타났다. 프로젝트 진행자가 사라지거나 가짜인 ICO, 또는 다른 프로젝트 백서를 표절하거나 수익을 보장하는 등 사기행위 같은 ICO인 것으로 드러났다.

▌표 4-5▐ 해외 ICO 규제 유형과 주요특징

금지형	사안별 접근형	
	적극적 개입형	소극적 개입형
중국 - 금융관련 법률 등에 근거하여 전면금지 대한민국 - 증권형은 자본시장법 적용으로 금지 - 비증권형은 행정지도로써 금지	미국 - 증권규제의 적극적인 해석과 집행을 통해 무분별한 ICO 행위 제한 - '투자계약'에 대한 광의의 해석을 통해 가상 통화나 토큰을 증권규제의 영역으로 포섭을 시도 - 투자계약으로 의심되는 ICO에 대해 소환장 을 발부하는 등 증권규제의 집행에 적극적 - 결과적으로, 금지형 다음으로 가장 강력한 규제실시	영국, 독일 - 기존 금융규제 적용의 한계로 인해 그 적용 에 소극적 싱가포르 - 기존 금융규제의 적용이 가능하나 정책적 측면에서 그 적용에 소극적 프랑스, 스위스, 일본 - 새로운 유형의 법규나 원칙 등의 제정을 통해 시장을 유치하려는 유형

*출처: 자본시장연구원, 2018

우리나라 역시 관련 범죄로 피해를 본 사람이 나타나고 있다. 2018년 10월 정부가 공개한 자료를 보면, 2017년 7월부터 2018년 7월까지 1년간 가상통화 범죄로 5만 명 이상이 4,353억 원의 사기 피해를 본 것으로 나타났다.

6) 국가별 블록체인 관련 정책 동향

블록체인 기술이 암호자산과 밀접하다는 점에 각국 정부가 신중하게 접근하지만, 블록체인 기술만큼은 적극적으로 수용하고 육성하겠다는 의지를 밝히고 있다. 또 몇몇 국가는 아예 정부 차원에서 디지털 화폐 발행을 추진하고 있다.

해당 시장이 앞으로 5년간 10배 이상 성장할 것으로 전망하는 유망 시장이기 때문이다. 가트너는 앞으로 블록체인 관련 시장이 2025년에는 1,760억 달러, 2030년에는 3조 1,000억 달러 규모로 성장하리라 전망했다. 투자 역시 2021년까지 연평균 66.6%

증가해 18억 달러에 이르고 이 중 금융 분야 투자 비중이 가장 클 것으로 예상했다.

미국은 정부 서비스에 블록체인을 활용하고자 연방 정부와 주 정부 차원에서 관련법을 개정하거나 제정하는 움직임을 보인다. 버몬트주(2016년 6월)와 애리조나주(2017년 3월), 네바다주(2017년 6월)는 블록체인상 기록 및 서명의 법적 효력을 인정하거나 블록체인 거래를 면세하는 법안이 통과했고, 델라웨어주(2017년 7월)는 주식 거래 명부에 블록체인 사용을 허용했다. 미국 총무청(General Services Administration)은 조달 시스템에 블록체인의 적용을 실험하고 있으며, 연방 블록체인 커뮤니티(Federal Blockchain Community)와 아틀라스 포털(U.S. Emerging Citizen Technology Atlas)을 운영하고 있다.

영국 과학부는 정부 문서의 위변조 방지, 부정 수급 방지 등의 기능을 블록체인으로 추진하고 있다. 2017년 제 2차 투자관리 전략(Investment Management Strategy II)에는 블록체인 기반 핀테크산업 육성을 명시했고, 조폐국(Royal Mint)은 암호화폐의 가치 저장 기능을 활용해 정부가 보유한 금과 연동하는 암호자산(Royal Mint Gold)을 발행할 계획을 밝히기도 했다. 또, 디지털문화미디어체육부는 에너지, 투표 시스템, 기부 등 다양한 분야에서 블록체인 프로젝트를 지원하고자 이노베이트 UK(Innovate UK)와 연구위원회를 통해 1,000만 파운드 이상을 투자하고 있다.

ICO 등을 금지한 중국도 블록체인 기술 육성에는 매우 적극적이다. 2016년 말 블록체인을 중점 육성 기술로 선정해 시범사업을 추진하며, 항저우를 블록체인시티로 지정해 산업파크를 조성하고 있다. 항저우시는 블록체인 산업파크(Blockchain Industrial Park)를 조성해 입주 기업에 세제 혜택과 인력 등을 지원하고, 구이저우성의 첨단산업특구 구이안신구는 비트 SE(BitSE)와 협력해 블록체인 타운을 조성했다. 또 완샹그룹, 중국증권업협회 등이 참여하는 차이나렛저 컨소시엄을 발족했다.

일본은 암호화폐거래소 인가제 등을 도입해 암호자산 산업을 제도화하려는 노력을 기울이는 한편, 다양한 분야의 블록체인 확산을 지원하고 있다. 2017년 4월「암호화폐법」을 제정해 거래소 인가제와 암호화폐 회계 기준에 대한 가이드라인을 제공했고 일본블록체인추진협회는 엔화와 1:1로 교환할 수 있는 암호화폐 젠(Zen)을 개발해 시험하고 있다.

에스토니아는 블록체인 기반 디지털 시민권을 도입해 누구나 에스토니아가 제공하는 다양한 공공 서비스를 이용하도록 지원한다. 이에 계좌 개설, 온라인 송금, EU 국가 내 결제 서비스 등이 손쉽게 가능해졌다.

| 표 4-6 | 2018년 블록체인 시범사업 현황

사업형	기관	사업내용
투명한 전자투표 시스템	선거관리 위원회	· 후보자, 참관인 등 이해관계자가 직접 투 · 개표 과정과 결과를 검증하여 신뢰성을 확보 · 투표용지와 후보자 정보 등 선거과정의 디지털화로 비용을 절감
블록체인 기반 전자문서 발급 인증 시스템	외교통상부	· 블록체인에 공문서와 외교부 인증서를 저장, 종이문서 대신 전자문서 형태로 외국기관과 공유하고 공문서 내용 확인도 실시간 가능
축산물 이력관리 시스템	농림축산 식품부	· 사물인터넷 센서로 이력정보를 실시간 수집하여 블록체인으로 연계 이력관리시스템 구축 · 문제발생 시 추적기간을 최대 6일에서 10분 이내로 단축
종이 없는 스마트계약 기반 부동산거래 플랫폼	국토교통부	· 기존의 부동산 거래(매매, 대출)시 필요한 각종 증명서에 블록체인 기술을 도입하여, 금융권, 법무사, 공인중개사, 주민센터, 국세청 등과 연계, 방문할 필 요 없이 원스톱 플랫폼 서비스 제공
터미널 간 환적 컨테이너 운송 효율화	해양수산부	· 컨테이너 환적시 선사 · 운송사 · 터미널 간 유통되는 문서(주문내역, 반입 · 반 출, 배송)를 불록체인으로 공유, 운송프로세스 개선 · 현재 컨테이너 반출입증 전자문서화 비율 10% → 90%로 향상
스마트 개인통과 서비스	관세청	· 통관과정의 참여자(전자상거래 업체, 특송업체, 세관 등)들이 블록체인에 함께 참여, 유통단계별로 생산되는 정보를 실시간 공유 · 통관 시간 단축, 물류비용 절감, 저가 신고 사례 방지

*출처: 과학기술정보통신부, 블록체인 기술 발전전략, 2018

유럽 블록체인 산업의 중심지로 떠오른 스위스는 중부 소도시 주크에 크립토밸리를 조성해 블록체인 계의 실리콘밸리로 주목받고 있다. 이곳에는 비트코인스위스, 모네타스, 이더리움재단 등 많은 블록체인 기업이 입주해 있다.

우리 정부는 2018년 6월 과학기술정보통신부를 중심으로 '블록체인 기술 발전전략'을 발표하고 블록체인 공공선도 사업으로 공공서비스를 효율화하고 국민이 체감할 민간주도 블록체인 국민 프로젝트를 진행한다는 계획을 밝혔다. 이와 관련해 현재 안심하고 먹을 수 있는 소고기 이력 관리, 신속하게 처리 하고 허위 신고도 예방하는 개인통관, 간편한 부동산 거래 등 공공 분야 6대 시범사업을 추진하고 있다.

또 중고차 이력 관리, 사회 나눔 플랫폼 등 민간주도 국민 프로젝트를 지원하고 블록체인 놀이터 등 을 운영해 전문 인력 1만 명을 양성하기로 했다. 또 산업발전 생태계를 조성해 전문기업 100개를 육성하며, 블록체인 기술지원센터를 구축하고 산업별 표준화를 추진해 현재 세계 최고대비 76.4%의 기술 수준을 2022년까지 90%까지 달성한다는 계획을 세웠다.

6) 다양한 블록체인 적용 사례

블록체인 기술은 디지털 신원증명에서부터 정부의 공공서비스, 상거래, 의료 및 헬스케어, 생산 및 제조, 에너지, 콘텐츠, 공급망 및 물류에 이르기까지 사회 각 분야와 다양한 산업에 적용할 전망이다.

국내에서도 많은 기업과 기관이 블록체인 기술 적용을 검토하고 있으며, 사업화에 적극적으로 나서 고 있다. 삼성 SDS, LG CNS, KT, SK 텔레콤 등 IT 서비스와 통신 기업은 자체 블록체인 플랫폼을 개발 하고 이를 확산하려 노력하고 있다. 또 네이버, 카카오 등 인터넷 기업 역시 블록체인 자회사를 설립해 자사 서비스와 접목한 블록체인 사업을 추진하고 있다. 네이버의 일본 자회사인 라인은 암호화폐 거래소인 '비트박스(BITBOX)'를 2018년 7월 선보였으며, 8월 말에는 암호화폐인 자체 블록체인 플랫폼 링크체인에서 이용할 '링크(LINK)' 발행 계획을 밝혔다.

카카오는 2018년 초 블록체인 자회사인 '그라운드X'를 설립하고, 블록체인 플랫폼인 '클레이튼'을 개발하고 있다. 클레이튼에는 암호화폐 '클레이'를 사용하며, 클레이튼에서 구동하는 서비스 이용자에게 보상 개념으로 지급한다는 계획이다.

금융권에서는 은행과 금융투자, 보험 등 업종별로 컨소시엄을 구성해 공동사업을 추진하고 있다. 신한은행과 우리은행은 일본 SBI 그룹과 제휴해 리플(Ripple) 기반의 한·일 간 해외송금 시스템을 구축하고, 송금 시간과 수수료 절감을 시도하고 있다. 카카오페이는 블록체인 기술을 적용해 공인인증서를 대체할 인증서비스를 상용화했고, KEB 하나은행은 민관 합동 해운물류 블록체인 컨소시엄과 공동으로 이더리움 기반 무역금융 블록체인의 시범 적용을 완료했다.

의료 분야에서는 환자의 개인 건강기록 관리에 블록체인 기술을 적용해 환자가 직접 자신의 의료정보를 관리할 수 있게 하는 프로젝트를 추진한다. 메디블록이 의료정보의 관리·유통을 위해 블록체인 시스템을 개발하고 있으며, 써트온은 의료정보시스템 전문업체 포씨게이트 및 LG U+와 협력해 블록체인 기반 의료와 관련한 여러 가지 증명서비스를 구축할 예정이다.

| 표 4-7 | 글로벌 정부주도 블록체인 프로젝트 현황

국가	프로젝트	진행상황
호주	호주 상원의원 '의회의 친구들 블록체인'이라 불리는 모임 결성 (노동당 상원의원 Sam Dastyari, 자유당 상원의원 Jane Hume)	2017년 8월 9일 발표
	호주증권거래소(ASX)는 기존 거래 시스템인 'CHESS'(Clearing House Electronic Subregister System)를 블록체인 기술을 사용하여 거래를 정리 하고 교체할 것이라고 발표	2017년 12월 발표 2018년 3월 교체 예정

국가	프로젝트	진행상황
중국	사회보장기금 관리시스템	2016년 발표
	모기지 평가시스템에 블록체인 도입	2016년 발표
	중국우편저축은행(PSBC)의 블록체인 기술 기반 자산관리 시스템	2016년 10월 시생 100회 이상 성공적 거래 수행
	블록체인 시티 프로젝트(완샹 그룹 7년간 2,000억 위안 투자계획)	2017년 발표
두바이	2020년까지 블록체인 기반 정부문서관리 시스템 구축	진행 중
	2016년 정부기관, 국제기업, UAE 은행, 지역, 블록체인 기업 등 32개 회원사를 포함한 글로벌블록체인협의회(GBC) 설립	진행 중
	블록체인 기반 디지털 여권	2017년 6월 발표
	두바이 무역에 관한 선적 실시간 정보 시스템	2017년 발표
에스토니아	e-ID(전자 ID 관리 시스템)	2001년 시행
	e-Health(의료정보 관리 시스템)	2008년 시행
	e-Residency(최초의 다국적 디지털 영주권)	2014년 시행
프랑스	금융권 및 핀테크 기업의 비상장 증권거래 블록체인 플랫폼 구축을 위한 새로운 규정 신설	2017년 12월 발표
가나	NGO 'Bitland'의 토지 등록 프로젝트	진행 중
조지아	토지소유권 등록 프로젝트	진행 중
카자흐스탄	암호화폐와 금융기술(핀테크)에 유리한 비즈니스 환경 조성 발표	2017년 7월 17일 발표
러시아	블록체인 기반 문서관리 시스템	2016년 발표
	러시아 보건부는 국영은행 중 하나와 협력 블록체인 프로젝트 추진	2017년 8월 10일 발표
싱가포르	은행 간 지불서비스	2016년 프로젝트 시작
스웨덴	블록체인 기반 토지관리 파일럿 프로그램	2017년 초 테스트 추진
스위스	Zug시는 지자체 서비스 결재에 비트코인을 도입 암호화폐 허브단지 '크립토밸리(Crypto Valley)' 설립	2016년 7월 시행
	Zug시는 주민들에게 블록체인 기반 디지털 주민증 제공	2017년 발표

국가	프로젝트	진행상황
UAE 사우디아라비아	UAE와 사우디아라비아 중앙은행은 두 국가간 국제 송금에 암호화폐 도입 시범사업 테스트 시작	2017년 12월 발표
우크라이나	E-vox(이더리움 블록체인 기반 선거 플랫폼)	2016년 발표
	블록체인 기반 경매 시스템	2016년 발표
영국	영국 고용연금부(Department of Work and Pensions)는 블록체인 시스템 을 활용한 복지수당 지급 실험 추진	2016년 7월 발표 성공적으로 테스트 완료
	각 정부부처간 소통을 위한 블록체인 서비스	2016년 8월부터 이용 가능
	은행간 블록체인 결제 시스템	2017년 7월 발표
미국	온라인으로 개인 건강 데이터의 안전환 교환 시범사업	2016년 2년간 시범사업 추진 발표
	애리조나 블록체인 스마트 계약을 '합법화' 하는 법안 제정	2017년 3월 29일 공식적으로 법제화
	델라웨어 주지사는 주식거래 및 기존 보존을 위한 블록체인 사용 합법화 법안에 공식 서명	2017년 7월 발표
	일리노이주 출생 증명서 디지털화 블록체인 시범사업 실시	2017년 8월 31일

*출처: 경기연구원, 2018

관세청은 민관 합동 해운물류 블록체인 컨소시엄 시범사업으로 수출통관 업무(수출신고 및 적하목록 제출 절차)에 블록체인을 적용하는 타당성 검증에 성공했으며, 2018년부터 수출통관·물류 및 FTA 국가 간 원산지 증명서 자료교환 서비스에 시범 적용할 계획이다. SK C&C는 SK 텔레콤의 사물인터넷 전용망 로라(LoRa) 망을 활용해 블록체인 기반 컨테이너 화물 추적·관리체계를 구현하고, 한국~상하이 구간의 컨테이너 화물을 대상으로 시험했다. 해운물류 블록체인 컨소시엄에 참여하는 현대상선은 냉동 컨테이너 시험항차(한국·중국) 및 인도·중동·유럽 항로 컨테이너선 시험운항을 완료했다.

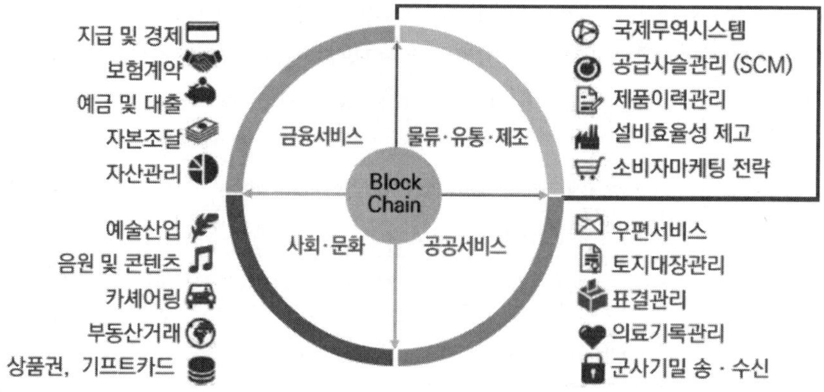

그림 4-12 다양한 블록체인의 활용 분야 *출처: 삼정 KPMG 경제연구원, 2018

에너지 분야에서는 한국전력이 블록체인 기반 이웃 간 전력거래 및 전기차 충전 서비스를 구축하고 시범사업에 들어갔다. 블록체인 기반 전력거래 플랫폼을 구축해 실시간으로 잉여전력 판매자와 소비자를 연결하고, 전기차 충전소 데이터 관리, 충전 서비스 업무처리, 충전 이용 고객 지원 서비스 등을 통합 한 것이다. 이밖에도 전자투표, 지역 기반 화폐 등 다양한 분야에서 블록체인을 적용하는 사례가 늘고 있다.

7) 블록체인과 공유경제

가. 개요

공유경제는 개개인이 경제활동의 중심인 경제활동과 사회현상이다. 경제의 중심축이 기업에서 개인으로 크게 전환한다는 것을 뜻한다. 공유경제가 처음엔 개인 간 유휴자원의 공유로 시작해 그 의미와 정의가 계속 발전해왔기에 공유경제에 대한 다양한 해석으로 혼란이 있었다. 개인 간 유휴자원 공유로 시작한 공유경제가 이제는 개인 중심 경제모델로 발전한 것이다.

인터넷 초기에 정보의 소비자였던 사용자가 적극적으로 참여해 정보의 소비자로 발전한 것과 같이 경제에서 사용자가 경제가치 생산의 주체가 되어가는 것이다. 자신이 가진 유무형 유휴자원을 공유를 넘어 새로운 자원 확보로 더욱 적극적으로 공유경제에 참여하기 시작했다. 경제 가치 생산뿐만 아니라 유통에 참여하고 소비의 방식도 소유 대신 공유 또는 구독형(Subscription)으로 발전하고 있다. 즉, 개개인이 경제가치의 생산, 유통, 및 소비 모든 분야에서 중심에 서는 것이다.

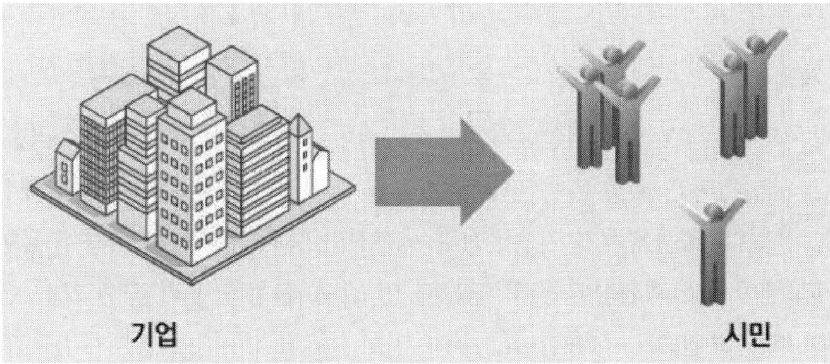

그림 4-13 경제모델의 전환: 기업 중심에서 시민 중심으로

*출처: Wehome, Home Sharing on Blockchain, 2018

나. 주요 동향

개인이 경제활동의 중심으로 자리하는 것은 기술발전에 따른 개개인의 역할 증대와 초연결을 통한 소통 확대, 정보공유 등에 따른 자연스러운 현상이다. 4차산업혁명으로 분류하는 다양한 혁신 기술은 개개인의 역량과 역할을 더욱 확대한다. 개인도 3D 프린터로 제품을 생산하고 드론으로 프로급 미디어를 자처할 수 있으며, 신뢰할 수 있는 공유 플랫폼의 등장으로 쉽게 거래할 수 있다. 이제 개인은 유휴자원 공유를 넘어 다양한 방식으로 경제 가치를 만들어 경제의 중심에 서고 있다. 일상이 곧 경제활동인 상황에서 새롭게 등장하는 개인 사업가를 마이크로프레뉴어(Micropreneur)라고 한다.

다양한 소비 욕구 또한 다양한 공급을 자극한다. 이에 많은 사람이 경제가치 생산에 참여함으로 써 다양한 공급을 가능하게 한다. 다양한 공유서비스가 가능해지면서 라이프스타일도 공유로 바뀌고 있다. 소유해야 누리던 많은 것이 이제는 누려야 할 때만 필요한 만큼 소유하는 공유가 가능해졌다. 소유를 위한 경제 부담과 유지를 위한 관리의 부담, 그리고 감가상각에 따른 경제 손실로부터 자유로워질 수 있다. 더 경제적으로 더 자유롭게 더 많이 누릴 수 있으니 공유경제에 대한 시장요구는 계속 커질 것이다. 이는 IT분야에서 가끔 사용하는 소프트웨어나 데이터를 필요할 때만 연결해 쓰는 클라우드 서비스가 일반화하는 것과 비슷하다.

전 세계에서 공유경제가 급속도로 확산한 것은 이처럼 혁신기술의 급속한 보급과 초연결사회화, 개개인의 역할증대 및 소비패턴의 변화에 따른 자연스러운 현상이다. 다만, 대한민국은 공유경제에 대한 전략 부재와 규제로 공유경제에 관해선 후진국에 머물고 있다. 공유경제가 기술발전과 사회진화 등의 시대적 흐름을 포괄하는 새로운 경제모델이자 사회현상임을 고려할 때 이 같은 현실은 우리 사회 모든 분야에서 경쟁력 저하 요인으로 작용한다.

그림 4-14 공유를 통한 온디멘드 라이프스타일

*출처: Wehome, Home Sharing on Blockchain, 2018

① 공유경제의 급성장과 문제점

전 세계에서 기업가치 최상위 열 개 스타트업 중에 공유경제 분야가 네 개일 만큼 공유경제 시장은 급성장했다. 다양한 공유서비스가 있지만 가장 괄목할만한 성장을 이룬 것은 차량 및 라이딩, 숙박 및 사 무실, 및 금융 분야다. 차량공유 기업인 우버는 기업가치가 80조 원에 이르고, 숙박공유 기업인 에어비앤비는 50조 원 이상으로 추정한다. 2008년 8월 창업해 10년이 넘은 에어비앤비는 객실 수가 500만 개 이상으로 100년 역사를 자랑하는 최대 호텔 체인인 힐턴, 인터콘티넨털, 메리어트 등 세 개 체인의 객실을 합한 수에 두 배에 달할 만큼 많다.

우버나 에어비앤비의 급성장과 함께 글로벌 시장독점도 심화하고 있다. 차량 공유는 우버의 시장점유율이 매우 높지만, 중국의 디디추싱 동남아의 그랩 등과 같은 지역 서비스가 어느 정도 강세를 보이고, 우버는 본사가 있는 미국에서도 리프트라는 경쟁사가 나름 시장을 확대해가고 있다. 이에 비해 공유숙박은 에어비앤비의 글로벌 시장 독점이 매우 심한 상황이다. 이는 공유숙박이 글로벌 여행의 특성상 네트워크 효과가 강하기 때문이라는 분석이다. 더욱이 공유숙박은 정형화하지 않은 숙소를 모르는 사람끼리 거래해서 호스트와 게스트가 같은 집에 머물 수 있게 한 것으로 사업의 진입장벽이 매우 높다.

앞서 설명한 것처럼 공유경제는 일반인의 참여로 가치를 만드는 것인데 공유플랫폼 사업자가 그 가치의 20% 이상을 서비스 수수료로 부과하고 있다. 참여자로 돌아가는 몫이 줄어 낮은 수익에 따른 고용 불안 문제를 일으킨다. 글로벌 플랫폼 사업자는 소비자 욕구를 채우기 위한 가치제공이라는 입장에서 여러 국가에서 법적 논란과 사회적 갈등을 일으키고 있다. 점차 소수 플랫폼 사업자에 따른 시장의 독점 강화에 대한 공유참여자의 불만과 사회 우려가 떠오르고 있다.

공유경제는 소유 중심 기존 자본주의의 한계를 넘어 경제적 가치뿐만 아니라 사회적, 환경적 가치도 중요시한다. 공유경제의 주체는 참여하는 시민이고, 지역 커뮤니티의 이익을 우선해야 한다. 우버나 에어비앤비는 공유서비스를 제공하지만, 거대 자본의 투자를 바탕으로 글로벌 시장을 독점한다. 시민의 참여로 만들어진 수십조

원의 기업가치는 소수 투자자와 창업자에게 돌아간다.

이런 이유로 우버나 에어비앤비는 공유사업을 하지만, 철학적으로나 구조적으로 공유경제 기업이라 할 수 없다는 주장이 강하다. 이러한 흐름과 함께 공유플랫폼의 주인이 참여자여야 하는 플랫폼 조합주의(Platform Cooperativism)가 떠오르기에 이른다.

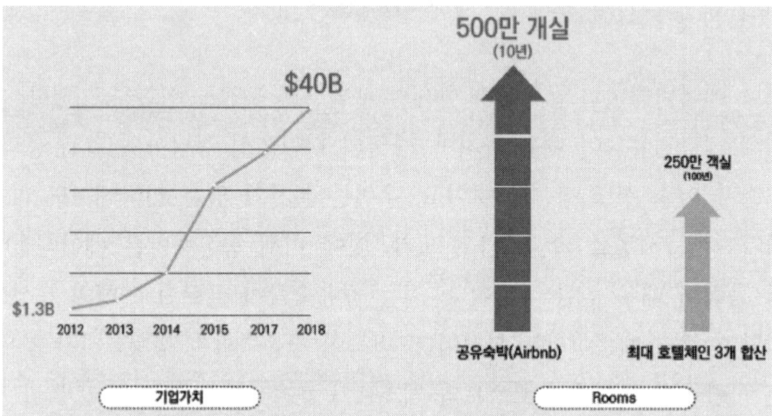

그림 4-15 공유숙박의 급성장

*출처: Wehome, Home Sharing on Blockchain, 2018

그림 4-16 독점 공유플랫폼에 대한 우려와 플랫폼 조합주의의 등장

*출처: Wehome, Home Sharing on Blockchain, 2018

공유플랫폼 독점을 해결하려는 플랫폼 조합주의를 제안하지만, 현실적으로 플랫폼 구축을 위한 비용 마련과 효율적인 추진 방안도 없고 기존 사업자와 경쟁도 불가능한 상황이었다. 공유경제는 계속 빠르게 성장하면서 독점은 더욱 심화하고 사회 우려는 그만큼 커져 왔다.

② 블록체인으로 새로운 전기를 맞는 공유경제

최근 2~3년 사이 비트코인의 급등과 함께 탈중앙화한 자율인프라인 블록체인의 가능성이 떠올랐다. 비트코인은 신뢰를 확보하기 위한 제 3의 중개자 개입 없이도(Trustless) 안심하고 개인 간(Peer to Peer) 주고받을 수 있는 디지털 화폐다. 비트코인을 가능하게 하는 기술이 블록체인이다. 블록체인은 기존 정보 인터넷이 가진 프라이버시와 신뢰의 문제, 거대한 플랫폼 집중화 및 보안의 문제를 해결함으로써 제 2의 인터넷으로 여겨진다. 블록체인 기반의 다양한 토큰의 등장으로 기존 화폐로는 환산할 수 없었던 데이터, 소셜 가치 및 환경 가치, 다양한 자원이 경제적 가치로 전환하고 개인 간 믿고 거래할 환경이 만들어졌다. 이런 측면에서 블록체인을 기존 정보 인터넷과 구분해 가치 인터넷(The Internet of Value)으로도 정의한다.

비트코인은 가장 대표적인 기축통화 성격의 암호화폐(Crypto currency)로 자리매김한 이후 이더리움은 스마트 콘트랙트를 통한 유연한 프로그래밍이 가능하고 새로운 토큰이란 암호화폐로 발행할 수 있는 블록체인 플랫폼으로 주목받았다. 비트코인과 이더리움도 핵심 블록체인 플랫폼으로서 진화하지만, 이것이 가진 처리속도, 확장성 및 합의 알고리즘의 한계를 극복하고자 하는 EOS, 카르다노 등 다양한 블록체인 플랫폼(메인넷)이 등장한다.

블록체인은 정보 인터넷을 기반으로 구축하는 네트워크로 정보 인터넷보다는 더욱 빠르게 진화할 것이다. 따라서 현재 블록체인의 기술적 한계를 머지않아 극복해 개인 간 어떠한 가치든 믿고 주고받을 수 있는 환경이 만들어질 것이다.

개인 간 가치를 믿고 주고받을 수 있는 네트워크인 블록체인의 정의는 개인 중심 경제모델이라는 공유경제의 정의와 일맥상통한다. 즉, 블록체인으로 개개인이 가치를 주고받는 행위를 경제의 측면에서 해석할 때 그것이 공유경제인 것이다. 이처럼 블록체인과 공유경제는 철학적으로나 기능적으로나 합치 한다. 이에 블록체인의 등장은 기존 공유경제가 가진 플랫폼 집중화 문제를 풀면서 공유경제를 급속도로 활성화할 바탕을 마련했다.

블록체인은 개개인이 중개자 없이 믿고 가치를 전할 수 있는 기술적 혁신뿐만 아니라, 이를 기반으로 탈중앙자율 조직을 만들 수 있는 경제 및 거버넌스 시스템을 제공한다. 따라서 기술적인 차원뿐만 아니라 새로운 경제모델과 사회조직 모델을 만들 기반이기도 하다. 공유경제 측면에서는 블록체인의 기술 뿐만 아니라 새로운 경제 및 조직 모델을 활용함으로써 중개자 필요 없이 참여자가 주인인 조합형 공유 경제를 가능하게 한다.

블록체인의 등장으로 공유경제가 새로운 전기를 맞는 이유는 다섯 가지로 들 수 있다. 첫째, 개개인이 생산하는 경제 가치를 쉽게 거래할 수 있다. 이에 더 많은 사람이 마이크로프레뉴어로서 공유경제에 참여할 수 있어 공유경제 범위와 규모를 극적으로 확대할 수 있다.

둘째, 기존 화폐로 전환할 수 있는 가치뿐만 아니라 소셜 데이터나 활동 및 다양한 자산 등을 토큰화해 거래가 가능해짐으로써 개인의 공유가치 창출 대상이 넓어진다.

셋째, 이전과는 비교하지 못할 만큼 다양한 공유가치를 개개인이 만들고 글로벌 누구와도 거래할 수 있어 부가가치가 증폭한다.

넷째, 블록체인을 기반으로 토큰이코노미와 ICO(Initial Coin Offering)을 통해 탈중앙 자율 조합을 만들기 위해 자금을 조달할 수 있다. 이를 기반으로 제 3자 개입이 필요 없는 탈중앙화 자율형 조직 구성이 가능해짐으로써 참여자가 주인이고 참여자가 만든 가치를 커뮤니티에 남아 증폭하고 공유한다. 따라서 공유경제 참여자의 이익이 커지고 보상에 따른 참여를 더욱 활성화한다.

그림 4-17 참여자가 주인인 탈중앙 자율 공유경제 모델로의 전환

*출처: Wehome, Home Sharing on Blockchain, 2018

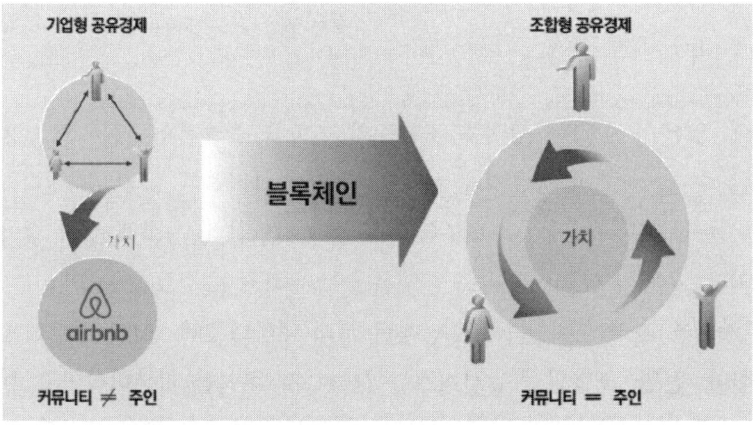

그림 4-18 기업형 공유경제와 조합형 공유경제의 비교

*출처: Wehome, Home Sharing on Blockchain, 2018

| 표 4-8 | 중앙집권식 공유경제와 탈중앙 공유경제의 비교

항목	중앙집권식 공유경제	탈중앙 공유경제
주인	기업(예: 우버, 에어비앤비)	참여자(호스트/마이크로프레뉴어, 게스트)
구축 비용 조달	투자자(벤처캐피털)	ICO(Initial Conin Offering) 및 토큰이코노미
성격	비즈니스	커뮤니티
운영방식	기업의 이사회 및 임원	커뮤니티 자율운영
수수료	15% ~ 30%	0%
참여자 보상	제한적(숙소 확보, 초대)	참여 가치에 따른 큰 경제적 보상
창출 가치 수혜자	1. 투자자 2. 기업설립자, 직원	1. 참여자(호스트/게스트) 2. 프로젝트 추진 팀 및 어드바이저 3. 초기 투자자

*출처: Wehome, Home Sharing on Blockchain, 2018

다섯째, 앞에서 설명한 플랫폼 조합주의 철학을 플랫폼이 없는 탈중앙 조합주의로 실현할 수 있어 기존 공유경제 시장의 판도가 급격하게 바뀔 수 있다. 우버나 에어비앤비는 막대한 자금을 VC로부터 투자받아 사업을 활성화해 투자 수익을 돌려주는 모델이다. 우버와 에어비앤비는 플랫폼을 소유하고 수수료를 포함한 수익을 올려 기업의 가치를 올려야 하는 구조다. 매번 거래 때마다 20% 이상 수수료를 참여자에게 징수한다. 반면, 조합형 공유서비스는 참여자가 주인인 커뮤니티이고 수수료도 없을 뿐만 아니라 참여에 대한 경제 보상도 주어진다. 따라서 참여자 가치 측면에서 기존 기업형 공유플랫폼과 조합형 공유서비스는 비교할 수 없을 만큼 조합형 공유모델이 우위에 있다. 기존 기업형 공유플랫폼이 가진 브랜드와 시장점유율 같은 힘으로 두 모델이 같이 성장하겠지만 앞으로는 블록체인 기반 조합형 공유모델이 보편화 될 것이다.

③ 블록체인 기반의 공유경제 모델

전 세계에서 블록체인에 기반을 둔 다양한 공유경제(BASE: Blockchain And Sharing Economy) 프로젝트를 진행하고 있다. 이들 프로젝트는 2017년 시작해 2018년 상반기까지 활발하게 ICO를 추진했다. [그림 4.19]와 같이 BASE 프로젝트는 특정 분야

공유서비스 또는 다양한 공유서비스 개발을 위한 솔루션을 제공하는 범용 프로토콜 두 분야로 나뉜다. 이는 다시 추진하는 팀 또는 기업이 해당 분야 기존 사업자 또는 신규진출 사업자로 분리해 볼 수 있다.

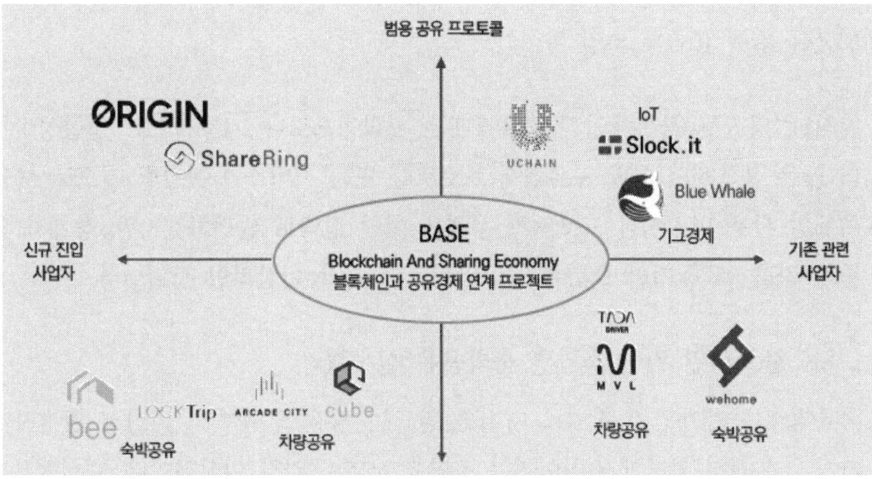

그림 4-19 블록체인 기반 공유경제(BASE: Blockchain And Sharing Economy) 프로젝트
*출처: Wehome, Home Sharing on Blockchain, 2018

공유서비스 제공자가 이용할 수 있는 범용프로토콜 개발 프로젝트의 대표적인 예가 오리진 프로토콜(Origin Protocol)이다. 범용 프로토콜로서 중개자 없는 공유서비스 개발에 필요한 모든 블록체인 프로토콜의 제공이 목표다. 슬록(Slock.it)은 블록체인 기반 공유 솔루션 사업자로 가장 잘 알려진 프로젝트로 IoT 기술을 적용해 숙박공유나 차량공유를 자동화하려는 시도를 진행하고 있다. 블루웨일(Blue Whale)은 공유경제 중 공유 가치 또는 서비스를 제공하는 기그경제(Gig Economy) 분야 프로젝트로 마이크포프레뉴어를 위한 솔루션과 복지혜택 제공 등을 목표로 한다. 버로컬(Verlocal) 이라는 경험 및 스킬 공유 기반의 팀을 주축으로 추진하는 사업이며, 국내 블록체인 메인넷 중 하나인 ICON의 Dapp으로 진행 중이다. 버티컬 공유서비스로 새롭게 진출하는 숙박 분야의 비토큰(Bee Token) 및 록트립(Lock Trip)이 있고,

차량공유 쪽으로는 아케이드시티(Arcade City)와 큐브인텔리전스(Cube Intelligence)가 있다. 기존 사업자로 차량공유 분야는 싱가포르에서 '타다'라는 택시호출 서비스를 제공하는 MVLChain이 있다. 숙박공유 분야에서는 2012년부터 국내에서 숙박공유 사업을 추진해 온 KOZAZA에서 진행하는 위홈(Wehome) 프로젝트를 예를 들 수 있다. 이들 프로젝트 중 상당수가 2018년 상반기에 ICO를 마쳤고 오리진프로토콜과 위홈은 현재 ICO를 추진 중이다.

앞서 설명했듯 블록체인과 공유경제는 철학적으로나 기능적으로 정합성이 뛰어나 더 많은 블록체인 기반 공유경제 프로토콜 또는 서비스가 등장할 것으로 보인다. 블록체인 활용 방식이나 프로젝트 성격은 여러 형태로 발전하겠지만, 중개자 없는 탈중앙 자율 조직 기반 조합형 공유서비스가 가장 이상적인 모델이다.

다. 블록체인 기반 조합형 숙박공유 실사례

공유경제는 개개인의 참여로 가치를 만드는 경제 모델이다. 따라서 참여자가 만든 가치가 온전히 참자에게 돌아가는 조합형 모델이 가장 이상적이다. 현실적으로 공유경제 플랫폼을 구축하기 위한 자금 조달과 기능 구현을 위한 기술도 없었다. 이에 VC로부터 큰 투자를 받은 소수 플랫폼 사업자가 시장을 독점했다. 블록체인은 중개자 없는 자율형 커뮤니티를 만들기 위한 기능제공뿐만 아니라 ICO를 통한 자금모집도 가능하게 만들었다.

최근 에어비앤비는 호스트에게 주식을 공여하는 계획을 발표했는데 자본주의의 새로운 진화 모델이 라는 측면에서 크게 주목받았다. 그러나 VC로부터 대규모 투자를 받은 기존 주식회사의 구조적 한계를 넘은 대규모 주식 공여는 불가능하다. 에어비앤비가 모든 사람을 위한 숙박공유를 주장한다면 블록체인 기반은 모든 사람을 위한, 모든 사람의, 모든 사람에 의한 진정한 숙박공유가 가능하다. 에어비앤비는 플랫폼을 소유하고 숙박공유 사업을 하는 영리 기업이다. 반면 호스트와 게스트를 연결하는 커뮤니티를 만들어주는 조합형 숙박공유 커뮤니티 프로젝트인 위홈(Wehome)이 있다.

그림 4-20 사업자가 중심인 에어비앤비와 참여자가 중심인 위홈 커뮤니티

*출처: Wehome, Home Sharing on Blockchain, 2018

위홈은 앞서 설명한 블록체인 기반 전형적인 조합형 숙박공유 커뮤니티를 지향한다. 초기 자금 일부를 전략적 투자자로부터 조달하지만, 궁극적으로는 호스트와 게스트에게 자체 발행한 홈토큰으로 운영비와 인센티브 지급 비용을 충당할 수 있게 토큰 이코노미와 거버넌스를 설계했다. 궁극적으로 완전한 탈중앙 자율 운영을 지향하지만, 복잡한 이해관계와 기술적 한계로 몇 년간 진화가 필요할 것이다. 위 홈은 커뮤니티에서 가치를 빼가는 중개자가 없어 숙박공유 시 중개수수료 0%가 가능할 뿐만 아니라 활발한 참여와 지속성장을 위한 금전적 보상 제공도 가능하다. 블록체인 기술을 활용함으로써 더욱 투명 하고 신뢰할 수 있는 서비스와 품질보장뿐만 아니라 스마트 콘트랙 적용을 통한 꾸준한 효율성 증대도 가능하다.

위홈은 국내 대표 숙박공유 기업인 코자자팀이 추진하는 프로젝트다. 조합형 숙박공유 모델이면서 추진 주체가 6년 이상 숙박공유 분야 전문성을 확보한 경우는 위홈이 최초 사례다. 블록체인 기반 위홈의 등장으로 에어비앤비가 과독점하던 글로벌 숙박공유시장의 판도가 크게 흔들릴 상황이다. 에어비앤비의 호스트를 위홈의 초기 호스트 중심으로 품질을 보장한 같은 숙소를 수수료가 없으면서 인센티브도 받을 수 있기 때문이다.

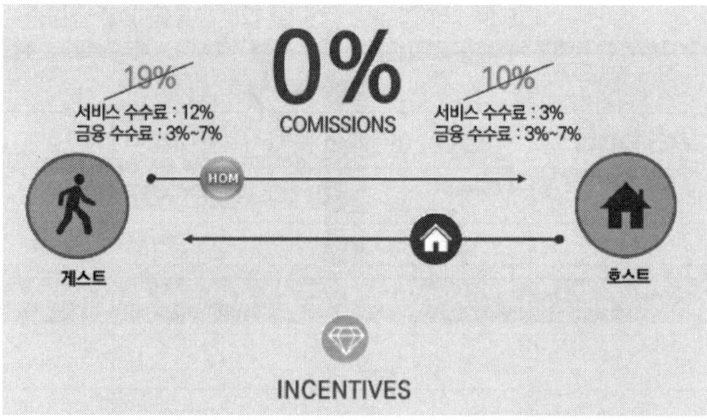

그림 4-21 블록체인 기반 조합형 숙박공유 위홈의 대표적 가치

*출처: Wehome, Home Sharing on Blockchain, 2018

4.2 | 블록체인 관련 개념: 스마트 프로퍼티(초자산)

1) 개념

블록체인을 인하여 탈물질화가 진행되고 있다. 이는 스마트 자산(Smart property)이라고 불리 운다. 즉, 블록체인 네트워크로 초연결된 자산으로 상품화하여 제공된다. 이는 CPS서비스, 실물자산의 디지털화, 자산과 권리의 토큰화로 제공된다.

사물인터넷은 가치의 인터넷이라 할 수 있다. 가치를 안전하게 전달하고 스마트계약을 통해 자원을 배분하도록 함으로써 새로운 형태의 조직(DAO)을 형성한다.

새로운 디지털 거래가 발생하고 있다. 디지털 거래의 예로는 고객 포인트 발행, 회수 및 교환이나 렌탈 물품 이동, 회수 및 교환, 의료정보 열람 전송, 전력 판매 및 구매, 세탁기의 세제 소모량 확인과 같은 IoT 센서 데이터 생성을 들 수 있다. 이러한 거래는 독특한 알고리즘으로 생성된 토큰(root hash)이 해당 거래에 부가된다. 즉, 토큰들은 블록들로 나누어지고, 즉시 거래원장 정보가 갱신되어 네트워크에 배포된다.

2) 정보 공유 시대의 도래

사토시가 고안한 블록체인 기술에서 정보를 담고 있는 블록체인(장부)은 원하는 사람은 누구나 가질 수 있다. 블록은 블록체인을 가지고 있는 사람 중에서 수학적 방법을 이용해 무작위로 추첨한다. 추첨에서 뽑힌 사람이나 컴퓨터가 블록을 만들면 해당 블록은 블록체인을 가진 모든 컴퓨터에 정보가 전송되어 블록체인에 연결된다. 정보를 조작하려면 해당 블록체인을 갖고 있는 모든 컴퓨터를 동시에 해킹해 블록체인을 조작해야 한다.

사토시의 기술에서는 전자동전(비트코인)을 사용했지만, 동전은 얼마든지 다른 것으로 대체할 수 있다. 전자정보를 바꿀 수 있는 수단이라면 무엇이든 가능하다. 전자우편, 전자물류정보, 전자거래, 전자계약서, 전자 유통 등이 이에 해당된다.

지금까지 전자실거래는 사로 다른 수많은 개인과 기관, 기업이 제각기 다른 정보저장 수단을 사용해왔다. 인터넷 망으로 실시간 연결된 것처럼 보이지만 온라인이나 오프라인을 통해 직접 확인한 뒤 각자 저장장치에 맞는 형식으로 입력했다. 타 은행 수표를 입금했을 때 실제 통장에 입금되기 까지 2~3일이 걸리는 일을 생각하면 이해하기 쉽다. 은행에서 수표를 진짜 발행했는지 실시간으로 확인할 수 없기 때문이다. 블록체인은 이런 문제를 해결할 수 있다. 각 은행은 블록체인을 형성하는 컴퓨터가 되고 블록체인을 보유한다. 수표를 발행하면 해당 정보가 블록에 기록되고 이 블록은 블록체인을 가진 모든 은행 컴퓨터에 공유된다. 다른 은행에서 벌어지는 일까지 모두 정보가 공유되지 때문에 그동안 2~3일이 걸리던 거래를 실시간으로 진행할 수 있다.

전자정보로 바꿀 수 있다면 무엇이든 블록체인 기술을 응용하는 것이 가능하다. 우리나라 벤처 기업인 '메디블록'에서는 의료 정보를 블록체인에 담으려 시도 중이다. 각 병원에 제각기 분리되어 있는 개인의 의료 정보를 블록체인에 저장해 스마트폰으로 자신의 의료정보를 직접 관리하도록 하는 것이 목표이다. 삼성 SDS에서는 자체 개발한 블록체인 블랫폼 '넥스레저'로 믈류유통과 거래정보를 공유할 수 있는 오픈 플랫폼을 만들고 있다.

3) 기술의 배경

일상에서 접하는 국가기관이나 공공기관들이 해주고 있는 신용보증이나 거래보증이나 권위의 양도 등은 믿을 수 있는 제 3의 누군가를 세우는 TTP(Trusted Third Party 또는 Trustee) 방식이다. 이는 평판체계의 불완전성으로 인한 어쩔 수 없는 선택이었다.

그러나, 블록체인(BlockChain)에 의해 P2P(Peer to Peer)간의 신뢰보증 그것도 실시간의 신뢰보증이 정보 통신 기술과 고난도의 알고리즘으로 P2P의 평판의 불완전성을 극복할 수 있게 되었다. 즉, 블록체인은 모든 형태의 거래 행위나 모든 형태의 처리과정에 조작이 불가능하도록 메커니즘적 동작을 구현하고 평판의 불완전성을 극복하는 것이다. 이러한 '평판의 불완전성 극복'은 사기행위나 정보의 독점이나 관리의 독점을 통한 부당한 이익을 취하는 행위를 완전히 봉쇄할 수 있게 해준다.

인간, 사물, 환경에 상관없이 그 어떤 것도 블록체인상에서는 고도의 믿음이 있는 Cyber-Physical World에 있게 된다. 블록체인은 말 그대로 조작이 불가능한 기계적인 처리를 전제로 하는 상호 신뢰보증체계다.

스마트폰을 통하여 가상공간과 물리공간을 자유롭게 왕래하며 살 수 있게 되는 CPSCCyber-Physical System) 모빌리언스가 될 수 있다. 마찬가지로 블록체인라는 새로운 스마트폰을 가지게 되면 '조작이 불가능한 기계적인 상호 신뢰보증 체계'를 구축할 수 있다.

가상공간과 공유결합되는 물질세계 '초상품'에서는 더 이상 가짜가 존재할 수 없게 만들 수 있다. 현 시점에서의 '초상품'들은 암호화폐, 화폐전송, 외환송금, 전자지불에 거치고 있지만 점점 증권, 채권, 대출, 모기지, 부동산 소유권, 스마트 자산 등의 영역으로 확대될 것이다. 기부금, 여론조사, 선거 등의 영역으로도 자연스럽게 이동하게 될 것이다. 세상의 모든 영역으로 확장될 것이다.

가상세계와 공유결합하는 '초상품'의 종류는 다양하며, 세상의 모든 것에 해당한다. 세상의 모든 믿음의 대상이 되는 모든 물질이나 행위들이 모두 포함된다. 심지어 법률문서도 '초상품'에 속한다. 법률문서가 코드화 되어 직접 유통되고 거래에 사용된다. 마치 지금의 전자적 인감증명도장인 전자서명과 같이 법률적 문서도 전자적으로 코드화 시킬 수 있다. 인간이 확인하는 것이 아니라 기계가 직접 확인하고 처리한다. 이처럼 '초상품'의 거래에는 인간의 개입을 허용하지 않는다. 엄격하게 말하자면 인간의 조작을 허용하지 않는다. 이것을 Smart Contract이라고 한다.

세상의 모든 프로세서에 인간 행위의 개입을 제거하는 발상이 필요하다. 냉장고에 계란이 부족하면 냉장고가 직접 블록체인 세상에 장보기를 하러 가는 것을 가능하게 할 수 있고 주인의 성향을 미리 파악해주는 집안의 집사 인공지능의 도움을 받아서 주인의 까다로운 취향을 맞출 수 있는 가성비 높은 계란을 냉장고가 사러 가는 것도 가능할 것이다.

4) 기술의 필요조건

블록체인의 필요조건은 당연히 어떻게 믿음을 주는 것인가 하는 것이다. 블록체인의 필요조건에는 두 가지 측면이 존재한다. 첫 번째는 믿음의 뿌리 Root of Trust에 대한 합리적 약속이다. 모든 거래에 대한 믿음의 근거가 되는 뿌리가 있어야 한다. 거래의 시작점에 대한 합리적 약속에 믿음이 존재한다면 그 이후에 일어나는 모든 거래에 대한 믿음을 제공할 수 있게 된다.

두 번째는 이중거래, 즉 하나의 가치를 두 번이상의 사기거래가 존재하지 않음을 증명하는 것이다. 이 두 가지는 블록체인의 유지하는 가장 필수적인 행위이다. 전자와 후자 모두 TTP 또는 Trustee들이 하는 모든 관리 유지노력을 대신하는 것과 동일한 효과를 갖는 것이다. 블록체인의 거래증명은 그냥 기계적인 행위이기에 블록체인 원리의 핵심사항은 아니다.

다시 돌아와서 첫 번째 믿음은 참여하는 모두가 동의하는 방법으로 블록체인 세상이 첫 이벤트를 만들고 그것을 모두가 확인하는 것이다. 첫 번째 이벤트의 주인공에게 선물을 준다. 이것을 채굴이라고 한다. 첫 번째 채굴행위가 이루어지고 모든 참여자가 확인하는 기념비적 이벤트가 Root of Trust이다. 두 번째의 믿음은 거래 이력의 이상상태를 발견한 자가 신속하게 이 사실을 모두에게 통보하고 서로 확인시키면서 거래 투명성을 유지하게 하는 것이다.

블록체인 역시 인간의 개입을 허용하지 않는 방법으로 거래의 투명성을 보장해야 하기 때문에 블록체인은 채굴행위가 일어날 때마다 자동적으로 이중거래를 기계적으로 체크화하는 메커니즘을 내장하고 있다. 이것이 충분히 거래의 투명성을 보장해줄 수 있다는 것이 증명되어 있다. 이로써 블록체인의 필요조건이 완성됐다.

한 가지 분명해 알아야 할 것은 채굴행위와 채굴행위로 받는 보상이 Trustee, TTP를 두지 않는 대신에 지불되는 비용이라는 것이다. 이것이 블록체인이 '초상품'의 거래를 투명하게 보장할 수 있는 원리임을 명확하게 이해할 수 있게 해주는 것이다. 나중에 이야기가 되겠지만, 이 두 가지의 필수 신뢰메커니즘을 일반인들은 그 구조를 전혀 몰라도 되는 컴퓨터나 네트워크의 개념으로 제공되어야 한다.

이제 블록체인의 충분조건을 검토한다. 블록체인 실제로 동작하게 하기 위한 준비는 앞서 언급된 가장 중요한 것이 가상공간과 물질공간의 가치가 공유결합(물리적으로 분리할 수 없는 결합)되는 초상품화 과정이다.

TV 드라마를 매개로 하는 초상품을 생각해보자. 지금도 많은 부분 메카니즘화 되어 있는 것이기에 이해가 쉬울 것 같다. 이미 드라마 콘텐츠는 제작과정에서 DRM과 결합하여 변조의 가능성을 없애고 이용자가 지불한 가격에 따라 정해진 횟수와 정해진 기간만 동작하도록 초기 개념의 초상품화가 되어 있기 때문이다. 여기에 초상품이 블록체인 인터넷(새로운 인터넷 개념 도입이 필수적인 사항임)위를 유영할 수 있도록 블록체인 메커니즘과 공유결합시켜 초상품화하는 작업이 필요하다.

이런 초상품화 과정은 도메인마다 무수히 존재한다. 이것이 각 도메인에서 해줘야 할 블록체인의 충분조건이다. 이것 역시 새로운 생태계의 탄생을 말하는 것이고 새로운 직업의 탄생을 의미한다. 초상품화 과정을 기계가 담당한다고 해도 새로운 장치산업의 탄생을 이야기 할 수 있기 때문이다.

기술요구는 블록체인의 신뢰메커니즘을 내재하는 블록체인 인터넷 기술의 구현이다.

초상품의 전주기 유통을 지원할 수 있는 인프라다. 다음으로는 다양한 유무형의 가치들의 초상품화 플랫폼 구축이 필요하며, 초상품들이 유통체계를 지원할 수 있어야 한다.

즉 블록체인 인터넷, 초상품화 플랫폼, 초상품 유통플랫폼의 실현이다. 구조설계부터 시작해서 관련한 Technical tree를 구축하고 국가 차원에서 범국가적 자원동원 계획을 수립할 수 있도록 정보를 제공할 수 있어야 한다.

CPS 세상이 곧 블록체인 세상임을 인식할 필요가 있다. 가상공간과 물리공간이 블록체인인터넷과 인공지능과 초상품유통체계로 밀접하게 결합되는 블록체인 세상이 다가온다.

4장. 요약

1. 블록체인이란, 온라인 금융 거래 정보를 블록으로 연결하여 P2P 네트워크 분산 환경에서 중앙 관리 서버가 아닌 참여자들의 개인 디지털 장비에 분산, 저장시켜 공동으로 관리하는 방식을 말한다. 블록체인의 기본 구조는 블록(block)을 잇따라 연결(chain)한 모음을 뜻하는 말로, 저장된 데이터를 블록 단위로 나누어 분산 저장해 서로 연결함으로써 하나의 데이터를 구성하도록 하는 기술이며 블록체인이란 공공 거래 장부라고도 부르며 가상 화폐로 거래할 때 발생할 수 있는 해킹을 막는 기술이다.

2. 비트코인은 지폐나 동전과 달리 물리적인 형태가 없는 온라인 가상화폐(디지털 통화)다. 디지털 단위인 '비트(bit)'와 '동전(coin)'을 합친 용어다.

3. 나카모토 사토시라는 가명의 프로그래머가 빠르게 진전되는 온라인 추세에 맞춰 갈수록 기능이 떨어지는 달러화, 엔화, 원화 등과 같은 기존의 법화(法貨·egal tender)를 대신할 새로운 화폐를 만들겠다는 발상에서 2009년 비트코인을 처음 개발했다.

4. 퍼블릭 블록체인은 블록체인을 유지·관리하는 합의 과정에 누구나 쉽게 참여할 수 있는 프로젝트 로 중앙에 별도 운영자가 없는 것이 특징이다.

5. 프라이빗 블록체인은 구성원의 사전 승인이 있어야 네트워크에 참여할 수 있다는 점에서 기업이나 정 부, 공공부문에서 주로 채택한다. 또 이해관계를 같이 하는 기관이나 기업이 공동으로 컨소시엄을 만들어 블록체인을 서비스하는 것도 넓게 보면 프라이빗 블록체인이라고 할 수 있다.

6. 블록체인은 암호통화기술(Currencies), 자산등기기술(Asset Registry), 자산중심기술(Asset Centered), 플랫폼기술(Application Platforms), 디앱(Dapp: Distributed Application: 분산 어플리케이션) 기술과 DAO(Distributed Autonomous Organization: 분산자율법인)로 진화해 왔다.

7. 블록체인 기술은 디지털 신원증명에서부터 정부의 공공서비스, 상거래, 의료 및

헬스케어, 생산 및 제조, 에너지, 콘텐츠, 공급망 및 물류에 이르기까지 사회 각 분야와 다양한 산업에 적용할 전망이다.

8. 공유경제는 개개인이 경제활동의 중심인 경제활동과 사회현상이다. 경제의 중심축이 기업에서 개인으로 크게 전환한다는 것을 뜻한다.

9. 블록체인을 인하여 탈물질화가 진행되고 있다. 이는 스마트 자산(Smart property)이라고 불리운다. 즉, 블록체인 네트워크로 초연결된 자산으로 상품화하여 제공된다. 이는 CPS 서비스, 실물자산의 디지털화, 자산과 권리의 토큰화로 제공된다.

4장. 연습문제

1-1. 블록체인에 대해 설명하시오.

2-2. '비트코인' 이 무엇인지 설명하시오.

3-3. 퍼블릭 블록체인과 프라이빗 블록체인을 구분하여 설명하시오.

4-4. 블록체인 기술이 적용될 분야에 대해 나열하시오.

5-5. '스마트 자산' 에 대해 설명하시오.

05

블록체인의 구조

5.1 | 블록체인 구조개요

1) 기술의 구성요소

블록체인을 구성하는 다음과 같은 요소 기술을 살펴볼 수 있다.

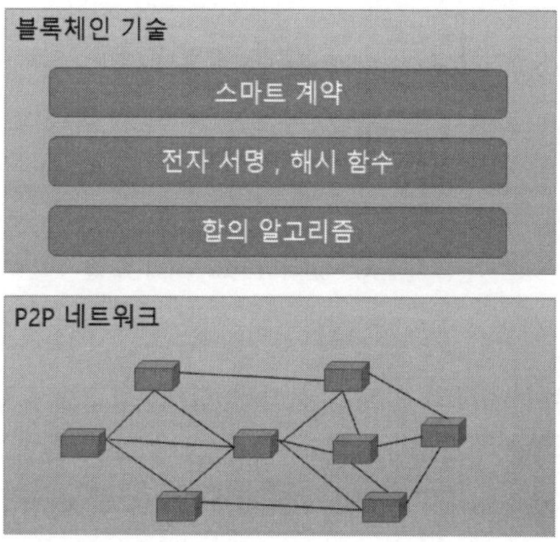

그림 5-1 블록체인 기술의 구성요소

가. P2P 네트워크

컴퓨터끼리 같은 목적으로 연결해 네트워크를 형성하는 방식이다. 어떤 컴퓨터도 같은 처리를 할 수 있기 때문에 1대가 정지해도 시스템 전체에는 형향을 주지 않는 특징을 가진다.

일반적인 네트워크 구조인 클라이언트-서버 모델과 비교할 수 있다.

[그림 5.2]에서 서버는 네이버 서버로 가정하면, 클라이언트는 내 컴퓨터가 된다. 즉, 내 컴퓨터에서 네이버 서버에 특정한 자료를 요구하면, 서버가 이에 대한 자료를 내 컴퓨터에 제공하고 이를 내 컴퓨터가 화면에 표시하는 구조이다. 이때 서버의 역할은 클라이언트의 서비스 요청에 대한 서비스 제공으로 정보를 저장하고 관리하는 것이다.

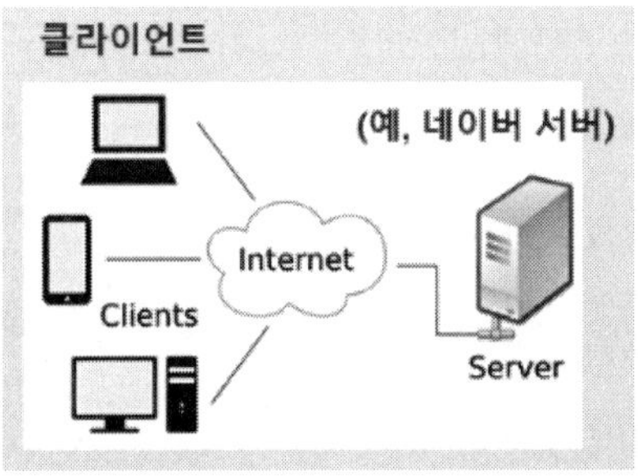

그림 5-2 클라이언트–서버 모델

이에 비해 P2P 네트워크의 형태는 분산된 형태로 [그림 5.3]과 같은 형태를 갖는다. 다수의 피어(노드)로 구성되고, 각 피어는 일부의 피어들과 연결 되는 것이 가장 큰 특징이다. 이때 각 피어는 하나의 컴퓨터가 될 수도 있고, 단말기가 될 수도 있다. 피어는 동일한 권한의 네트워크 참가자를 뜻한다.

암호화폐에서 피어의 역할은 클리이언트-서버 모델에서의 서버와 같이 DB 관리 및 처리가 주 목적이다. 또한 이것은 은행과 같은 제 3자의 중개가 필요 없는 것이 가장 큰 특징이 된다.

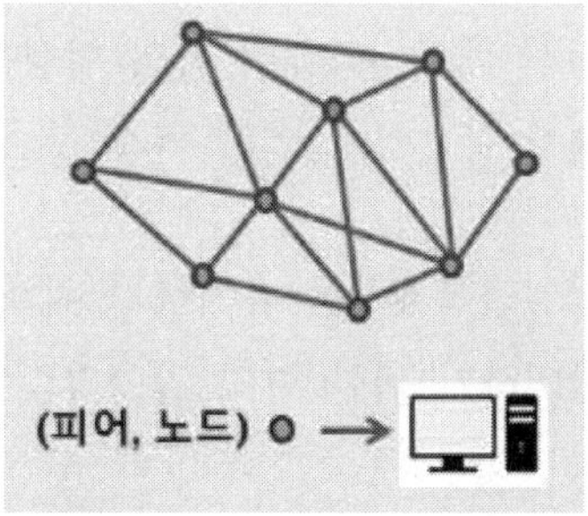

그림 5-3 P2P 네트워크 모델

지금까지 P2P 네트워크 구조를 사용하지 않은 이유는 디지털 정보를 복사하는 문제에 있다. 즉, P2P 네트워크에서 하나의 DB를 유지하는 문제 때문이다. 디지털 기록은 복사를 하면, 원본과 복사본을 구별하지 못하는 매우 특이한 특징이 있다. 이런 특성은 현실 세계에서는 거의 문제가 되지 않는다. 예를 들어 현실 세계에서 복사기로 문서를 복사를 해도 큰 문제가 발생되지 않는다. 하지만, 복사를 함으로써 이를 구별할 수 없기 때문에 진본이 두 개가 존재하는 상황이 발생한다. 이것을 '이중지출 문제'라고 한다.

즉, DB가 두 개가 존재하면, 두 번 사용할 수 있다. 이를 해결하기 위한 기존의 방법은 은행과 같은 제 3자가 DB를 혼자 관리하는 것이다. 혼자 하나의 DB를 관리하므로 이중지출 문제가 발생하지 않는다. 또한 은행과 같은 제 3자가 DB를 관리하므로 이를 '3자 문제'라고도 한다. 이런 상황에서 비트코인이 이 디지털 복사 문제를 최초로 해결한 것이 가장 큰 기술적 진보인 셈이다.

블록체인 기술은 P2P 네트워크에서 하나의 DB를 유지하는 기술이다. 구체적으로 첫째, P2P 네트워크 전체 관점에서 하나의 블록체인(DB)을 유지하는 기술이다. 둘째, 피어 관점에서 블록체인을 복제하는 시스템이다. 즉, 모든 피어가 동일한 DB를 유지하도록 동기화시키는 DB 복제 기술과 같은 기술이다.

나. 합의 알고리즘

P2P 네트워크와 같은 분산 네트워크에서 합의 형성을 수행하기 위한 알고리즘이다. 블록체인을 여러 노드에서 공유하기 위한 가장 중요한 구조라고 할 수 있다.

P2P 네트워크에서 하나의 블록체인을 유지하기 위해 다수의 피어(채굴자)들이 하나의 DB를 유지하도록 합의하기 위한 합의 알고리즘이 필요한 것이다.

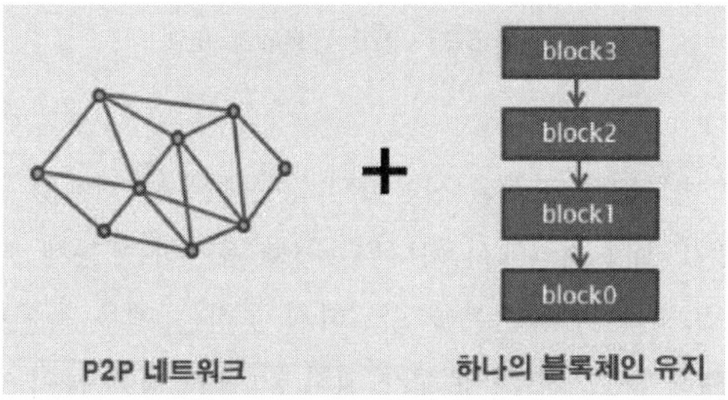

그림 5-4 블록체인 기술의 개요

즉, 블록체인 기술은 다수의 피어가 P2P 네트워크를 구성하고 이들이 합의 알고리즘으로 하나의 DB인 블록체인을 유지하는 기술이다. 따라서 블록체인 기술의 핵심은 합의 알고리즘에 있다고 할 수 있다.

합의 알고리즘의 역할로는 하나의 블록체인을 생성하고 유지하는 역할과 내용을 수정하지 못하도록 하는 불변성을 제공하는 것이다.

비트코인은 PoW(Proof of Work, 작업증명)라는 합의 알고리즘을 사용하여 처음으로 P2P 네트워클 통해 누구나 참가 가능한 전자화폐시스템을 실현했다. PoW는 확률적으로 해답이 어려운 문제를 가장 빨리 해결한 사람에게 블록을 만들 수 있도록 허가하고 그 보상으로 코인을 준다. 이 방식은 중앙 집권적인 관리자가 없지만 사람들이 보상을 위해 네트워크에 참여하기 때문에 시스템이 자율적으로 운영되며, 통신이 끊겨 불일치가 발생하여 블록이 분기한 경우에도 가장 긴 블록체인을 올바른 것(더 많은 참가자가 승인했다고 간주)으로 함으로써 데이터의 일관성을 보장하고 있다.

여러 노드간의 합의를 통해 정보의 신뢰성을 담보하고 있기 때문에 합의에 걸리는 시간이 필요하다. 성능을 올리는 것은 어려우며, 실시간으로 처리해야 하는 업무는 기본적으로 적합하지 않다.

블록체인에서 사용이 검토되고 있는 대표적인 합의 알고리즘은 [표 5.1]과 같다.

▌표 5-1▐ 대표적인 합의 알고리즘과 채택 시스템

합의 알고리즘	채택 시스템	특징
Proof of Work	BitCoin Core, 이더리움 등	- 노드의 수가 무한대 - Block Forks 발생 - 성능한계: 실시간 처리 업무 부적합 - 자원의 소비: 전기, 컴퓨팅 파워
Proof of Stake	PeerCoin, Mijn	- 화폐량을 더 많이 소유하고 있는 승인자가 우선 블록을 생성 - PoW와 비교해 자원 소비가 작아짐
PBFT	Hyperledger Fabric	- PoW, PoS의 단점인 파이널리티의 불확실성과 성능문제 해결 - 수십 개의 노드로 운영 가능

합이 알고리즘은 각 노드에서 블록체인을 공유하기 위해 사용되는 중요한 기능이며 블록체인 기술의 핵심이다. 최초의 블록체인 응용 프로그램인 비트코인에는 PoW가 사용되고 있지만, 그 구조는 CPU 자원을 많이 소비할 뿐만 아니라 파이널리티가 불확실하기 때문에 컨소시엄형이나 프라이빗형 블록체인에서 이용하기에는 적절하지 않은 부분도 있다.

다. 전자 서명·해시 함수

트랜젝션(거래)을 발생시킨 사람의 정당성을 보증하거나 거래·블록체인 변조 방지, 암호화 등 보안과 관련된 기능이다.

전자서명은 비밀키와 공개키로 구성된 공개키(비대칭) 암호를 사용한다. 전자서명은 거래에 서명을 추가하여 소유권을 입증하는 목적으로 사용된다. 그리고 온라인에서 계약을 체결하는 방법과 동일하다. 때문에 스마트 계약이라는 용어가 사용된다.

해시암호는 거래 ID(거래 해시)와 블록 ID(블록해시)를 만들 때 사용된다. 즉, 해시 함수는 임의의 개수의 입력을 일정한 길이의 출력을 만드는 알고리즘이다. 대표적으로 SHA256의 경우 출력으로 256비트 길이의 고정된 출력을 만든다. 실제로 우리가 보는 것은 4비트로 된 정보만 보이기 때문에 이것은 64개의 숫자와 문자로 구성된다.

또한 암호화폐 지갑은 개인키를 저장하는 저장소이고, 암호화폐에서 공개키는 개인키로부터 만들기 때문에 실질적으로 개인키만 저장하면 된다.

암호화폐 지갑과 공인인증서는 기술이 같으면서도 차이점이 있다. 즉, 공개키 암호로 같은 기술을 사용하지만, 발행방법이 다르다. 목표는 동일하게 디지털 서명을 제공하여 계약 체결이 되도록 부인방지 및 본인 인증 기능을 제공한다. 공인인증서는 [그림 5.5]와 같이 인증기관(CA), 등록기관(RA), 검증기관(VA) 등이 인증서를 관리한다.

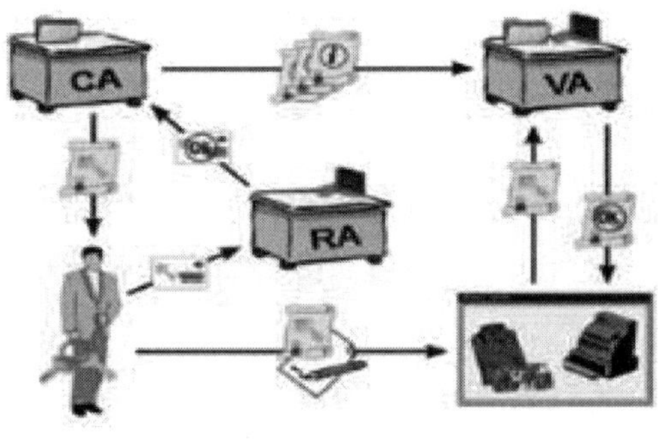

그림 5-5 PKI 구조

이에 비해서 암호화폐 지갑은 개인이 개인키를 자유롭게 생성하고 관리하는 점만 다르고 기술은 같다.

라. 스마트 계약

블록체인 네트워크에서 동작하는 프로그램이다. 블록체인 기반 기술 중에서 가장 자유도가 높은 프로그램을 만들 수 있다.

기존의 오프라인 계약 방법으로는 오프라인에서 중개자를 이용하는 것이다. 예를 들어, 부동산 계약을 할 경우 공인중개사를 통해 계약을 진행한다. 또한 일반 상품도 생산자와 소비자 사이에 중개인을 통해 계약이 이뤄진다.

블록체인 기술에서는 중재자 없이 계약을 하면 비용이 절감되는 장점이 있다. 하지만 법적 장치가 필요하다. 때문에 당사자간에 직접 계약을 할 때에는 디지털 서명을 사용한다.

미래에는 제 3자를 없애고 당사자간에 계약을 체결할 수 있는 자율실행 계약이 보편화될 것이다. 또한 EOS는 스마트 계약을 보다 쉽게 구현할 수 있는 플랫폼을 제공하는 것이 목표가 된다.

기술적으로 보면 스마트 계약 외에는 모두 이미 알려진 기술로 구성되어 있으며 블록체인만의 혁신적인 기술 요소는 존재하지 않는 것을 알 수 있다.

2) 기술의 분류

블록체인은 용도와 적용되는 네트워크 종류에 따라 몇 개의 패턴이 존재한다. 또한 블록체인 기반은 각각 어떤 패턴을 지향하고 있느냐에 따라 대략적인 분류가 가능하다. 우선 크게 나누면 누구나 참여 가능한가, 신뢰하는 참가자로만 제한하느냐로 나눌 수 있다. 후자는 블록의 생성(마이닝)이나 블록체인의 참조를 제한할 수 있다.

| 표 5-2 | 블록체인의 분류

	공용(public)형	컨소시엄형 (여러 조직에서 운영)	개인(private)형 (단일 조직에서 운영)
(마이닝)노드형	제한 없음	제한 가능	제한 가능
블록체인 검색	제한 없음	제한 가능	제한 가능
블록 생성시	높은 난이도 필요	임의	임의
마이닝 보수	필요	임의	임의

비트코인은 누구나 참여가 가능하기 때문에 공용(퍼블릭)형으로 분류 할 수 있다. 그리고 엔터프라이즈 영역에서는 개인형이나 컨소시엄형이 해당된다. 하지만 공급망과 같이 여러 기업이 운영하고 신뢰하는 멤버로만 구성하는 컨소시엄형은 엔터프라이즈 영역에서 반산 원장의 강점을 살릴 수 있기 때문에 컨소시엄형이 유력시 된다.

3) 블록체인의 구조

블록체인은 블록과 체인으로 이루어져 있다. 블록체인의 특징은 첫째, 추가전용(append only)의 DB 또는 로그 DB이다. 즉, 내용을 추가만 할 수 있고 삭제 기능은 없다. 둘째, 블록을 주기적으로 생성하고 이를 체인으로 연결하는 것이다. 이러한 방법을 사용화 하는 것은 P2P 네트워크 때문이다. 다수의 피어(채굴자)들이 블록을 누가 만들 것인가를 합의해야 하기 때문이다. 즉, 즉시 처리가 불가능하고, 일정한 시간동안 거래(데이터)를 모아서 거래를 처리하는 방법을 사용한다.

구체적으로 블록은 '거래의 묶음'으로 거래 기록을 포함하는 소유권 이전 기록, 거래 위조 방지 등을 위한 헤더부를 포함한다.

[그림 5.6]과 같이 블록은 거래부, 헤더부, 블록해시의 세 부분으로 구성된다.

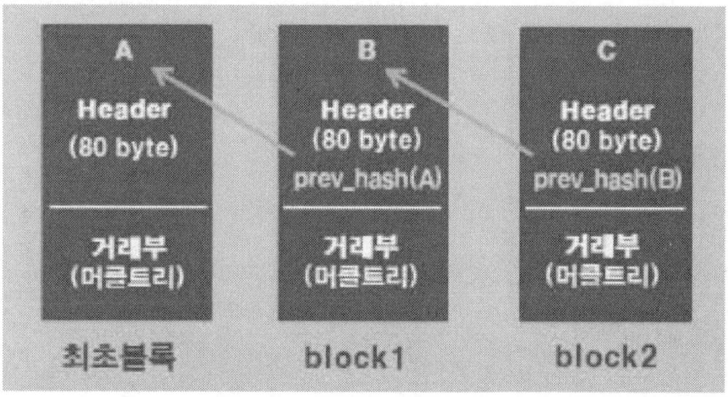

그림 5-6 블록체인의 구조

거래부는 다수의 거래 기록을 포함한다. 헤더부는 보안용 추가 데이터를 포함한다. 블록해시는 헤더부에 있는 모든 데이터를 넣어서 만들어진다. 때문에 헤더부에 어떤 변화가 생기면 당연히 블록 해시가 변하게 된다.

비트코인의 헤더부는 여섯 개로 구성이 되어 있다. 이 여섯 개 중에서 하나라도 변하면 블록해시가 변한다. 이 중에서 네 개는 반드시 알아두어야 한다.

① prev_hash

prev_hash는 체인을 생성한다. [그림 5.6]과 같이 block1은 최초블록의 블록해시(A)를 포함하며 이것을 이전해시인 prev_hash라고 한다. 이것에 의해서 블록들이 연결되는 것이다. 즉, 현재 블록에 이전 블록의 블록해시가 반드시 포함되기 때문에 블록이 체인으로 연결되어 블록체인이 되는 것이다.

② mrkl_root

mrkl_root는 머클 루트(merkle root)로 이진 머클 트리를 가리키는 것이다. 이는 거래부에 포함된 거래가 하나라도 바뀌면 머클 루트가 변한다. 이 때문에 거래의 위조 방지 기능을 갖는다.

③ bits

bits를 통해 타겟과 난이도를 구한다. 타겟을 구하는 수식에 bits를 넣으면, 바로 타겟을 구할 수 있는 구조이다. bits와 nonce는 합의 알고리즘인 작업증명(PoW)을 위한 것이다.

PoW 합의 알고리즘은 먼저 bits로 타켓을 구하고, nonce를 0부터 +1씩 증가시키면서 블록해시를 구한다. 이것이 타켓과 같거나 작은지를 검사한다. 만일 같거나 작으면 원하는 블록해시를 찾은 것이고, 아니면 nonce를 +1해서 다시 원하는 블록해시를 찾는 과정을 반복한다.

만약 블록해시를 찾으면, 채굴자는 다음 블록을 다시 찾게 된다. 비트코인의 경우, 2^{60}회 정도를 계산해야 겨우 블록해시를 찾을 수 있다고 한다.

4) 블록체인의 생성과정

비트코인에서는 블록체인의 생성을 채굴이라고 한다. 이것은 금속의 채굴과 비슷하게 PoW에서 블록을 생성하여 붙여진 이름이다. 즉, 엄청나게 계산을 해야 어쩌다가 원하는 블록해시를 발견하고 그 보상으로 코인이 주어지기 때문이다. 앞에서 언급했듯이 암호화폐는 블록을 모아서 주기적으로 생성을 한다.

비트코인의 블록은 평균 10분마다 생성되며, 약 2500개의 거래를 포함한다고 한다.

이더리움의 경우 평균 15초마다 생성된다고 한다.

[그림 5.7]은 블록생성 과정을 보여준다.

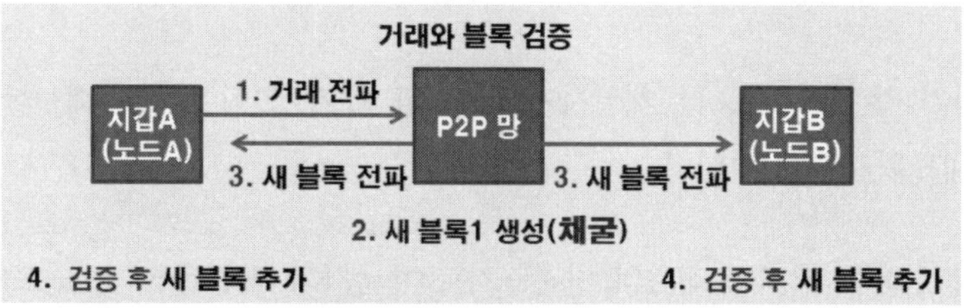

그림 5-7 블록체인의 생성과정

지갑 A에서 지갑 B로 코인을 보내는 경우에 대해 [그림 5.8]과 같이 P2P 네트워크 기반으로 같이 생각을 해보자.

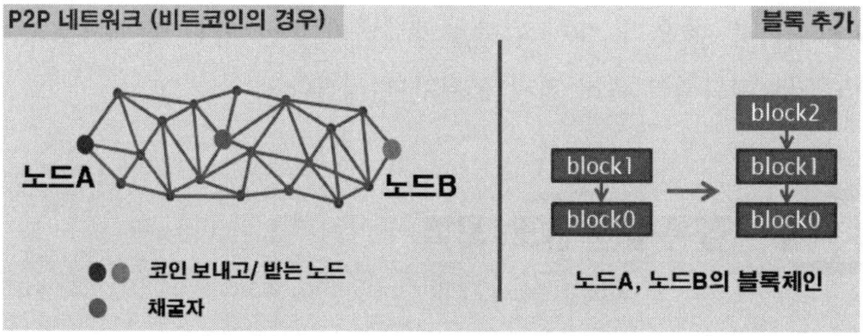

그림 5-8 P2P 네트워크에서의 블록 생성

빨간색 노드 A가 거래를 생성하여 그와 연결된 세 개의 이웃 노드에게 이를 전파하고, 이들이 다시 자신과 연결된 이웃 노드에게 전파하는 것을 반복한다.

그러면 약 1~2초 이내에 이 거래가 노드 B에 도착한다. 이때 이 거래가 블록체인에 포함이 안 된 상태이며, 이를 unconfirmed trasaction(미확인 거래)라고 한다.

그 사이 노드(피어)들이 블록해시를 찾으려고 계속 해시 계산을 하고, 이 계산은 블록의 헤더부의 nonce를 +1해서 계속 계산한다. 이 때문에 비트코인의 계산 능력을 초당 해시 계산능력, 즉 해시레이트(hash rate)로 표시한다.

그러다가 우연히 분홍색 채굴자가 target과 같거나 작은 블록해시를 찾으면 이를 P2P 네트워크에 전파한다.

블록의 전파는 거래의 전파와 마찬가지로 채굴자와 연결된 이웃 노드에게 전파하고, 이 노드는 다시 자신의 이웃 노드에게 전파를 하여 최종적으로는 이 블록이 거의 전체 노드에 전파된다.

지갑 A가 거래를 전파했을 때는 block 0과 block 1로 이루어진 블록체인이 존재했었지만, 분홍색 채굴자가 찾은 block 2가 새로 블록체인에 연결된다.

물론, 거래와 블록은 이웃노드에게 전파하기 전에 이를 검증하여 통과해야 이웃 노드에게 전파할 수 있다. 또한 검증을 통과하지 못한 거래 및 블록을 전파한 노드는 불량노드로 기록되어 여러 가지 조치가 취해진다.

5.2 | 블록체인 참조 모델

1) 블록체인 표준화 동향

가. ITU-T SG17 블록체인 표준화 동향

ITU-T 산하 SG17(Study Group 17)은 네 개의 WP(Working Party)를 구성하여 국제표준을 개발하고 있다. SG17에서 다루고 있는 세부 연구과제(Question)들의 표준화 영역은 [그림 5.9]와 같이 나누어서 진행되고 있다.

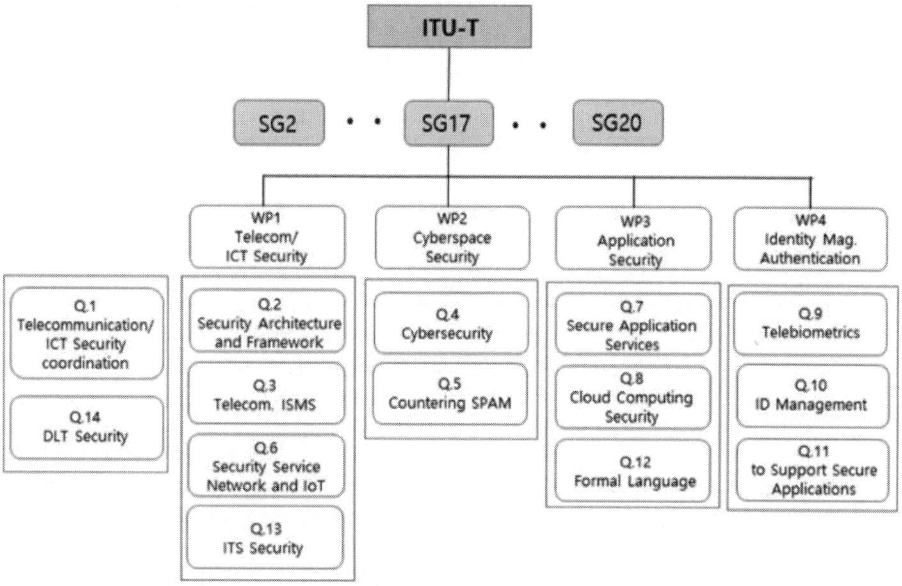

<자료> 염흥열, 오흥룡, 'ITU-T SG17(보안) 구조 및 국제표준화 추진 방향', 한국정보보호학회 학회지 제27권 제5호, 2017. 10, pp.5-13.

그림 5-9 ITU-T SG17 구조

ITU-T는 블록체인이 분산원장기술(Distributed Ledger Technology: DLT)에 포함되어 있다고 하여 DLT라는 용어를 사용하고 있다. ITU-T에서는 2017년 3월 SG17(정보보호)에서 주최한 블록체인의 보안 관련 세미나 이후 ITU-T 표준화 자문그룹(TSAG) 산하에 두 개의 FG(Focus Group)를 신설하였다. FG-DLT는 DLT의 다양한 응용에 관한 그룹이며, FG-DFC는 디지털 법정 화폐를 포함하는 디지털 화폐에 관한 그룹이다. FG는 ITU회원 여부에 관계없이 관심자는 참여가 가능하여 다양한 분야의 업체와 전문가들이 폭넓은 의견을 제시할 수 있다.

2017년 9월 ITU-T SG17 회의에서 DLT의 보안측면의 신규 연구과제(Q14, Security aspects for DLT)를 수립하고 일곱 개의 신규 표준화 작업 항목을 개시하였다. 이 그룹은 보안 아키텍처(X.stadit), 보안 기능과 위협(X.sec-dit), 보안 인증(X.sadit), 개인정보보호와 보안 고려사항(X.ditsec), 디지털 지불 시스템 서비스의 보안 위협과 요구사항(X.strdit), 온라인 투표의 보안위협(X.stov), 보안 서비스(X.ss-dit)를 신규 표준화 아이템으로 채택하고 본격적으로 분산원장 기술 보안에 대한 국제표준을 추진할 예정이다. SG17 Q14에서 관리되고 있는 국제 표준 및 개발 중에 있는 표준화 현황은 [표 5-3]과 같다.

| 표 5-3 | ITU-T SG17 Q14 신규 표준화 항목

약어	제목	내용
X.stadit	DLT 보안 아키텍처 프레임워크	DLT 응용 및 서비스 제공자가 DLT 응용 및 서비스 구현에 있어 필요한 보안 기능을 체계적으로 통합시켜 보안 위험을 감소
X.sec-dit	DLT 보안 기능 및 위협	DLT를 개발, 운영 및 사용하는데 있어서 필요한 보안 분석을 제공하여 DLT 기반 플랫폼 및 서비스 시스템의 보안 평가를 지원
X.sadit	DLT 보안 인증	데이터 무결성, 기밀성, 통신 보안 및 크리덴셜 관리의 측면에서 DLT를 위한 보안 보증 수준에 대한 지침과 보안 보증 프레임워크를 위한 모델을 제공
X.ditsec	DLT 데이터를 이용한 id 관리에서의 개인정보보호 및 보안 고려사항	신원관리에서 DLT 데이터를 사용함에 다라 발생하는 프라이버시 및 보안 고려사항을 서술
X.strdit)	DLT 기반의 디지털 지불 시스템 서비스의 보안 위협 및 요구사항	디지털 금융 서비스 중에서도 특히 지불시스템을 중심으로 DLT 활용 사례와 서비스 모델을 서술하고 이에 대한 보안위협 및 챌린지를 분석하여 이에 대응하기 위한 보안 요구사항을 정의
X.stov	DLT를 이용한 온라인 투표의 보안 위협	DLT 기반의 온라인 투표 시스템 활용사례를 분석하여 공통 모델을 서술하고 이에 기반하여 온라인 투표시스템에 대한 보안 위협 분석
X.ss-dit	DLT 기반 보안 서비스	DLT 기반의 보안 서비스에 대한 활용사례를 제공 PKI 기반의 인증서를 DLT를 이용하여 공유하는 시스템이 하나의 예

*〈자료〉 오경희, "블록체인 국제 표준화 현황", 한국정보보호학회 학회지, 제27권 제5호, 2017, 10pp.14-16.

나. ISO TC307 블록체인 표준화 동향

블록체인 및 분산원장 기술의 표준화를 다루는 TC307은 2017년 4월 호주에서 회의가 개최되었고 다섯 개의 연구 그룹(Study Group: SG)을 결성하였다.

다섯 개의 연구 그룹의 표준화 현황은 [표 5.4]와 같다.

❙표 5-4❙ 다섯 개의 연구그룹의 표준화 현황

그룹	역할	비고
SG 01	참조 아키텍처, 분류 및 존재론	- 명확한 정의는 용어표준에서, 분류명세는 분류 및 존재론에서 상세하게 다루는 것으로 결정함
SG 02	활용사례	- 다양한 활용사례를 수집하기 위해 하나의 활용사례를 설명하기 위한 구성요소를 결정함
SG 03	보안 및 프라이버시	- 블록체인 이용에 따른 프라이버시 이슈를 논의하여 TR로 제안 예정 - 개인정보가 블록체인을 통해 저장될 경우 발생할 수 있는 개인정보의 보호 방안이 논의됨
SG 04	신원	- Self Sovereign identity에 관한 논의가 주로 이루어짐
SG 05	스마트 계약	- 스마트 계약의 기술적 측면 외에도 법적 측면을 함께 검토하고 있음

*코인 블록체인 개론, https//blog.naver.com/onaja/

5장. 요약

1-1. P2P 네트워크의 형태는 분산된 형태로 다수의 피어(노드)로 구성되고, 각 피어는 일부의 피어들과 연결 되는 것이 가장 큰 특징이다. 이때 각 피어는 하나의 컴퓨터가 될 수도 있고, 단말기가 될 수도 있다. 피어는 동일한 권한의 네트워크 참가자를 뜻한다.

2-2. 합의 알고리즘은 P2P 네트워크와 같은 분산 네트워크에서 합의 형성을 수행하기 위한 알고리즘이다.

3-3. 전자서명은 비밀키와 공개키로 구성된 공개키(비대칭) 암호를 사용한다. 전자서명은 거래에 서명을 추가하여 소유권을 입증하는 목적으로 사용된다. 그리고 온라인에서 계약을 체결하는 방법과 동일하다. 때문에 스마트 계약이라는 용어가 사용된다.

4-4. 해시암호는 거래 ID(거래 해시)와 블록 ID(블록해시)를 만들 때 사용된다. 즉, 해시함수는 임의의 개수의 입력을 일정한 길이의 출력을 만드는 알고리즘이다.

5-5. 블록체인의 분류

	공용(public)	컨소시엄형 (여러 조직에서 운영)	개인(private)형 (단일 조직에서 운영)
(마이닝)노드형	제한 없음	제한 가능	제한 가능
블록체인 검색	제한 없음	제한 가능	제한 가능
블록 생성시	높은 난이도 필요	임의	임의
마이닝 보수	필요	임의	임의

6-6. 블록체인의 구조

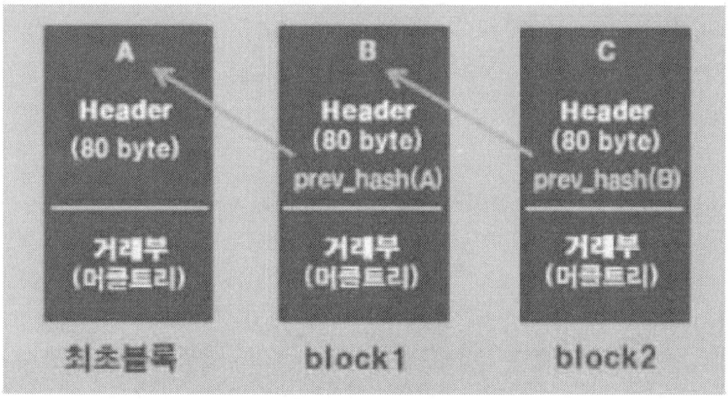

7-7. 블록체인의 생성과정

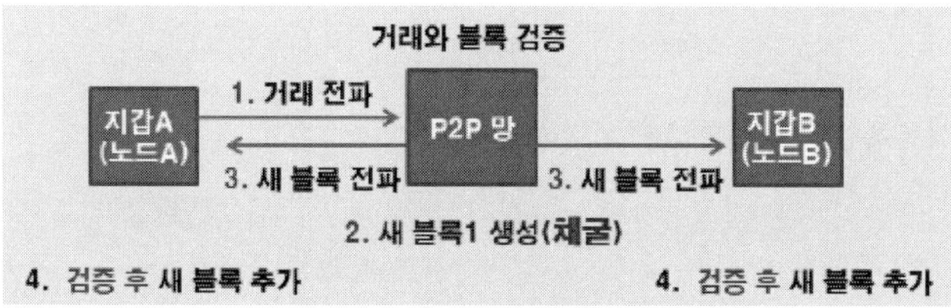

5장. 연습문제

1. P2P 네트워크에 대해 설명하시오.

2. 합의 알고리즘과 전자서명에 대해 설명하시오.

3. 블록체인을 형태별로 분류하고, 마이닝, 검색, 생성, 마이닝 보수 측면에서 비교하시오.

4. 블록체인의 구조를 그림으로 설명하시오.

5. 블록체인의 생성과정을 설명하시오.

PART 03

블록체인의 동향 및 전망

06

블록체인 세대별 동향

블록체인 기술은 공개 형태에서 확장성과 효율성을 보완한 개인 블록체인으로 발전하였으며 향후 산업간 융합과 사회 기반구조로써 활용될 것으로 보인다.

[표 6.1]은 블록체인 기술의 단계별 발전 방향을 보여주고 있다.

▌표 6-1▐ 블록체인 기술의 단계별 발전 방향

세대	Blockchain 1.0	Blockchain 2.0	Blockchain 3.0	Blockchain 4.0
단계	도입기	발전기	확산기	정착기
시기	209~2013	2013~2016	2017~2022	2022~2030
설명	공개 블록체인 (누구나 열람)	- 개인(기업형) 블록체인 등장 - 스마트 계약	산업과의 융합	국가 인프라
활용 예	비트코인	나스닥 장외 주식 거래, 이더리움	SCM, 에너지, 물류 등	예산 관리, 투표 등 정부·공공 서비스

*출처: "블록체인 TechBiz 컨퍼런스", ITP 박현제, 2017.06.

1) 도입기

이 시기에는 비트코인이 소개된 2009년 이후부터 공개 블록체인 기술을 활용하여 비트 코인을 비롯한 수많은 암호화폐[41]가 출현한 시기이다. 2017년 8월 기준으로 1,057개의 암호화폐가 존재하고 전체 시가 총액은 1376억 달러(한화 156조 원) 규모에 달한다. 이 중에서 상위 열 개 가상화폐(비트코인, 이더리움, 리플, 비트코인 Cash, NEO 등)의 시가 총액이 전체의 87.4% 정도를 차지하고 있다.

2) 발전기

이 시기는 공개 블록체인의 단점을 개선한 개인 블록체인과 스마트 계약이 추가된 공개 블록체인(이더리움)이 등장하여 다양한 활용이 가능해진 시기이다.

개인 블록체인에서는 모든 거래가 추적 가능한 개방성과 실시간, 대용량 처리가 어려운 공개 블록체인의 한계점을 개선하여 기업 내 플랫폼을 구축하였다.

이더리움은 블록체인 2.0을 대표하는 공개 블록체인으로 이더라는 암호화된 화폐의 송금을 기록하고 스마트 계약과 분산 어플리케이션을 구현하기 위한 플랫폼이 2014년에 개발되었다. 이더리움은 어떤 프로그래밍 언어나 추상 기계가 튜링 기계와 동일한 계산 능력을 가진다는 의미로 계산적인 문제를 프로그래밍 언어나 추상 기계로 풀 수 있다는 의미의 튜링완전(turing-complete)한 프로그래밍 언어를 사용할 수 있다. 또한 코딩된 규칙에 따라 사용자는 '어떤 상태'를 다르게 변환시키는 기능이 포함된 "계약"을 작성할 수 있다. [그림 6.1]은 이더리움의 스마트 계약의 한 예이다.

41) 암호화폐(cryptocurrency): 거래를 보호하고 추가 통화 생성을 제어하기 위해 암호화 기술을 활용하여 동작하도록 설계된 디지털 자산

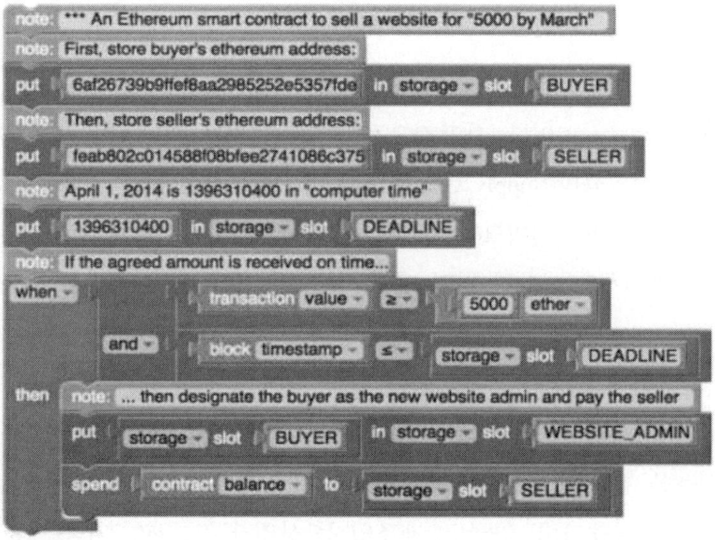

그림 6-1 스마트 계약의 예시 *출처: : EtherScripter, What is Ethereum?

이더리움은 중앙의 중개 시스템이 아닌 분산화된 P2P 네크워크에서 실행되는 분산 어플리케이션을 구현하기 위한 플랫폼 역할을 한다. 여기서 가치의 저장 및 전달 서비스를 제공하는 탈중앙화된 통화 시스템인 비트코인과 파일의 저장 및 공유 프로토콜인 비트 토렌트가 분산 어플리케이션의 대표적인 예이다.

블록체인의 분산네트워크 구조와 익명성에 착안하여 만들어진 탈중앙화된 자율 조직(Decentralized Autonomous Organization)이 등장하였다. 이는 특정한 중앙집권주체의 개입 없이 개인들이 모여 스마트 계약을 기반으로 자율적으로 제안과 투표 등의 의사표시를 통해 다수결로 의결을 하고 이를 통해 운용되는 조직이다. 더다오(The DAO)가 대표적인 활용 사례로 투자자 벤처캐피털 펀드 형태로 개발한 이더리움 플랫폼 기반의 자립분산 투자 펀드이다. 스마트 계약의 코드 취약성이나 각종 암호화폐 해킹 사례는 블록체인의 기술적 오류보다는 허점을 파고드는 인간의 악의에 대한 해결방안으로 스마트 계약에 대한 완결성 제고나 개인키 유출 방지를 위한 노력이 필요함을 시사한다.

3) 확산기

금융산업을 넘어 전 산업의 경쟁력 제고를 위한 고성능, 고효율 블록체인이 확산되고 가속화되는 시기이다. 대표적으로 하이퍼레저가 있다. 리눅스 재단의 오픈소스 과제로 제조, 공급망(Supply Chain), IoT 등 산업 전반에서 범용 블록체인 기술을 발전시키기 위한 프레임워크(Hyperledger Whitepaper)로 현재 1.0버전을 출시하였다. 개인 블록체인으로 다양한 기업 및 산업에 활용을 목표로 신뢰할 수 있는 분산 원장을 제공하고자 하며 성능개선이 빠른 속도로 이루어지고 있다. 또한 허가된 사용자 간의 공유 원장으로 참가자의 권한 관리 수행 기능이 추가되었으며 스마트 계약을 Chaincode로 구현하였다. 기존 비트코인 방식의 작업 증명에서 효율성을 높이고 산업적 활용을 위한 확장 가능성을 높였다. IBM, Intel, Accenture 등 글로벌 기업이 다수 참여하여 금융, IoT, 공급망, 제조업 등 산업간 블록체인 기술을 확산시키기 위한 '범 산업용 분산원장 표준화 과제'로서 발전 중이다. 또한 2016년 2월에 30개의 회원사로 시작하여 총 149개 회원사 규모로 2017년 8월 성장하였다. [그림 6.2]는 하이퍼레저의 구조를 보여주고 있다.

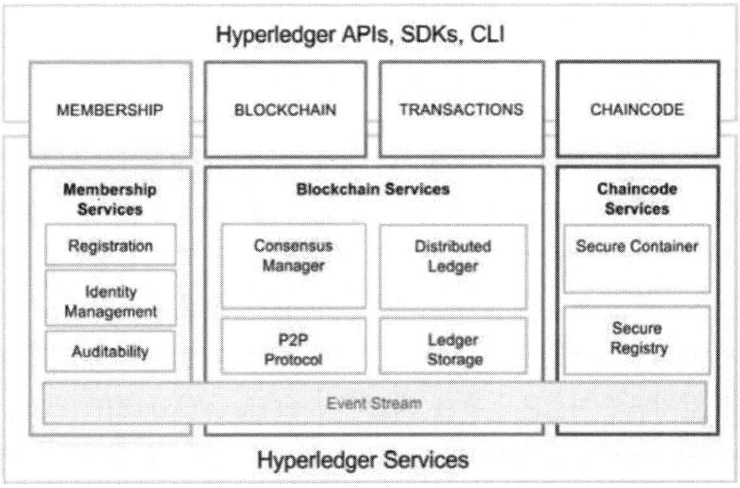

그림 6-2 하이퍼레저의 구조 *출처: Hyperledger Whitepape

산업적 활용이 증대 되었다. 글로벌 SW기업들은 하이퍼레저와 이더리움 과제에 적극적으로 참여하고 분야별 활용을 활성화하기 위한 협업 체제를 구축하였다.

① IBM

하이퍼레저 과제에 주도적으로 참여하고 있으며 범산업적 블록체인 활용을 위해 다양한 분야의 기업과 파일럿 과제가 진행중이다. 2016년 10월 중국 월마트와 돼지고기를 추적하고, 2017년 3월에 컨테이너의 전체 이동 경로 추적을 위한 머스크와의 협력하는 등이 이뤄지고 있다.

② Intel

2017년 4월에 하이퍼레저 과제 중에서 하나인 쏘투스 레이크(Sawtooth lake)를 기반으로 해산물을 추적하는 파일럿을 진행하였다.

③ SAP

2017년 3월에 네트워크를 통해 전 세계 250만 명의 구매자와 판매자를 연결하는 등의 작업에 SAP Ariba는 비즈니스 전반에 블록체인 기술을 활용하였다. 2017년 3월에 다이아몬드의 출처 기록을 블록체인을 관리하는 에버레저(Everledger)와 파트너십 체결을 하였다.

4) 정착기

이 시기는 블록체인 기술이 다양한 영역에 적용되고 인터넷과 같은 기반 기술로써 행정 관리 및 공공 서비스 등의 신뢰 사회를 구현하기 위한 국가 기반구조로 발전할 것으로 전망된다.

국가 기반 구조측면에서 범산업적으로 블록체인 기술의 활용이 확산되고 정부 지원을 토대로 신뢰 기반의 국가 기반 구조로서 정착하여 투명하고 안전한 사회 구현이 가능하다. DAO를 넘어서 탈중앙화된 사회(DAC: Decentralized autonomous society)를 구현하여 투명하고 자동화된 신뢰 사회를 구현할 수 있다.

6.1 | 1세대 비트코인

1) 1세대 블록체인 기술의 현황과 문제점

현재 1세대 블록체인이라 불리는 비트코인 등의 블록체인 시스템을 IoT 환경에 그대로 적용하기에는 여러 가지 어려움들이 있다. 먼저 병렬처리 방식의 부재로 기존 블록체인의 거래 인증 속도가 전통적인 중앙 집중형 시스템 방식보다 느리다는 점이다.[42] 빠른 속도로 거래를 주고받아야 하는 사물인터넷 서비스에 기존 블록체인의 거래 처리 속도는 적합하지 않다. 또한 대부분의 IoT 기기들은 저전력, 초소형이기 때문에 컴퓨팅 능력이 제한되어있어, 1세대 블록체인에서 합의 알고리즘으로 사용하는 컴퓨팅 파워를 필요로 하는 작업증명(PoW) 방식을 적용하기에는 어려움이 따른다. 뿐만 아니라 1세대 블록체인은 작은 거래를 요청할 때 본래 거래의 가치보다 더 큰 수수료가 부과되는 문제가 있어 작은 규모의 거래들이 활발하게 일어나는 사물인터넷에서 기존 블록체인 체계를 적용시키는 것이 비효율적이다. 그밖에도 확장성 제한 등의 문제점이 존재한다.

① 튜링 미완전성(Turing Incompleteness)

단순하게 프로그래밍에서 반복문 등을 사용할 수 없다고 할 수 있다. 실제로 비트코인에서도 스크립트 기능이 존재한다. 하지만 일반적인 Shel이나 Perl 스크립트와 같다고 할 수 없는 이유는 for문이나 while문 등의 되풀이되는 기능을 이용할 수 없다는 데에 있다. 그래서 비트코인 블록체인에서 허가된 단순한 명령 정도만 실행시킬 수 있다. 이런 연속되는 작업을 하기 위한 명령을 이용함으로써 장점이 많지만 비트코인에서 이 기능을 넣지 않은 이유가 존재한다.

비트코인을 만약 철저한 디자인이 없이 이 기능을 구현하였다면 아주 간단하게 DOS(Denial Of Service) 공격을 할 수 있었을 것이다. 예를 들자면 공격자가 스크립트에 while(1){ }을 삽입하고 비트코인이 이 스크립트를 실행한다면 단순하고 의미

42) 강승준, “블록체인 기술의 이해와 개발 현환 및 시사점”, 정보통신산업진흥원 이슈리포트, 2018-제13호

없는 무한 작업이 블록체인에서 실행될 것이다. 그리고 단시간에 비트코인 네트워크는 마비가 될 것이다.

② 가치의 불투명성(Value Blindnes)

비트코인을 화폐로 본다면 그 가치를 확실히 알 수 있어야 한다. 예를 들어 x 달러를 y 비트코인으로 환전했다고 가정하자. 30일 뒤에 y 비트코인을 달러로 환전하려고 할 때 y 비트코인과 상응하는 달러의 가치를 알아야 한다. 하지만 y 비트코인의 가치를 쉽게 알 수 있는 방법이 존재하지 않는다. 물론 사람이 개입하여 일일이 확인을 해볼 수는 있지만 자동으로 가치를 알 방법은 존재하지 않는다.

③ 상태의 단순성(Lack of State)

비트코인의 경우 사용된 비트코인과 사용하지 않은 비트코인, 즉 두 가지 상태로만 나뉜다. 하지만 실제 상황에선 수많은 상태들이 존재할 수 있다. 할부의 개념도 존재할 수 있고, 조건이 주어지고 그 조건에 충족이 되었을 때만 비트코인을 이용해야 하는 상황도 존재할 수 있다. 하지만 비트코인으로는 이 많은 경우를 전부 구현하기 힘들거나 불가능하다

④ 검증 시간

앞서 설명했듯이 비트코인의 경우 한 블록이 생성되는데 대략 10분의 시간이 소요된다. 한 블록이 생성되었을 시, 한 검증이 되었다고 말하는데, 검증의 수가 늘어날수록 거래의 신용도도 높아진다. 예를 들어 세 개의 검증보다 열 개의 검증을 더 신뢰할 수 있다. 큰 거래를 할 시 대략 한 시간 정도를 기다릴 수 있지만, 커피 한잔을 사는 데 한 시간을 기다리는 건 상식에 어긋난다.

6.2 | 2세대 이더리움

1) 이더리움의 역사

이더리움은 2013년 Thiel Felow인 Vitalik Buterin에 의해서 제안되었다.[43] 2015년 중순, 첫 공개가 된 후, 많은 찬사를 받으며 단기간에 두 번째로 규모가 큰 가상화폐로 자리매김을 했다.[44]

비트코인이나 타 가상화폐와는 다르게 스마트 컨트랙(Smart Contract)이라는 개념을 접목했다는 부분이 이더리움의 성공에 큰 영향을 주었다. 1994년 암호학자 Nick Szabo에 의해 처음으로 제안된 스마트 컨트랙을 블록체인에 접목시킴으로써 이더리움은 기본적인 거래장부 기록 외에 튜링 완전한 컴퓨팅 기능과 그 기능을 이용하여 프로그램을 실행할 수 있는 환경을 제공하였다.[45]

하지만, 이더리움은 소개된지 3년도 되지 않아 엄청난 성공을 했지만 DAO Atack, OPCODE Computa tional DOS Atack등의 공격을 당하기도 하였고 타 블록체인에 비해 복잡한 구조로 인해 아직까지도 많은 공격을 받고 있다.

2) 이더리움의 구조

이더리움의 경우 비트코인의 단점을 보완하면서 단순히 A에서 B로의 거래를 기록하는 것이 아닌 컴퓨팅 기능을 추가함으로서 큰 의미를 가진다. 이더리움 개발자들은 이더리움을 'Blockchain with a built-in Turing complete programming language' 라고 정의한다.[46] 즉, 블록체인에서 프로그램을 구현할 수도 있고 실행시킬 수도 있다

43) The Cointelegraph, "A Brief History of Ethereum From Vitalik Buterin's Idea to Release," 2015, htps:/cointelegraph.com/ethereum-for-beginers/a-brief history-of-ethereum-from-vitalik-buterins-idea-to release
44) 김영삼외, "블록체인기술개념및적용현황," ITP 주간기술동향, 2016
45) S. Nakamoto, "Bitcoin: A Per-to-Per Electronic Cash System," 208.
46) Ethereum, "Ethereum White Paper: A Next-Generation Smart Contract and Decentralized Aplication Platform," 2016.

는 특성이 있다. 그래서 이더리움은 [그림 6.3]과 같이 비트코인보다는 복잡한 구조를 가지고 있다.

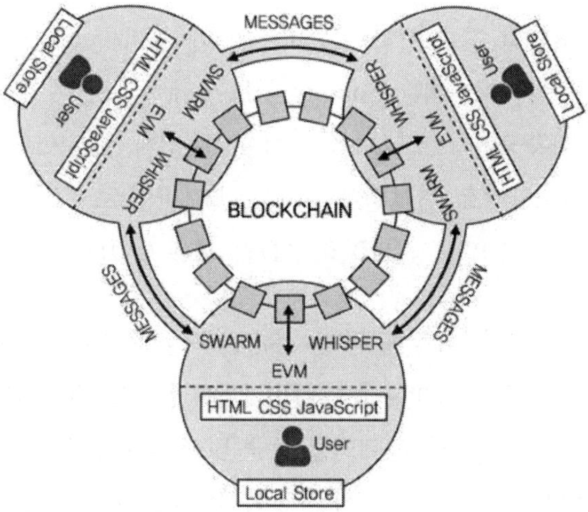

그림 6-3 주요 프로젝트 비교

*출처: 정보보호학회지, 사물 인터넷을 위한 블록체인 기술 동향

가. 이더리움 Accounts

이더리움도 비트코인의 지갑과 동일한 개념인 Acount가 존재한다. 하지만 비트코인과는 다르게 두 가지 종류의 Acount가 존재한다.

① Externaly Owned Acount(EOA)

비트코인의 지갑과 같은 개념이다. 주소가 존재하며, 이더리움의 통화단위인 이더(Ether) 등을 포함한다. ECDSA 기반으로 공개/비밀키가 만들어진다.

② Contract Acount

이더리움의 계정 중 하나이다. 일반적으로 EOA의 경우 이용자의 지갑과 동일하게 이용되지만 Contract Acount는 블록체인 내부에 존재하며 몇 가지 특성을 가지고 있다. 첫 번째로 코드를 포함할 수도 있으며 블록체인 외부 혹은 내부에서 코드를 실행시킬 수 있다. 두 번째로 데이터를 저장할 수 있다. 그리고 다른 EOA와 마찬가지로 이더를 소유할 수 있다.

나. 이더리움의 컴퓨팅 기능

이더리움 블록체인의 경우 이더리움 버추얼 머신(Ethereum Virtual Machine)이 존재한다.[47] 실제로 이더리움에는 Solidity와 Serpent등과 같은 프로그래밍 언어가 있으며 그 언어를 이용하여 프로그램을 구현할 수 있다. 그 프로그램을 구현한 뒤 컴파일을 하면 바이트코드로 변환된다. 그리고 그 바이트코드에 대응되는 연산 부호가 있다. 예를 들어 STOP의 경우 0×0, AD의 경우 0×01로 해석된다.[48][49]

또 하나 흥미로운 점은 튜링 완전한 컴퓨팅 기능에 있다. 위에서 언급한 것과 같이 while(1){ }같은 코드를 실행하게 된다면 DOS 공격을 단순하게 할 수 있다. 블록체인의 특성상 참여한 채굴자가 코드를 검증 및 실행하게 되므로 위와 같은 코드가 참여한 모든 기계에서 실행되었을 시엔 블록체인 자체가 마비될 수가 있다. 하지만 이 문제를 해결하기 위해 가스(gas)의 개념이 존재한다. 연산부호마다 가스 가격이 있으며 처음 코드를 실행시킬 때 가스양을 정할 수 있다. 예를 들어 100 가스를 이용하여 프로그램을 실행시킬 시, 가스가 부족하면 코드를 끝까지 실행시킬 수 없게 된다. AD의 경우 3 가스, MUL의 경우 5 가스 등으로 책정되어있다. 그래서 while(1){ }과 같은 코드를 실행하려고 한다면 그만큼 천문학적인 혹은 무한한 양의 이더를 소모하여야 한다.

다. 튜링 완전한 컴퓨팅 기능의 장점

앞서 언급했듯이 블록체인은 '거의' 위변조 불가능하며 기록이 '거의' 영구적으로 남을 수 있다는 특징이 있다. 일반적인 분산원장이 아닌 이더리움과 같이 프로그램을 블록체인에서 실행함으로써 얻는 많은 장점이 있다.

---

47) Ethereum, "Ethereum White Paper: A Next-Generation Smart Contract and Decentralized Aplication Platform," 2016.

48) Solidity, "Solidity", htps:/solidity.readthedocs.io/en/latest/

49) Serpent, "Serpent," htps:/github.com/ethereum/wiki/wiki/Serpent

첫 번째로 이더리움상에 코드를 신용할 수 있다. 일반서버에 작동하는 코드들은 실제 서버 내에서 어떤 일이 일어나는지 완벽하게 알 수 없다. 예를 들어 서버에서 투표나 도박을 하는 서비스가 존재한다면 그 서비스를 완벽히 신용할 수는 없다. 하지만 모든 코드와 실행되는 단계가 블록체인 참여자들에게 공개가 된다면 이용자들은 그 서비스를 신용할 수 있게 된다.

두 번째로 한 번 저장된 코드 및 데이터는 '거의' 영구적으로 남는다. 그러한 이유로 인해 변조가 되면 안 되는 데이터를 블록체인에 저장하는 등의 용도로도 활용할 수 있다.

그리고 위 예시와 같이 이더리움 블록체인에서 작동하는 프로그램을 decentralized ap혹은 dAP이라고 부른다.

라. 이더리움 샘플 코드 예시

다음의 코드는 이더리움 상에서 작동할 수 있는 간단한 코드이다[50]. 위 코드를 설명하기 앞서 변수 및 환경을 같이 설명되어 있다.

| 표 6-2 | Serpent 샘플 코드

코드	if !self.storage[calldataload(0)]: self.storage[calldataload(0)] = calldataload(32)
환경설명	- self.storage : 데이터가 저장되는 스토리지로서 처음엔 데이터를 포함하고 있지 않음. - caldataload: 0-31 byte까지는 숫자 2, 그리고 byte 32-63까지는 'CHARLIE'를 포함

*출처: Ethereum, "Ethereum White Paper: A Next-Generation Smart Contract and Decentralized Aplication Platform," 2016.

이 코드를 실행하기 위해 EOA는 10 이더를 보유하고 있으며, 200 가스를 이용하며, 0.001 이더 가스 가격(1 가스당 0.001 이더 소모) 비율로 가스가 사용된다.

50) Ethereum, "Ethereum White Paper: A Next-Generation Smart Contract and Decentralized Aplication Platform," 2016.

첫 번째 줄의 self.storage[2]에는 데이터가 존재하지 않기 때문에 두 번째 줄의 코드가 실행된다. 그리고 self.storage[2]에 'CHARLIE'가 저장된다. 간단한 코드를 실행하기 위해 EOA는 10 이더를 보유하고 있으며, 200 가스를 이용하며, 0.001 이더 가스 가격(1 가스당 0.001 이더 소모) 비율로 가스가 사용된다.

첫 번째 줄의 self.storage[2]에는 데이터가 존재하지 않기 때문에 두 번째 줄의 코드가 실행된다. 그리고 self.storage[2]에 'CHARLIE'가 저장된다. 간단한 코드지만 이더리움 내부에서는 여러 가지 일들이 실행된다.

코드를 실행했을 때 [그림 6.4]와 같은 단계를 따른다.

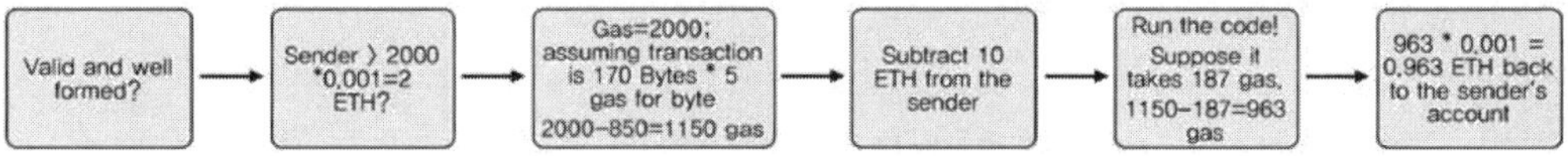

그림 6-4 실제 소스코드 실행 시 단계

*출처: Ethereum, "Ethereum White Paper: A Next-Generation Smart Contract and Decentralized Aplication Platform," 2016.

먼저 코드를 실행한 이용자를 확인한다. 예를 들어, EOA가 올바른 포맷을 사용하였는지, 충분한 이더를 소유하고 있는지, 등을 블록체인의 참여자들이 확인을 한다. 그 후, 코드를 이더리움 네트워크에 저장을 해야 한다. 코드의 용량을 기준으로 책정이 되기 때문에 코드의 용량이 170 바이트이며, 한 바이트 당 5 가스가 사용된다고 가정한다면, 170과 5를 곱해야 하기 때문에 850 가스가 사용된다. 200 가스에서 850 가스가 사용되므로 150 가스가 남는다. 위 코드를 실행하는 데 187 가스가 든다고 가정할 땐 150 가스에서 187 가스를 뺀 963 가스가 남는다. 남은 963 가스는 0.001 이더가 1 가스라고 가정했을 때 0.963 이더가 되기 때문에, 0.963 이더는 다시 코드를 실행한 EOA로 반환된다. 위에서 설명하였듯이 소스코드는 컴파일을 시키면 바이너리가 되며 그 바이너리와 상응하는 연산부호가 존재한다. 기계 언어의 연산부호와 같다고 생각하면 된다. 그리고 기계언어의 연산부호에도 클락 사이클 등에 따른 비용이 있는 것처럼 이더리움 연산부호도 각 연산부호마다 가스의 가격이 정해져 있다.

위에 언급한 것과 같이 가스가 존재하기 때문에 DOS공격과 같은 문제를 쉽게 해결하였다. 첨언하자면 이론적으로는 해결하였지만 실제상황에서는 완벽히 해결하진 못하였다.

6.3 | 3세대 IoTA와 ADK 등

1) 특성

기존 블록체인 기술의 확장성 및 거래 인증 속도 등의 문제점 들을 개선한 3세대 블록체인 기술들이 제안되고 있다. IOTA 재단, IBM, 삼성, Linux Foundation에서는 기존 블록체인이 갖는 한계점들을 3세대 블록체인 기술을 포함한 다양한 기술의 적용과 접근방식으로 보완하여 사물인터넷 사업에 적용하는 프로젝트를 진행하고 있다.

각 프로젝트를 비교하면 [표 6.3]과 같다.

| 표 6-3 | 주요 프로젝트 비교

project	IOTA	IoT Chain	Streamr	Walton Chain	IBM-ADEPT	SLOCK.IT	Hyperledger
기존 블록체인 개선사항	M2M 소액결제의 수수료 문제 해결, 거래 처리 속도 향상	거래처리 속도 향상, 확장성 문제 개선	실시간 데이터 거래 제공	각 노드의 신뢰도 제공	기기의 용량에 맞춘 구조 제공	물리적 장치 공유	peer의 오버헤드감소, 모듈형 구조
적용된 블록체인 기술	다중 DAG 구조를 갖는 Tangle	PBFT, DAG, SPV, CPS	Ethereum	Ethereum, RFID 기술	Ethereum, BitTorrent, Telehash	Ethereum	Hyperledger fabric
블록체인 종류	Public						Private
응용 분야	산업 분야	스마트홈, 공유경제	데이터 마켓	디지털 거래	가전제품, 웨어러블 기기	Smart lock	금융, 헬스케어

*출처: 정보보호학회지, 사물 인터넷을 위한 블록체인 기술 동향

2) IOTA

IOTA는 블록체인 연구를 목적으로 하는 IOTA 재단에서 진행 중인 프로젝트이다.

기존의 1, 2세대의 블록체인이 선형 구조의 형태로 만들어진다면 IOTA는 새로운 비선형 구조의 블록체인이다. 비선형 구조이기 때문에 모든 거래들을 병렬적으로 처리할 수 있는 장점이 있으며, 참여자가 많아질수록 거래의 속도 또한 증가한다. 특히, 이전에 모든 블록체인은 채굴자(Miner)와 참여자(Issuer)가 존재하였다면, IOTA는 모든 참여자가 동등하게 거래를 승인하고 발행할 수 있는 형태로 운영된다. IOTA는 DAG의 구조를 기반으로 거래 시스템이 운영되는데 이를 Tangle이라고 한다.

기존 블록체인이 가지고 있는 높은 거래 수수료 문제를 해결하며 M2M 소액결제시스템의 효율성을 높이기 위해 제안되었다. Tangle이란 사이트(site)와 노드(node)의 개념으로 이루어져 있으며 다중 방향성 비순환 그래프(Multi-threaded Directed acyclic graph)의 구조를 갖는다.[51] 채굴자(miner)가 따로 존재하지 않고 새로운 트랜잭션을 발행할 때 컴퓨팅 파워를 소모하는 작업증명이 아닌 팁 선택 알고리즘(TSA: Tip selection algorithm)을 이용함으로써 사용자들의 전력 낭비를 줄이고 기존 블록체인보다 더 빠른 속도로 거래를 인증한다. 이는 거래를 하는데 있어서 높은 속도를 지향하는 IoT 환경에서 큰 장점이 된다. Tangle은 기기간의 마이크로트랜잭션(micro-transaction), 전자 투표(e-voting) 등 여러 IoT 제품에서 필요한 기능에 적용될 수 있다. 최근에는 ITIC(International Transportation Innovati on Center)와 협력하여 IOTA 기반의 모빌리티 서비스(mobility service) 연구도 진행하고 있다.[52]

IOTA의 Tangle은 새로운 트랜잭션 합의 방법을 도입하여 기존 1세대 블록체인의 수수료 문제와 오버헤드, 제한된 확장성 그리고 오프라인 거래가 불가능하다는 단점을 개선하였다[53][54].

---

51) Serguei Popov, "The Tangle" 2018
52) Dominik Schiener, "IOTA partners with ITIC" https://blog.iota.org/iota-partners-with-itic-e83f228a11d9
53) Serguei Popov, "The Tangle" 2018
54) Neha Narula, "IOTA Vulnerability Report: Cryptanalysis of the Curl Hash Function Enabling Practical Signature Forgery Attacks on the IOTA Cryptocurrency"

가. 구조

① 다중 방향성 비순환 그래프(Multi-threaded DAG)

Tangle에서는 기존 블록체인의 제한된 확장성과 느린 속도 단점을 방향성 비순환 그래프(DAG: Directed Acyclic Graph)라는 개념으로 개선하였다. DAG은 [그림 6.5]에서 보는 바와 같이 이전 단계로 되돌아갈 수 없는 체인 연결 블록 방식을 이야기 한다. 즉, DAG는 그래프 종류의 하나로서, 비 순환 방향 그래프이다. [그림 6.5]를 보게 되면, 그래프의 정점은 방향을 가지고 다른 정점으로 연결이 되지만 사이클(Cycle)이 따로 존재하지 않으며 어느 경로에서도 자기 자신으로 돌아올 수 없다는 특징을 가지고 있다. Tangle에서는 시간이 지나갈수록 쌓이는 거래들 중에서 DAG의 방향성을 활용하여 특정 거래의 가중치와 신뢰도를 기반으로 팁을 선택할 수 있는 알고리즘을 이용한다.[55][56]

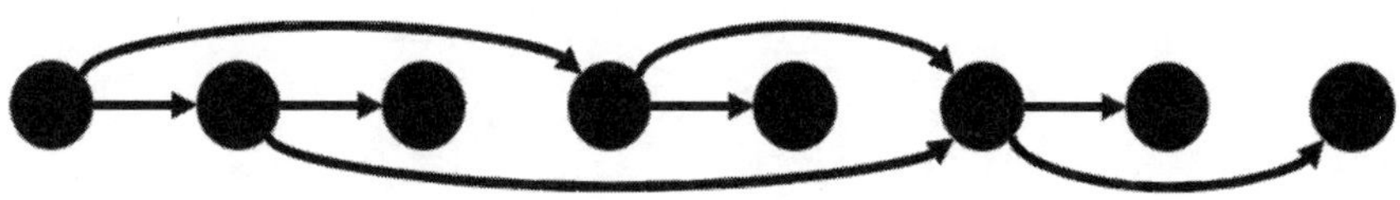

그림 6-5 방향성 비순환 그래프(DAG)의 개요도

*출처: 정보보호학회지, 사물 인터넷을 위한 블록체인 기술 동향

Tangle은 이 DAG을 여러 갈래로 연결한 다중(Multi-threaded) DAG 구조이다. Tangle은 여러 끝점을 통해 데이터의 병렬처리가 가능하며 네트워크 참여자가 많아질수록(즉, 끝점이 많아질수록) 처리 속도 또한 증가한다. 또한 검증에 참여하는 트랜잭션 또한 많아 지기 때문에 네트워크의 안정성이 증가하게 된다. 그리고 개별적인 채굴이 필요하지 않아 채굴자가 존재하지 않으며 거래의 수수료 또한 없다.

55) https://en.wikipedia.org/, DAG
56) Serguei Popov, "The Tangle", 2017

② 거래 방법

Tangle에서는 참여자들이 거래를 요청하기 위해서는 이전의 거래 두 개를 승인해야 하는 구조로 이루어져 있다. 거래가 선택되는 기준은 팁 선택 알고리즘(TSA: Tip Selection Algorithm)에 의하여 결정되며 거래의 누적 가중치에 따라서 임의로 선택된다. 선택된 거래들을 승인하기 위해서는 거래를 요청한 사용자가 PoW(Proof of Work)의 작업증명을 거쳐야 한다. 블록체인과 유사한 계산 과정이지만 실제 필요한 계산 량은 많지 않으며 거래를 승인하기 위한 조건으로 수수료 지급 없이 주어진 역할이므로 모든 참여자들은 수수료 없이 거래를 진행할 수 있다. 이는 높은 계산 량을 요구하지 않고 수수료가 존재하지 않는 M2M, 소액 결제(Micro payment)에 최적화된 거래 구조이다.[57]

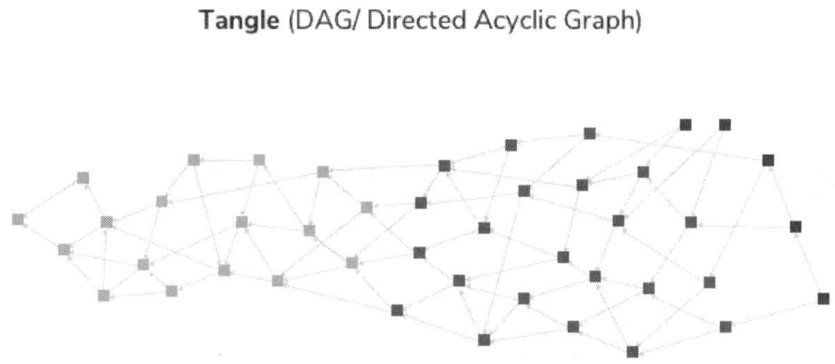

그림 6-6 Tangle의 구조

*출처: https://www.iota.org/

[그림 6.6]을 보면, Tangle 네트워크가 이루는 거래의 형태가 세 가지가 존재하는데 첫 번째로는 완전히 확정된 거래, 두 번째는 확정되지 않은 거래, 마지막으로 팁이 존재한다. 이는 거래의 확정도(Confirmation Level)에 따라 결정이 되는데 이전의 거래들이 새로 생기는 팁들에 의해 직접 또는 간접적으로 승인을 받는 횟수에 따라서 정해진다.[58]

57) Serguei Popov, “The Tangle”, 2017

58) Alon Gal, “The Tangle: an illustrated introduction Part 1-5”, 2018

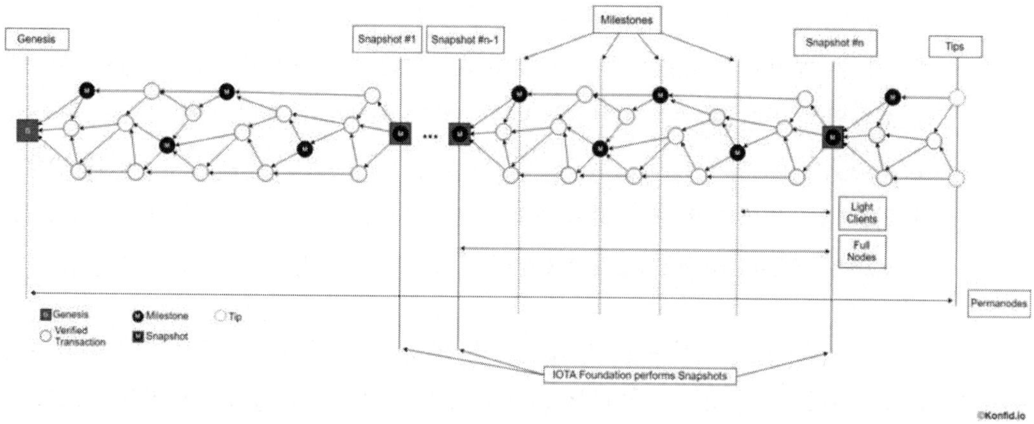

그림 6-7 IOTA 개요

*출처: IOTA Report: Decoding the Tangle Part 1–4

[그림 6.7]은 Tangle 네트워크의 거래 시스템이 정상적으로 유지되기 위한 방법들이다. 현재 IOTA 재단에서는 Tangle 네트워크 내에서 참여하는 거래자의 수와 진행되는 거래량은 공개를 하지 않고 있으나 네트워크의 참여하는 규모가 작을 시에 거래들의 단위와 처리 시간이 적은 점을 악의적인 이용자가 이용을 한다면 Tangle 네트워크에서 진행되는 거래의 특정 비율 이상을 점유하여 다른 사용자들의 거래가 정상적으로 승인되지 않을 수 있다. 그래서 IOTA 재단에서는 현재 Coordinate 노드에서 Milestone이라는 특정 거래를 2분마다 발생시켜 네트워크에서 이루어지는 거래들의 정상적인 승인여부를 판단하고 있다. Snapshot은 네트워크의 규모가 커짐에 따라 생기는 과부하를 방지하기 위한 방법으로 일정 시간이 지난 Tangle 네트워크의 일부분을 제거하고 해당 부분과 관련된 사용자의 정보는 필요한 부분만 저장한다. 이로 인하여 참여자들은 Tangle 네트워크의 모든 상태 정보를 저장할 필요가 없어진다.[59]

나. Tangle의 거래 선택과 검증

① 팁 선택 알고리즘(TSA: Tip Selection Algorithm)

59) "IOTA Report: Decoding the Tangle Part 1-4", Konfid.io, 2018

어떤 노드가 Tangle 네트워크에 새로운 트랜잭션을 발행한다고 가정해보자. 그럼 우선 노드는 개인키로 해당 트랜잭션에 서명을 한다. 그 후에 기존에 Tangle 네트워크에 포함되어 있던 팁(즉, 승인되지 않은 트랜잭션) 두 개를 팁 선택 알고리즘(TSA)에 의해 선택한 이후에 검증을 한다. Tangle은 노드에서 승인할 트랜잭션을 선택하기 위한 규칙으로 누적 거래 가중치의 크기에 따라 임의로 팁을 선택하는 알고리즘인 Markov Chain Monte Carlo(MCMC) 알고리즘을 사용하는 것을 선호한다.

그러나 현재까지 존재하는 팁 선택 알고리즘들은 다수의 노드를 추가하여 이중 지불(Double spending) 공격을 행하는 Mirror 공격에 취약하며 전체 네트워크의 34% 이상의 공격을 받으면 Tangle 네트워크는 무너지게 된다. 그래서 IOTA에서는 Tangle 네트워크를 보호하고 안정성을 유지하기 위해 Coordinator라고 하는 특수 노드를 사용하고 있다. 따라서 중앙화 된 Coordinator 때문에 완벽한 탈중앙화가 이루어지지 않고 있다. IOTA 팀은 빠른 시일 내에 이 Coordinator를 오라클로 대체하는 등 제거할 예정이라고 한다.

② 검증

새로운 트랜잭션이 Tangle 네트워크에 들어가기 위해서는 팁 검증이 필요하다. 이를 위해 기존 비트코인 등의 블록체인보다 비교적 쉬운 난이도의 작업증명(PoW: Proof of Work)을 진행하게 된다. 여기서 PoW의 난이도는 그 팁의 무게이며 이 PoW는 노드가 막대한 수의 트랜잭션 Spamming 공격을 하지 못하도록 프로토콜에 포함되어 있다. 팁의 무게란 노드가 해당 팁에 투자한 일의 양에 비례한다. 모든 트랜잭션에는 크기에 상관없이 무게가 있어야한다. 트랜잭션이 자신을 직접 혹은 간접적으로 검증해주고 있는 모든 트랜잭션의 무게의 합을 누적 무게라고 하는데 이러한 누적 무게들은 TSA가 유효한 팁을 선택하는데 사용된다.

현재 IOTA는 각 트랜잭션의 서명 검증을 Winternitz-OTS(One-Time-Signature)라고 하는 해시 기반 전자 서명기법을 사용한다. 이 방식은 양자 내성 암호(PQC: Post Quantum Cryptography) 방식 중의 하나인 암호학적 해시함수를 이용한 전자서명 방식이다. 그러나 Tangle은 자체 개발한 Curl이라는 3진(Trinary) 해시함수를 이용하는

데 이 Curl은 차분 분석 공격으로 충돌 문제가 발생하여 보안상 취약하다[60][61]. 또한 이진(Binary)이 아닌 삼진 기반이기 때문에 오버헤드가 생기는 문제가 있다. IOTA팀은 2017년 8월에 SHA-3 알고리즘을 추가하는 업데이트를 통해 Curl 해시가 가질 수 있는 취약성을 해결했다고 한다[62].

나. 검증과 합의

여기서는 MCMC 알고리즘을 TSA로 사용하는 Tangle 네트워크의 트랜잭션 확정 및 합의에 대해서 초기 상태, 새로운 트랜잭션 추가, 전파 지연, 이중 지불 그리고 오프라인 네트워크로 나누어서 서술한다[63].

① 초기 상태

블록체인은 하나의 블록에 여러 트랜잭션을 포함하고 있고, 그러한 블록들을 시간 순으로 정렬하여 구성한다. Tangle은 기존 블록체인과 다르게 시간 순으로 블록들을 연결하지 않으며, 하나의 트랜잭션이 다른 트랜잭션에 병렬적으로 추가된다.

Tangle에서 모든 트랜잭션들은 가장 초기의 Genesis 트랜잭션을 직접 혹은 간접적으로 검증하고 있다. Genesis 트랜잭션을 제외한 초기상태의 트랜잭션들은 세 가지로 나뉜다. 완전히 확정된 트랜잭션과, 낮은 신뢰도로 확정된 트랜잭션 그리고 아직 검증을 받지 못한 트랜잭션인 팁이다. 완전히 확정된 트랜잭션은 초기 상태에 팁들 모두에게 직접 혹은 간접적으로 검증 받은 트랜잭션을 이야기하며 낮은 신뢰도로 확정된 트랜잭션은 그 팁들 중 하나 이상 검증 받지 않은 트랜잭션이다. [그림 6.8]을 보면 G는 Genesis 트랜잭션이고 완전 확정, 미확정, 팁을 색으로 구분해두었다. A 트랜잭션은 자신이 검증할 때 팁이었던 트랜잭션과 그 팁이 검증한 트랜잭션을 참조하고 있는 관계로 비정상적 트랜잭션이지만 현재 네트워크에서는 허용된다.

---

60) Neha Narula, "IOTA Vulnerability Report: Cryptanalysis of the Curl Hash Function Enabling Practical Signature Forgery Attacks on the IOTA Cryptocurrency"

61) Michael Colavita, Garret Tanzer, "A Cryptanalysis of IOTA's Curl Hash Function", 2018

62) IOTA foundation, "Official Statement Regarding the MIT DCI Email Leaks"

63) noneymous, "IOTA Transactions, Confirmation and Consensus", github

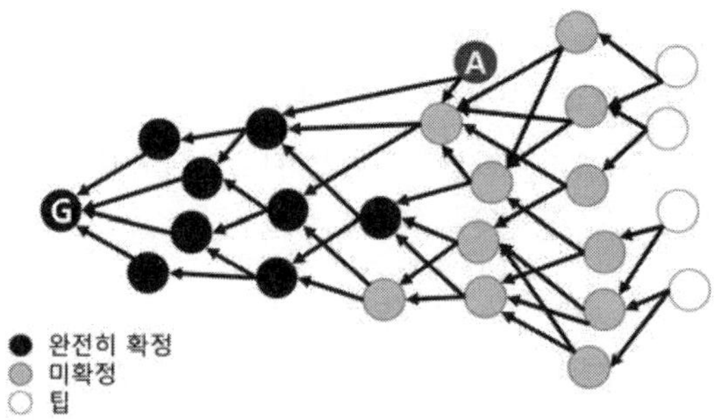

그림 6-8 Tangle의 초기상태

*출처: 정보보호학회지, 사물 인터넷을 위한 블록체인 기술 동향

② 새로운 트랜잭션 추가

새로운 팁이 추가될 때 그 팁은 TSA에 의해 기존의 팁들 중 두 개를 선택하여 검증한다. 팁 검증을 위해 해당 팁들의 서명의 유효성을 확인하고, Spamming 공격 방지를 위해 쉬운 난이도의 PoW를 수행한다.

[그림 6.9]는 팁 X를 추가할 때의 모습이다. 팁 X는 선택한 팁 두 개를 검증하고, 네트워크에 추가 된다. 회색으로 표시된 영역에 속해 있는 트랜잭션들은 팁 X가 추가될 때 팁 X에 의해 직접 혹은 간접적으로 검증된 트랜잭션들이다. Tangle 네트워크의 현 시점에 존재하는 모든 팁들에게 직접 혹은 간접적으로 검증되고 있는 트랜잭션들은 완전히 검증되었다고 한다.

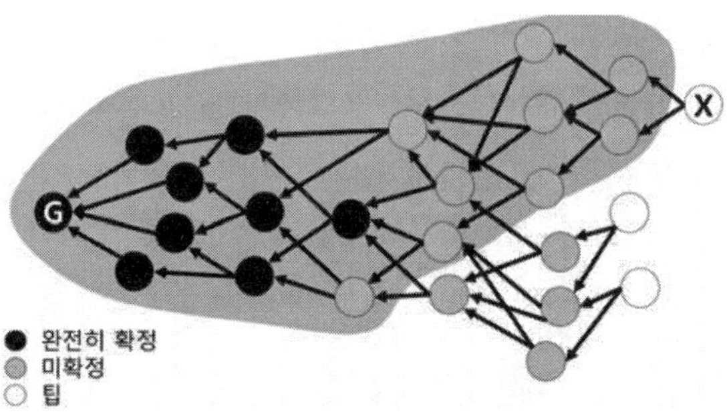

그림 6-9 팁 X가 추가되며 검증되는 영역

*출처: 정보보호학회지, 사물 인터넷을 위한 블록체인 기술 동향

[그림 6.10]을 보면 팁 Y가 추가되면서 X와 Y의 영역 중 겹치는 영역이 두 팁이 모두 검증을 하고 있는 영역이며 팁 Y가 추가됨에 따라 완전히 검증된 트랜잭션이 늘어난다. 따라서 팁이 계속해서 추가되면 완전히 검증된 트랜잭션들은 늘어나는 것을 확인 할 수 있다. Tangle 네트워크에서 더 깊이 위치한 트랜잭션일수록 확정도(Confirmation level)가 늘어난다. 여기서 확정도는 해당 트랜잭션의 검증 정도인데, 얼마나 많은 팁들에 의해 검증 되었는지에 따라 결정된다.

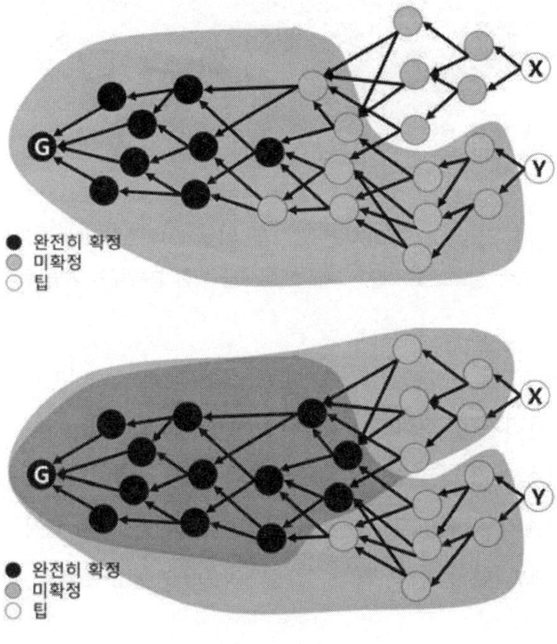

그림 6-10 팁 X가 추가되는 시점과 거의 동시에 팁 Y가 추가되는 모습.
*출처: 정보보호학회지, 사물 인터넷을 위한 블록체인 기술 동향

현재 Tangle 네트워크에서 네트워크 사용자는 트랜잭션의 허용 확정도를 결정하는 것이 가능하다. 허용 확정도는 사용자가 트랜잭션의 확정도가 얼마이냐에 따라 유효한 트랜잭션으로 판단할 것인지를 말한다. 네트워크 사용자는 트랜잭션의 속도가 더 중요할 경우 완전히 검증될 때 까지 기다리는 것이 아니라 상대적으로 적은 허용 정

확도의 트랜잭션을 유효하다고 판단할 수 있다. [그림 6.11]을 보면 다수의 팁이 추가됨에 따라 네트워크 내부의 트랜잭션들의 확정도가 변동이 되며 영역이 짙을수록 확정도가 높은 것을 알 수 있다. 만약 67%의 확정도로 트랜잭션을 허용시킬 경우 X와 Y, Y와 Z 혹은 X와 Z에게만 검증받은 트랜잭션도 확정되었다고 볼 수 있다.

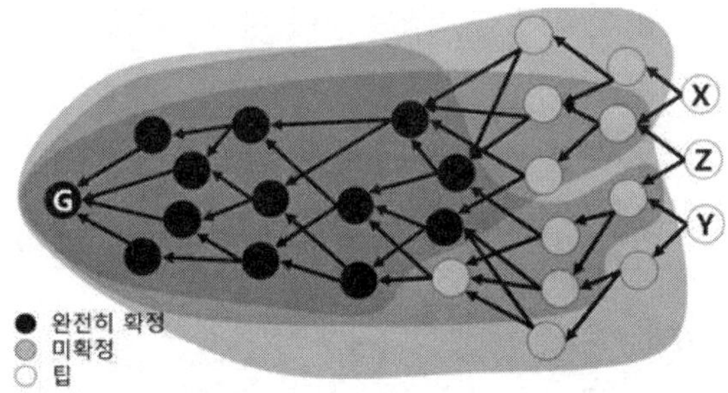

그림 6-11 팁 K가 전파지연 등으로 뒤늦게 네트워크에 추가된 모습

*출처: 정보보호학회지, 사물 인터넷을 위한 블록체인 기술 동향

③ 전파 지연

PoW가 오래 걸리거나 전파가 지연되면 뒤늦게 네트워크에 추가될 수 있다. [그림 6.12]에서는 팁 K가 전파 지연으로 뒤늦게 추가된 모습인데, [그림 6.11]과 비교했을 때 일부 트랜잭션들의 확정도가 바뀐다. 완전히 확정된 상태였다가 확정도가 낮아진 트랜잭션들은 실제로 신뢰할 수 없는 상태는 아니며 정상적으로 확정되었다고 인정한다.

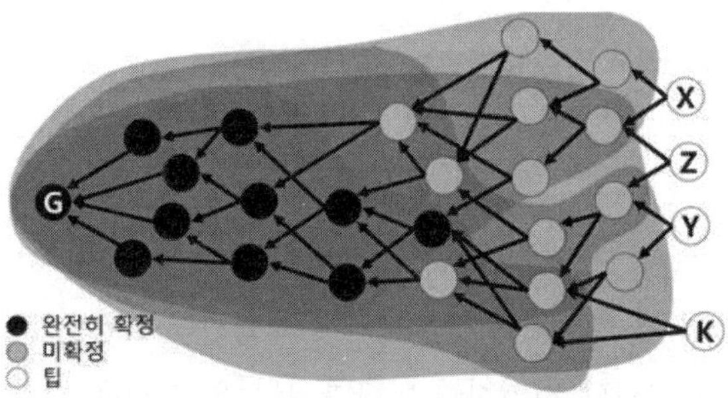

그림 6-12 팁 K가 전파지연 등으로 뒤늦게 네트워크에 추가된 모습

*출처: 정보보호학회지, 사물 인터넷을 위한 블록체인 기술 동향

④ 이중 지불

네트워크 사용자가 두 개의 충돌되는 트랜잭션을 발생시키면, 즉 이중 지불의 경우에는, 그 이후에 추가되는 팁들은 TSA나 전파지연에 의해 충돌되는 트랜잭션들 중 한 개의 트랜잭션만 검증경로에 포함할 가능성이 있다.

[그림 6.13]을 보면, 트랜잭션 X와 Y는 네트워크에서 충돌하고 있는 트랜잭션 V와 W를 각각 한 개씩 포함하여 검증하고, 충돌은 인지하지 못한 채 V와 W를 유효한 트랜잭션으로 판단한다. 시간에 따라서 충돌되는 트랜잭션 두 개 모두를 포함한 경로를 검증하는 팁 1이 네트워크에 추가되면 그 해당 팁은 차후에 추가될 팁들에 의해 유효한 트랜잭션으로 검증받기 위해 충돌이 되지 않는 팁 두 개를 다시 선택한다.

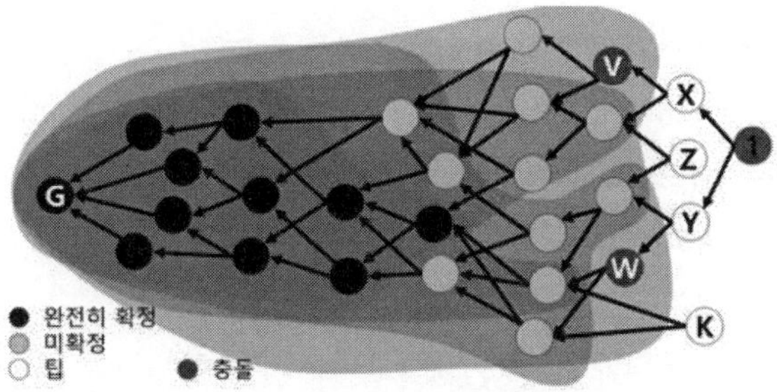

그림 6-13 트랜잭션 V와 W가 충돌하고 있는 모습

*출처: 정보보호학회지, 사물 인터넷을 위한 블록체인 기술 동향

충돌되는 트랜잭션 들이 발견되지 못하고 그 중 하나만 검증경로에 포함하는 팁들이 여럿 추가될 수 있지만 둘 모두 포함되는 경로를 검증하는 팁이 발행되는 순간 충돌이 발견되고, TSA는 네트워크는 누적 거래 가중치에 의해 충돌되는 트랜잭션 중 한 쪽 경로로만 더 많은 팁들에게 선택 된다. 시간이 지나면 TSA에 의해 누적 거래 가중치가 낮은 쪽에는 새로운 팁들이 추가하는 것이 불가능해지고 확정되지 않으며 버려진다. [그림 6.14]에서는 시간이 지남에 따라 충돌되는 V와 W 중 V에만 다수의 새로운 팁들이 추가되고 W를 검증하는 쪽은 버려진다.

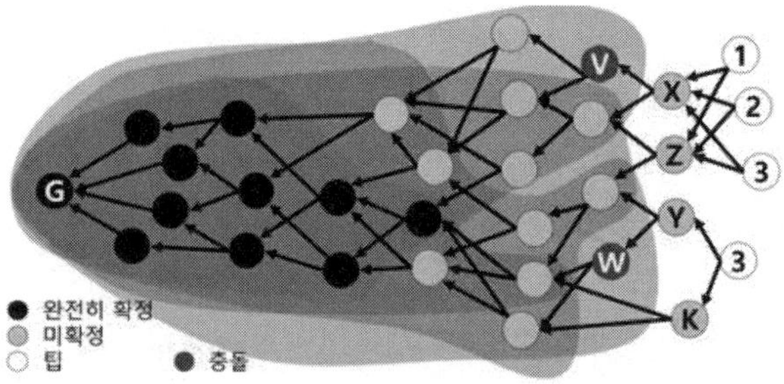

그림 6-14 충돌하는 트랜잭션이 발견될 경우 TSA는 다시 팁을 선택

*출처: 정보보호학회지, 사물 인터넷을 위한 블록체인 기술 동향

버려진 쪽에 추가된 트랜잭션들은 네트워크에서 아예 사라지는 것은 아니고 다른 사용자(IOTA 수금자 등)에 의해서 다시 네트워크에 추가되고 검증받을 수 있다.

⑤ 오프라인 네트워크

Tangle 네트워크 사용자는 메인 네트워크에 연결되어 있지 않은 오프라인 네트워크에도 트랜잭션을 추가할 수 있다. [그림 6.15]에서 파란색 영역으로 표시된 부분이 오프라인 네트워크이다.

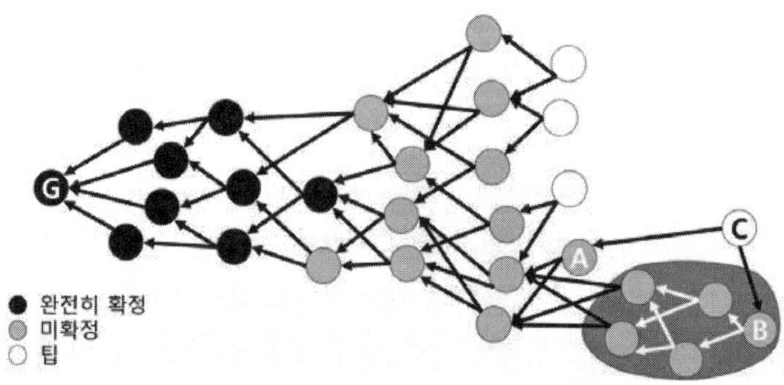

그림 6-15 오프라인 네트워크가 메인 네트워크에 추가되는 모습

*출처: 정보보호학회지, 사물 인터넷을 위한 블록체인 기술 동향

이 오프라인 네트워크가 메인 네트워크로 검증 될 때 팁 C는 메인 네트워크의 팁 A와 오프라인 네트워크의 팁 B를 선택하여 검증하게 된다. 이렇게 되면 다른 오프라인 네트워크의 트랜잭션들 또한 팁 C의 검증경로에 포함되어 함께 검증된다.

3) IoT Chain

IoT Chain은 블록체인을 기반으로 하며 PBFT(Practical Byzantine Fault Tolerance), DAG(Directed Acyclic Graph), SPV(Simple Payment Verification) 그리고 CPS (Cyber Physical System)의 기술을 적용하였다. ICT(IoT Chain Token) 토큰을 이용하여 IoT 제품을 이용할 수 있도록 하고, 또한 IoT 환경에서의 보안성을 강화하는 것이 목표이다. 기존 블록체인이 원장을 분산화 함으로써 갖는 보안성을 유지하면서 PBFT와 DAG 기술을 통해 보다 빠른 거래 처리 속도와 블록체인의 확장성 문제를 해결하였다. IoT Chain은 메인 체인과 사이드 체인으로 구성되는데, 사이드 체인은 메인 체인에서 생성되는 코인을 이용하여 스마트 계약(Smart Contract)을 실행하는 체인이다. 메인 체인에서는 빠른 거래 인증이 장점인 PBFT를 사용하고 사이드 체인의 경우, DAG를 사용하기 때문에 트랜잭션 처리가 효율적이다. SPV는 지불 검증을 할 때, 블록의 모든 구성요소를 보는 것이 아니라 블록의 헤더만 확인하여 검증을 하는 것을 말한다. 이 기술을 통해 검증에 필요한 수수료가 낮아지게 되며 사용자들의 오버헤드가 줄어드는 장점이 있다. IoT Chain은 IoT 기기를 위한 공유 경제 (economy sharing), 스마트 홈(smart home) 등에 적용되고 있다. 2018년 11월에 개발자를 위한 생태계를 조성하고 12월에는 대중적으로 IoT Chain을 제공할 계획을 가지고 있다[64].

4) Walton Chain

Walton Chain은 한국과 중국이 공동으로 개발한 비즈니스 블록체인 플랫폼이며 RFID 하드웨어 기술이 융합되었다. 사물인터넷의 중앙 집중화된 문제를 해결하는 것에 초점을 맞춰 블록체인과 IoT 기술을 결합하는 VIoT(Value internet of things)의

64) IoT Chain, "IoT Chain A high-security lite OS" 2018

개념을 제시했다. RFID를 통해 물품의 역사를 추적할 수 있으며 위조방지의 기능을 가지고 있다. Walton Chain에서는 Walton Coin(WTC)라는 토큰을 사용하고 있고 이더리움의 스마트 계약 기능을 제공한다. Walton Chain 생태계는 앞서 언급한 IoT Chain처럼 메인 체인과 사이드 체인으로 나눌 수 있다. 메인 체인에서는 지분증명(PoS)의 업데이트 버전인 Proof-of-Stake & Trust(PoST)를 합의 알고리즘으로 선택했다. 기존의 PoS보다, PoST는 사용자의 이전 행동도 고려하기 때문에, 신뢰도가 더 높은 사용자가 코인을 생성할 확률이 높아진다는 장점이 있다. 이 기술을 통해 소비자들은 옷, 가구 등의 모든 재화의 바코드나 RFID 태그를 통해 제품의 생산과정과 같은 정보들을 알 수 있어 품이 신뢰성을 갖도록 한다[65].

5) Streamr

Streamr는 IoT 환경에서 효율적인 실시간 데이터 전송과 지불을 멈춤 없이 제공하기 위한 분산화된 오픈소스 peer-to-peer 플랫폼이다. $DATA라는 암호화된 토큰을 데이터 거래에 사용하며 거래 수수료가 존재하지 않는다. 또한 이더리움을 기반으로 스마트 계약 기능을 수행한다. 확장성을 가지며 거래 시 낮은 대기시간을 제공한다. 차량 교통 정보나 일기예보, 주유소 별 주유 요금 등의 정보를 다른 기관의 도움 없이 실시간으로 자유롭게 사고파는 네트워크를 구축하는 것이 주요 역할이다[66].

6) IBM-ADEPT

IBM-ADEPT에서 ADEPT는 Autonomous Decentralized Peer-to-Peer Telemetry의 약자로, IoT 기기를 위한 Peer-to-Peer 블록체인 플랫폼이다. 삼성과 IBM이 협력하여 ADEPT의 개념을 2015년에 발표하였다. BitTorrent, Telehash, 그리고 이더리움의 기술이 적용되었다. IoT 기기들의 용량에 따라 나누어 특정한 구조를 적용하고 있으며 각자 데이터를 관리, 분석 그리고 공유 할 수 있도록 지원한다. IBM-ADEPT는 웨어러블 장비와 가전 제품에 적용되고 있다. 그 예 중 하나로, 삼성에서는 스마트 세탁

---

65) the Waltonchain team, "Waltonchain White Paper (V 1.0.4)" 2018
66) Streamr, "Unstoppable Data for Unstoppable Apps: DATAcoin by Streamr" 2017

기를 공개하였는데 ADEPT 기술을 이용하여 세제 등 필요한 물품들이 부족할 시, 자동으로 주문할 수 있도록 하였다[67].

7) SLOCK.IT

SLOCK.IT는 독일의 스타트업으로 이더리움을 기반으로 한 공유경제 인프라를 구축하는 것을 목표로 한다. 현재 Universial Sharing Network을 개발 중이다. 이더리움 기술에 자동화 결제 시스템을 결합하였다. 사용하지 않거나 남는 재화, 집 또는 자동차들을 블록체인을 이용하여 신뢰할 수 있는 타인이 공유와 거래를 할 수 있도록 하였다. SLOCK.IT는 스마트 락(Smart lock)의 기능을 제공하는데 사용자가 토큰을 지불하여 이더리움의 스마트 계약을 실행하면 사용자에게 재화의 lock이 해제가 되어 타인이 해당 재화를 이용할 수 있게 된다. 모바일 앱을 통해 거래 시 사용되는 키를 관리할 수 있다[68].

8) Hyperledger

Hyperledger은 Linux Foundation에서 지원하는 블록체인 개발 프로젝트로 비즈니스용 Private 블록체인이라는 특징을 가진다. Membership service를 통해 블록체인 네트워크에 참여하는 사용자들의 신원관리를 하고 체인코드(chaincode)라는 응용 프로그램를 이용하여 스마트 계약을 실행한다. 비즈니스 블록체인에서 사용되는 합의 메커니즘은 각 비즈니스의 요구사항에 따라 다르다. 그에 맞춰서 Hyperledger 프로젝트마다 Kafka, PBFT, PoET, Sumeragi와 같은 다양한 합의 알고리즘을 이용했다. Hyperledger에서는 합의를 이루는 활동을 크게 Ordering transaction과 validating transaction으로 나누어 각각 따로 실행된다는 특징을 갖는다. Hyperledger의 서브 프로젝트들 중 하나인 Fabric은 거래 인증과 합의, 이 두 가지의 역할을 하던 기존의 Peer의 일을 분리하여 효율적으로 거래를 처리할 수 있도록 하였다[69].

---

67) IBM, "ADEPT: An IoT Practitioner PerspectiveD" 2015
68) SLOCK.IT, https://slock.it/usn.html
69) Hyperledger, "Hyperledger Architecture, Volume 1" 2018

금융, 헬스 케어(Healthcare) 등의 분야에 활용되고 있으며 실제로 China Minsheng Bank, Sberbank, Deutsche Bank 등의 은행들과 Change Healthcare외 여러 분야의 회사들이 Hyperledger project에 멤버로서 참여하고 있다[70].

70) Hyperledger, https://www.hyperledger.org/members

6장 요약

1. 블록체인 기술의 단계별 발전 방향

세대	Blockchain 1.0	Blockchain 2.0	Blockchain 3.0	Blockchain 4.0
단계	도입기	발전기	확산기	정착기
시기	2009~2013	2013~2016	2017~2022	2022~2030
설명	공개 블록체인(누구나 열람)	· 개인(기업형)블록체인 등장 · 스마트 계약	산업과의 융합	국가 인프라
활용 예	비트코인	나스닥 장외 주식거래, 이더리움	SCM, 에너지, 물류 등	예산 관리, 투표 등 정부·공공 서비스

2. 기존 블록체인 기술의 확장성 및 거래 인증 속도 등의 문제점 들을 개선한 3세대 블록체인 기술들이 제안되고 있다.

project	IOTA	IoT Chain	Streamr	Walton Chain	IBM-ADEPT	SLOCK.IT	Hyperledger
기존 블록체인 개선사항	M2M 소액결제의 수수료 분제 해결, 거래 처리 속도 향상	거래처리 속도 향상. 확장성 문제 개선	실시간 데이터 거래 제공	각 노드의 신뢰도 제공	기기의 용량에 맞춘 구조 제공	물리적 장치 공유	peer의 오버헤드 감소, 모듈형 구조
적용된 블록체인 기술	다중 DAG 구조를 갖는 Tangle	PBFT, DAG, SPV, CPS	Ethereum	Ethereum, RFID 기술	Ethereum, BitTorrent, Telehash	Ethereum	Hyperledger fabric
블록체인 종류	Public						Private
응용분야	산업 분야	스마트홈, 공유경제	데이터 마켓	디지털 거래	가전제품, 웨어러블기기	Smart lock	금융, 헬스케어

6장. 연습문제

1-1. 블록체인 기술의 1~4단계로 구분하여 설명하고, 활용 예를 들어보시오.

2-2. 대 블록체인의 주요 프로젝트들을 간략히 설명하시오.

07

블록체인의 미래

모든 사물이 인터넷으로 연결되어 일상생활을 진행하게 되는 일명 '초연결사회(hyper-connected society)'가 가까운 미래로 다가오고 있다. 이러한 변화의 중심에는 '사물인터넷(IoT)'과 '인공지능(AI)'이 있다.

사물인터넷은 말 그대로 사물에 인터넷이 연결되어 정보를 공유할 수 있게 한다는 것이다. 정보를 수집하는 센서기술과 다른 기기들과 인터넷을 통해 정보를 전송하는 통신기술이 결합되어 이루어지는 기술이다. 그리고 인공지능은 수집된 정보로 상황에 맞게 스스로 판단을 하다는 것이다.

초연결사회의 도래는 사물인터넷에 연결되는 각각의 기기들의 수가 기하급수적으로 증가될 것이다.

7.1 | 블록체인과 IoT(사물인터넷)의 결합

1) 블록체인과 사물인터넷 기술의 융합

전문가들은 블록체인과 사물인터넷의 결합은 서로간의 부족한 점을 보완해 줄 수 있어 시너지 효과가 클 것으로 예상하여 연구 및 개발이 활발하게 진행되고 있다.

초기 블록체인 기술은 암호화폐 및 금융 산업 분야를 중심으로 적용되었으나, 점차 다양한 산업 영역으로 확장을 시도하고 있다. 이를 위해서 이미 여러 산업에 적용되어 실세계의 데이터를 획득할 수 있는 사물인터넷 기술과의 연동이 필요하다.

전 분야에 많은 사물이 연결된 IoT를 실현하는 것이 중요하며, 이에 적합한 플랫폼이 필수적이다. 이러한 플랫폼에 특히 요구되는 요건으로는 작은 장애로 서비스가 중단되는 경우가 없도록 하는 '회복성'과 다수의 시스템의 연결을 쉽고 빠르게 구현할 수 있는 '확장성', 다른 시스템이나 서비스가 서로 통신하는 것을 용이하게 하는 '상호 운용성' 이다.

블록체인에서 각 참가자가 분산 데이터를 보유하고 있으며, 단일 실패 지점이 없기 때문에 가용성이 높다. 또한, 관리자의 중앙 집권적인 서버는 존재하지 않고, 각 참가자가 자신의 단말기에 클라이언트를 설치만하면 서버 구축 및 설정 등의 작업을 생략 할 수 있기 때문에 도입 시 시간 또는 비용면에서 유리하며 확장성이 뛰어나다. 또한 상호 운용성 관점은 일반적으로 업체와 연결하여 데이터를 공유하고 상호 활용하려면 데이터 형식, 데이터 액세스 방식의 표준화·공용화가 필수적이다. 블록체인에서 참가자간에 대장을 공유한다는 것은 필연적으로 이러한 데이터 형식이나 접근 방식이 표준화된다. 스마트 계약을 참가자간에 공유함으로써 규칙의 준수를 사실상 강제하는 것이 가능하게 된다.

블록체인과 사물인터넷 기술의 도입으로 인해 신뢰성이 높아지고, 비용의 절감과 데이터 거래시장이 활성화될 것이다. 또한 확장된 보안 등의 효과를 가질 것이다.

첫째, 데이터의 신뢰성이 향상된다. 블록체인은 데이터가 암호화된 형태로 저장되고 한 곳이 아닌 모든 참여자들이 이를 공유하고 있다. 참여자들은 공유 원장을 지속적으로 검증하기 때문에, 기록 데이터의 위변조가 거의 불가능하고 중앙 통제 방식을 탈피하여 투명성을 보장한다.

둘째, 시스템 운영 비용이 절감된다. 기존 중앙 집중형 시스템의 수집한 정보를 관리하고 보호하기 위한 시스템 운영 및 유지보수에 대한 비용 절감이 가능하다.

셋째, 데이터 거래시장이 활성화 된다. 중앙시스템이나 거래의 중계인 없이 P2P 방식으로 거래를 수행할 수 있으며, 블록체인 토큰으로 사물인터넷 기기의 사용권한이나 데이터를 구매하는 것이 가능하다.

마지막으로 보안성이 향상된다. 블록체인의 분산형 구조는 한 부분의 작동이 중지되더라도 전반적인 성능에는 영향을 미치지 않기 때문에 DDoS 등의 공격이나 해킹위협에도 상대적으로 안전하다.

2) 블록체인과 사물인터넷의 연동

또한 중앙 집권적인 시스템이면 연결이 늘어날수록 서버 등 시스템의 부하와 관리자의 작업 부담이 늘어나면서 새로운 참가자가 많을수록 확장 비용이 증가하고 확장에 걸리는 기간이 길어지는 단점이 생긴다. 또한 업체와의 상호 운용성을 실현하기 위해서는 일대일로 연결에 대한 구현이 필요하다. 이것을 오픈 API로 공개해도 연결 및 트래픽이 증가함에 따른 서버 자원의 관리 등 운영상의 부담의 문제는 남아있다.

이러한 종래의 중앙 집권형 시스템은 기업 등의 관리자가 얼마나 IT 시스템에 비용과 노력을 투자하는지에 따라 가용성 및 보안 등 시스템의 기능 및 신뢰성 수준이 크게 좌우된다. 예를 들어, 금융 IT 시스템은 고성능에 높은 내구성을 확보를 위해 방대한 자원을 투입하고, 사무 절차와 감사 체제 등 소프트웨어 측면에서의 체제도 함께 구축하고 있다. 이러한 관리자의 엄격한 관리가 필요한 시스템인 경우는 중앙 집권형 아키텍처를 채용하는 것이 합리적이다.

그러나 IoT 플랫폼에서는 신뢰할 수 있는 단일 기업으로 집중 관리 및 운영하는 것은 확장에 시간이 걸리고 비용도 커져 불가능하다. 이에 대해 블록체인을 활용하면 장애를 높이고 다양한 물건이나 서비스와의 연결을 용이하게 확장이 가능하며 참가자 간의 상호 운용성의 향상을 기대할 수 있는 IoT 플랫폼의 실현을 촉진할 것이다.

또한 다른 장점으로 컨소시엄을 이뤄 참가자간에 블록체인을 사용하여 연결하는 규칙 정비 및 스마트 계약을 구현함으로써 참가자는 일반적인 규칙 및 스마트 계약에 따르지 않을 수 없다. 그 결과 표준화의 추진과 오픈 이노베이션의 추진도 기대할 수 있다.

사물인터넷으로 취득된 데이터를 블록체인 네트워크에 적용하기 위한 방법으로 사물인터넷 플랫폼과 블록체인간의 연동과 사물인터넷 장치에서 직접적인 연동 방법이 존재한다. 블록체인과 사물인터넷 플랫폼과 연동은 사물인터넷 플랫폼에 수집된 데이터를 블록체인 프록시를 거쳐 블록체인 형태로 데이터를 변환하는 방식으로, 기존 사물인터넷 플랫폼과 블록체인이 공존이 가능하나 IoT 플랫폼에 의존하여 동작한다. 또한 사물인터넷 장치 내부에 경량 블록체인 미들웨어를 탑재하고 장치에서 측정된 데이터를 바로 블록체인 네트워크로 직접 연동되는 방식으로 완전한 분산화 기반으로 동작이 가능 하다.

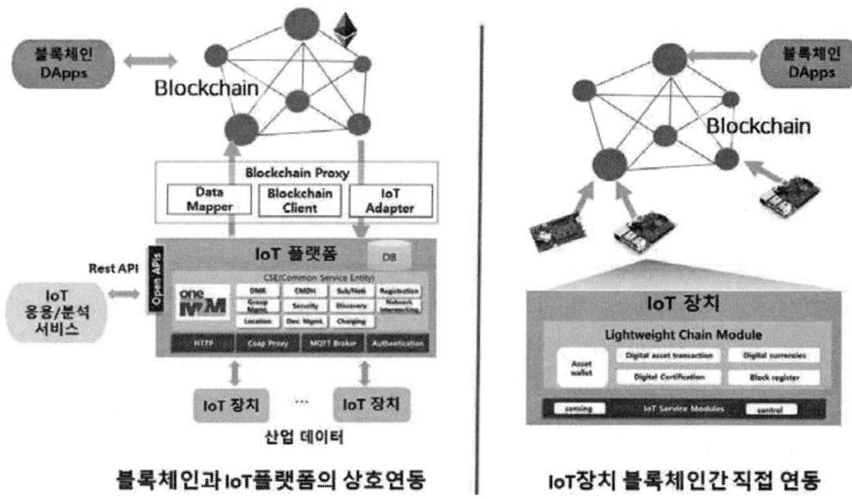

그림 7-1 블록체인과 사물인터넷의 연동 개념

3) IoT에 블록체인을 적용하기 위한 고려사항

블록체인을 IoT에 적용하기 위해서는 오버헤드 문제와, 확장성 문제, 프라이버시 보호 문제 등이 해결되어야 한다[71].

71) Konstantinos Christidis, Michael Devetsikiotis, “Blockchains and Smart Contracts for Internet of Things”, IEEE Access, 2224-2303 2016

기존의 비트코인과 같은 1세대 블록체인들은 트랜잭션 간의 합의를 할 때 어려운 난이도의 PoW를 진행한다. 이는 컴퓨팅 파워를 바탕으로 어려운 문제를 푸는 것이기 때문에 성능에 제한이 있는 IoT 기기 간에 통신에서 사용 할 경우 네트워크에 참여하는 기기가 많아질수록 큰 통신 오버헤드가 발생하여 속도가 저하된다. 또한 직렬구조로 블록체인의 체인들이 연결되어 있어 많은 수의 기기가 서로 연결되어야 하는 IoT 환경에서 검증이나 합의를 거치는 것이 비효율적이다.[72][73] 이러한 문제들은 3세대 블록체인인 Tangle의 병렬작업과 오프라인 네트워크를 운용할 수 있는 특징으로 많은 부분 해결되었다.

그러나 여전히 프라이버시 보호 문제는 남아있다.[74] 블록체인 구조에서 익명성은 보장되는 것으로 알려져 있으나 블록체인 내에 저장된 특정 노드의 검증이나 합의에 필요한 공개키 주소와 거래내역을 수집해 통계적 분석을 시행하면 트랜잭션 소유자에 대한 행동 패턴을 파악할 수 있다. 2018년에 체인널리시스(Chainalysis)에서 개발한 체인널리시스 리액터[75]는 이를 자동화하여 수사기관 등에서 사용하고 있는데, 이는 블록체인이 완벽한 익명성을 제공하지 않는다는 것을 보여준다.

이를 해결하기 위한 대안으로 Z-cash는 영지식 증명을 이용해 블록체인에 저장되는 거래내역의 추적을 방지하도록 하는 방법[76]과 다수의 신원 정보가 입력되는 스마트 계약(Smart contract)에서는 여러 사용자가 검증과 합의를 거쳐 계약의 이행 결과만을 공개하여 참여자의 익명성을 보장 할 수 있는 방법[77] 또한 제안되었으나, 현재 이 기술들을 IoT에 적용하기 위해서는 아직 많은 개선이 필요하다.

Hyperledger 등에서는 프라이빗 블록체인을 이용해 신원이 검증된 노드만 참여시킨 후 중앙 관리자를 두어 프라이버시를 보호하는 방법[78]들이 제안되었으나 이 또한

72) 금융보안원, 국내·외 블록체인 기반 사물인터넷 동향, 보안기술연구팀, 2017.6
73) 강승준, "블록체인 기술의 이해와 개발 현환 및 시사점", 정보통신산업진흥원 이슈리포트, 2018-제13호
74) 다니엘 드래셔, "블록체인 무엇인가?", 이병욱(역), 이지스퍼블리싱, 2018
75) Chainalysis, "The Changing Nature of Cryptocrime", 2018
76) Alex Vikati, "How Private Are Privacy Coins: A Closer Look at Zcash and Zclassic's Blockchains"
77) Vitalik Buterin, 차세대 스마트 컨트랙트와 탈중앙화된 어플리케이션 플랫폼, Etherieum Korea
78) Hyperledger, "Hyperledger Architecture, Volume 1" 2018

탈중앙화를 이루지 못하는 단점이 있다.

4) 블록체인과 사물인터넷이 적용 분야

블록체인과 사물인터넷 기술의 적용은 주로 사물인터넷 기기 인증, 데이터 위변조 방지, 데이터 공유 환경구축 및 전자상거래를 위한 목적으로 주로 사용되고 있다.

기기 인증에서는 스마트 그리드와 같이 보안이 중요한 분야에서 사물 인터넷에 접속되는 기기의 권한 및 인증 정보를 블록에 저장하여 중앙화된 인증기관(CA)에서 탈피한 인증 방법을 제공한다.

위 · 변조 검사에서는 수집된 데이터의 해시(Hash)값을 삭제나 변경이 불가능한 블록체인에 저장함으로서 데이터가 위 · 변조나 수정여부에 대한 검증이 가능하여 데이터의 투명성을 높인다.

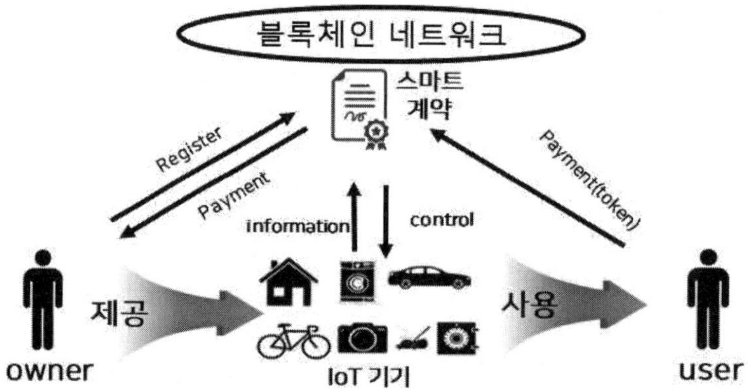

그림 7-2 블록체인을 활용한 사물인터넷 상거래의 적용 개념

데이터 상거래에서는 판매자는 자신이 소유한 사물인터넷 기기로부터 수집된 데이터나 장치자체의 사용권한을 블록체인에 등록하고, 구매자는 비용 지불하여 블록체인 스마트계약을 통한 자동화된 개인 간의 거래가 가능하다. 이 때, 스마트 계약은

중개자 없이 편리하게 계약을 체결이 가능하도록 계약 조건을 컴퓨터코드로 작성하여 조건이 충족 시 계약이 이행되는 방식을 말한다.

블록체인과 사물인터넷의 적용을 위해서는 관리 주체 및 중개인의 개입을 줄이고 간소화하는 경우이다. 그런 사례로서 여기에서는 두 가지 사례를 들어본다. 전제사항은 블록체인에 기록하고 공유하는 정보로는 참가자 간의 거래 활동에 대한 정보이다. 각 참가자가 보유한 핵심 역량이 되는 빅 데이터 자체는 각 회사의 전략상의 기밀이기 때문에 모두 공유하는 것은 적절하지 않다. 그러나 참가자간에 일정한 규칙에 따라 거래 정보를 공유하고 경제 활동의 자동화를 촉진하는 구조를 구축하는 것은 효율성과 생산성을 높인다.

첫째 사례로, 무역 거래이다. 기존의 거래는 금융 기관, 수입, 수출, 물류 회사 등 업계를 넘은 관계자가 많고, 물류의 상하차 등의 각각이 시간차가 있고, 매우 복잡한 사무 작업이 발생한다. 예를 들어, 제품의 인도 및 대금 결제 지연이 상품을 인도했지만 대금을 회수할 수 없는 등의 위험이 있다. 이를 방지하기 위해 거래 상대방이 지불하는 금융 기관이 보증하는 신용장(L/C)을 종이 기반으로 거래한다. 이 신용장의 절차는 매우 복잡하고 처리하는 데 걸리는 시간도 길다. 지금까지 우편이나 메일 등을 통해 종이 기반으로 공유하고 있던 신용장이나 계약서 등을 블록체인의 대장으로 각각 유지함으로써 거래 상태 업데이트에 맞추어 관계자들 사이에서 거의 동시에 정보를 공유할 수 있다. 스위스 UBS 은행과 IBM 등이 신용장 거래에 블록체인 적용에 실증적인 연구를 하고 있다. UBS 은행에 따르면 지금까지 신용장의 절차에 신용장을 포함하는 36 종류의 서류를 발급하고 7일 정도 걸리던 반면 블록체인과 스마트 계약하여 1시간으로 대폭적인 시간 단축을 확인할 수 있었다고 한다. 향후 이러한 신용장의 절차뿐만 아니라 실제로 물건이 인도된 시간에 자동으로 사무 처리 및 결제 처리가 이루어지는 것으로 예상된다. 이 경우, 블록체인이 높은 상호 운용성 및 기록과 기록을 확실히 남겨 추적이 뛰어난 점이 업무의 목적에 적합하다.

두 번째는 무인 항공기 등의 IoT 장치를 자동적이고 자율적으로 관리하는 경우이다. 예를 들어, 이용자가 스마트 폰 등을 통해 무인 항공기에 가상 통화로 지불을 하면 드론이 자동 주행으로 지정된 지점의 주변 환경의 상황을 촬영하여 그 결과를 전자적으로 이용자에게 보고하는 것과 같은 서비스이다. 드론이 자신의 배터리 상태에 따라 충전 장치와 통신하여 자동으로 충전하고 이용한 전력에 따라 가상 화폐로 지불한다. 또한 무인 항공기의 기능 변경, 펌웨어 등의 업데이트 작업도 각 장치가 스마트 계약에 의해 정해진 규칙에 따라 자동으로 실행된다. 또한 드론을 추가하려면 무인 항공기 자체에 프로그램을 구현하여 블록체인에 참여하는 것만으로 끝난다. 이와 같이, IoT 장치의 제조 및 공급 업체는 무인 항공기의 유지 보수에 관련된 작업을 블록체인에 맡겨 작업이 크게 간소화된다. 각 장치가 서로 통신하기위한 중앙 집권 형에서 대량 장치의 관리가 필요하다. 작업 부하가 큰 다른 소액 결제 처리가 집중 관리 시스템 비용을 조달하지 못할 가능성이 있다. 블록체인을 활용하여 이러한 M2M 자동 결제를 비교적 저렴한 비용으로 실현할 수 있어 IoT 장치의 관리 및 자동 제어를 용이하게 할 수 있다. 이와 같은 사례는 블록체인의 높은 확장성 및 관리 주체와 중개자의 개입을 줄이고 간소화 할 수 있는 점이 업무의 목적에 적합하다

대표적인 프로젝트를 간단히 알아본다.

첫째, 아이오타(IOTA)는 블록체인을 기존 블록 구조가 아닌 방향성 비사이클 그래프(DAG: Directed Acyclic Graph) 탱글을 기반으로 일반 블록체인보다 빠르고 높은 처리 능력을 가진 블록체인 사물인터넷 플랫폼을 공개하고 있다.

비트코인과 이더리움과는 달리 신형 분산식 장부 기술인 Tangle을 사용하여 거래의 검증을 병행함으로써 시스템의 데이터양이 크게 늘어났다. IOTA 시스템 이론상 수수료는 0원이 될 수 있으며, 아무리 소액의 지불이라도 IOTA를 통해 완성할 수 있다. 이러한 수수료 0원의 설계는 미래 사물인터넷 시대에 특히 적합하며, 어떤 P2P 거래에서도 결제 방식이 될 수 있다.

IOTA는 오픈 소스 하단 레이어 프로토콜로 커뮤니티 구성원이나 관련 기업이 자발적으로 프로토콜에 기반하여 응용프로그램을 개발할 수 있다.

둘째, Power Ledger는 전통적인 전력망 시스템 중 발전, 송전, 배전은 모두 중심화된

운영자가 경영과 유지를 담당하고, 소비자는 운영자에게 전기를 구입하여 시장의 수요를 만족시킨다. 그러나 전력회사는 전력 구매와 판매에 대해 절대적인 통제권을 가지고 있고, 개인 전력 생산자와 구매자에게는 가격 결정력이 없기 때문에 개인 생산 능력을 억제하고 시장 소비자들의 수요를 제한하였다.

블록체인 기술은 중개 없는 점대점 거래를 통해 에너지의 생산과 소비가 거의 동일한 시기에 완성될 수 있다. 전통적인 전력 네트워크는 일종의 Trustfree 분산형 가치교환 플랫폼이 될 수 있다. 소비자들은 마치 우버(Uber)와 에어비앤비(airbnb)로 자동차와 주택을 공유하듯 불필요한 전력을 판매하여 이익을 얻을 수 있다. 거래할 수 없던 가정의 분산식 전력설비가 향후 더 큰 네트워크에 접속할 수 있게 되면서 현재 전통적인 에너지와 전기 회사는 블록체인 분야로 진출하기 시작했다.

호주의 Origin 에너지 회사는 Power Ledger와 협력해 새로운 분산형 전력거래 플랫폼을 테스트했다.

이탈리아 대형 에너지 회사인 ENI 그룹은 블록체인을 기반으로 천연가스 거래를 진행하기 위해 InterBit을 개발하였다.

일본의 도쿄전력은 블록체인 기업인 Electron에 투자해 분산형 그리드 시설 개발에 힘을 쏟고 있다.

네덜란드의 쉘(Shell)사는 블록체인 스타트업 Applied Blockchain에 조기 투자를 진행하였다.

Power Ledger는 이중 토큰체제로 운영하고 있으며, 종류는 POWER, Sparkz이다. 전자는 플랫폼의 예비 토큰이고, Sparkz는 POWER를 위탁 관리하는 스마트채권과 유사하며, 플랫폼에서 어떤 응용프로그램을 실행하는 실물과 회사가 개발한 전 세계의 여러 시장에서 전력 단위를 대표하는 플래그치(flag value)이다. Sparkz는 현지 시장의 전기료와 POWER 토큰거래 가격 사이의 안정적 환율을 유지할 수 있다.

셋째, RUFF는 사물인터넷의 하단 레이어 운영체제와 퍼블릭 체인 하나를 포함하고 있으며, 에지 컴퓨팅(Edge computing)과 블록체인 기술을 결합을 통해 사물인터넷 기기 사이의 신뢰와 조작을 강화함으로써 효율적이고 개방된 퍼블릭 체인 생태계를 구축한다.

Ruff의 퍼블릭 체인은 2018년 초부터 시작하였으며, 주로 사물인터넷 장치의 데이터 수집이 신뢰할 수 있는 것을 증명한다. 에지 컴퓨팅 단위인 하드웨어는 데이터 수집과 부분 연산 기능을 완성하며, 데이터가 사물인터넷 하드웨어 제조업체의 서버에 올리는 동시에 실시간 데이터 해시값(hash value)을 블록체인에 기록하여 신뢰할 수 있는 증명을 완성하도록 한다.

이외에도 Vechain과 SDChain이라는 프로젝트도 대표적이라 할 수 있다.

7.2 | 블록체인과 AI(인공지능)의 결합

1) 사회적 가치를 확장시키는 인공지능

4차 산업혁명 시대의 큰 변화 중 하나는 폭발적인 데이터 증가와 이를 활용할 수 있는 애널리틱 기술의 발전을 들 수 있다. 민간과 공공분야에서 수많은 실시간(Real-time)데이터가 축적되고 있으며, 데이터에 기반을 둔 새로운 서비스 모델들이 나오고 있다. 2011년 가트너는 이러한 변화 양상을 데이터 경제로 설명한 바 있으며, 여러 선행 연구에서는 양질의 데이터 시장 형성과 고도화된 인공지능 기술, 데이터와 인공지능 간 유기적 결합이 데이터 경제 시대를 이끌어 갈 핵심 요소로 바라보았다. 인공지능이 지닌 예측력과 인간을 뛰어 넘는 통찰력, 실시간 대응력은 사회적 가치를 높이는데 폭 넓게 활용될 수 있을 것 이다. 인공 지능 기술을 사회적 가치 창출에 활용할 수 있는 분야는 크게 민간 영역과 공공 영역으로 나눠볼 수 있다.

민간 영역에서의 인공지능 활용은 사회의 약자 지원, 상생 협력, 공동체 복원, 지역경제 활성화, 책임윤리 경영 향상, 안전성확보 등 산업의 구분 없이 다양한 분야에 활용될 수 있을 것으로 보인다. 가령 금융업에서 개인이나 기업의 여신 심사 시 인공지능을 도입하는 경우도 사회적 가치 실현의 일환으로 볼 수 있다. 정량적인 재무 정보뿐만 아니라 뉴스, 평판, 소셜 네트워크에서의 활동 등 비정형 데이터를 종합해 인공지능 기반의 한층 더 정교한 심사 모델을 만들게 된다면, 기업은 우량 고객 확보를 통해 리스크를 줄일 수 있으며, 기존의 모델로는 금융의 혜택을 받지 못했던 사람들까지 포함하는 포용적 금융 모델로 나아갈 수 있기 때문이다. 은행뿐만 아니라 카드사 및 보험사까지도 인공지능을 활용한 고도화된 심사 모델 개발에 나서고 있다. 이러한 기업의 혁신 활동은 기업의 재무적 성과 뿐만 아니라 큰 틀에서 사회적 공동체를 발전시키는 역할을 할 수 있을 것 이다.

인공지능이 공장이나 제조현장에 도입될 때, 위협적인 요소를 선제적으로 파악하여 노동자의 안전성을 제고하고 작업 환경을 개선할 수 있다. 사무영역에서는 인공지능이 반복적인 업무를 대신해줌으로써 일과 삶의 균형을 이루고, 인간은 고부가가치의 업무에 집중할 수 있는 환경 또한 만들 수 있다. 더 나아가 인공지능이 기업의 ESG 활동을 모니터링 할 때 활용된다면, 해당 활동을 더 효과적으로 관리하고 책임 윤리 경영을 강화할 수 있는 기반이 될 수 있다.

공공부문에서도 사회적 가치 창출을 위해 인공지능이 활용될 수 있는 부분이 다양하게 존재한다. 건강보험료, 국민연금 체납 정도 등의 데이터를 정교화된 인공지능 알고리즘으로 분석할 경우, 기존의 시스템으로는 찾아낼 수 없었던 복지 사각지대에 놓인 취약계층을 찾아낼 수 있다. 인공지능 기반의 이미지 인식 기술로 범죄나 재난으로부터 시민을 보호하는 데 활용될 수도 있다. 보건 의료 서비스를 제공할 때나 교통 시스템을 효율화하는 방향으로 활용되어 시민들의 삶의 질을 높일 수 있다.

2) 블록체인과 인공지능의 융합

4차 산업혁명의 핵심 인프라로 앞서 설명한 빅데이터를 기반으로 하는 인공지능과 블록체인 기술이 융합되어 하나의 새로운 서비스를 창출 할 수 있다. 이는 미래의 스마트 산업의 중심이 될 것이다.

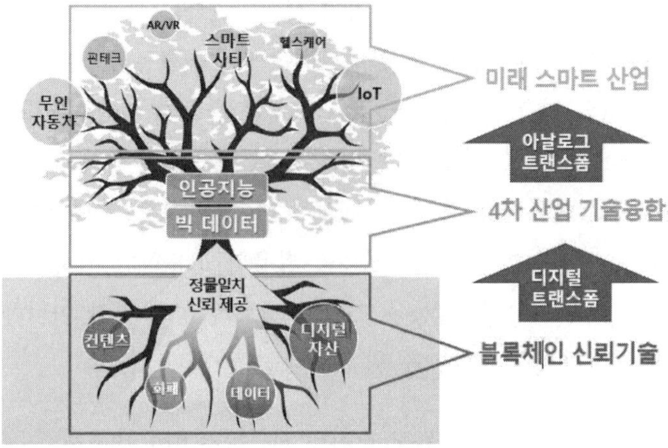

그림 7-3 4차 산업의 핵심 인프라인 인공지능과 블록체인의 관계도

[그림 7.3]처럼 앞으로 미래의 핵심 산업이 되고 있는 무인자동차, 핀테크, 스마트시티, 헬스케어 등이 구현되려면, 블록체인 기술과 인공지능 기술이 융합되어야 한다. 즉, 블록체인의 신뢰성 있는 기술을 기반으로 컨텐츠, 데이터, 디지털 자산 등의 수많은 자료를 수집할 수 있다. 이러한 신뢰성 있는 데이터를 기반으로 빅데이터로 수집이 되고 이를 인공지능의 머신러닝 또는 딥러닝과 같은 학습을 통해 새로운 서비스를 사용자에게 제공할 수 있게 된다.

3) 블록체인과 인공지능의 사례

인공지능과 블록체인을 활용하면 비즈니스 분야의 효율성이 높아진다. 기업들에게 데이터 가치의 중요성이 높아지면서 인공지능과 머신러닝, 블록체인 등 첨단 IT 기술을 활용해 데이터 수집 및 분석, 그리고 이를 바탕으로 한 인사이트 도출이 확산되고 있다. 정확한 데이터 수집과 분석으로 업무 효율성과 비용 절감, 자산 및 고객 관리 등 다양한 방면의 이점들을 기대할 수 있다.

이러한 인공지능과 블록체인을 활용한 혁신 사례들을 살펴보자.

첫째, 학술 연구용 블록체인 기반 플랫폼이다. 미국의 아티팩츠(Artifacts)가 대표적이다.

현재는 인덱스된 저널에 연구 논문이 실렸을 때만 학술 및 과학 연구자들의 기여도가 인정받기 때문에 전체 연구 범위 내에서 이들의 실제 기여도를 측정하는데 어려움을 겪고 있다. 현재 시스템으로는 출판되는 저널에만 인용할 수 있는 권한을 주고, 이 권한을 주기까지도 많은 시간이 걸린다. 이에 연구원들은 저널에 실리는 논문뿐만 아니라, 데이터 세트와 연구 설계, 포스터, 프레젠테이션 등 모든 연구 결과물들에 대한 권한을 아우를 수 있는 솔루션을 강구하고 있다.

아티팩츠는 수정할 수 없는 블록체인 원장을 활용해 연구 초기단계부터 모든 학술 및 과학 산출물에 관한 권한을 학술 및 과학 연구자용들에게 부여할 수 있는 새로운 블록체인 기반 플랫폼을 선보이고 있다. 또한 오픈소스 플랫폼을 활용한 워크플로우 관리와 협업 툴로 연구원이 프로젝트와 연구팀, 컨텐츠 관리를 가능케 한다. 수정이 불가능한 원장(immutable ledger)과 모든 연구 결과와 이들의 인용된 자료들을 실시간으로 저장할 수 있는 인에테리엄(ethereum) 블록체인을 통합하였다.

둘째, 미국 웍미(WalkMe)의 고객 유지를 위한 인공지능 기반 디지털 솔루션이 있다.

B2B(Business to Business) 기업들은 고객 유지 개선에 대해 고심하고 있다. 현재 SaaS(Software-as-a-Service) 공급사들은 구독 방식으로 서비스를 제공한다. 이 같은 서비스 전달 방식은 고객이 서비스 신청을 해야만 사업비용을 회수하고 수익을 낼 수 있다. SaaS 공급사들이 고객 의도와 미래 행동을 예측해, 고객 참여를 계속 유도할 수 있는 실시간 솔루션을 강구하는데 나서고 있다.

웍미(WalkMe)는 고객 유지 및 더 많은 고객 확보를 촉진하는 인공지능 기반 성장 에디션 솔루션을 출시한다. SaaS 및 웹 기반 기업들이 고객 의도와 미래 행동을 예측해 적절한 시기에 고객 참여를 유도할 수 있다. 실시간으로 데이터 포인트들을 수집해 정확한 메시지로 특정 사용자들을 자동 타겟팅하는 예측 분석 엔진을 사용한다. 이에 사용자 경험을 향상시키고 고객이탈 리스크(churn risk)를 줄여준다. 일반적인 어려움을 식별하기 위해 사용자 비디오 역시 분석한다.

셋째, 핀란드 노키아(Nokia)의 고객 맞춤형 경험을 위한 인지 분석이 있다.

기업들에게 고객 경험은 핵심 중점 분야로, 서비스 제공사들은 고객들의 니즈 파악과 문제 해결, 그리고 필요시 올바른 채널로 적절한 서비스를 제공할 수 있도록 고객들과 실시간으로 소통해야 한다. 서비스 제공사들은 AI와 예측 분석 기술과 같은 첨단 기술을 활용해 고객 경험을 식별할 수 있는 솔루션을 필요로 한다.

노키아는 머신러닝과 딥러닝 알고리즘을 활용해 고객경험지수(CEI: Customer Experience Index)를 측정하는 고객 인사이트 소프트웨어를 위한 인지분석의 최신버전을 출시하였다. 노키아의 CEI는 서비스 평가 및 만족도에 관한 고객 만족도 조사를 개발하는데 첨단 알고리즘을 사용한다. 이 알고리즘은 네트워크와 기기, 고객 관리, 결제에 대한 조사 내용은 물론, 순추천지수(NPS: Net Promoter Score)와 같은 다른 출처의 만족도 조사로부터 얻은 정보들을 상호 연결하는 데에 걸리는 시간을 줄여준다. CEI에는 머신러닝을 활용해 고객 분석 데이터에서 가치를 추출하는, 노키아의 Fastermind가 통합되었다.

이외에도 공장, 로봇공학, IoT와 같은 분야에 대한 프로젝트 사례가 다수 진행 중이다.

7장. 요약

1. 전문가들은 블록체인과 사물인터넷의 결합은 서로간의 부족한 점을 보완해 줄 수 있어 시너지 효과가 클 것으로 예상하여 연구 및 개발이 활발하게 진행되고 있다.

2. 블록체인을 IoT에 적용하기 위해서는 오버헤드 문제와, 확장성 문제, 프라이버시 보호 문제 등이 해결되어야 한다.

3. 블록체인과 사물인터넷 기술의 적용은 주로 사물인터넷 기기 인증, 데이터 위변조 방지, 데이터 공유 환경구축 및 전자상거래를 위한 목적으로 주로 사용되고 있다.

4. 인공 지능 기술을 사회적 가치 창출에 활용할 수 있는 분야는 크게 민간 영역과 공공 영역으로 나눠볼 수 있다.

5. 블록체인의 신뢰성 있는 기술을 기반으로 컨텐츠, 데이터, 디지털 자산 등의 수많은 자료를 수집할 수 있다. 이러한 신뢰성 있는 데이터를 기반으로 빅데이터로 수집이 되고 이를 인공지능의 머신러닝 또는 딥러닝과 같은 학습을 통해 새로운 서비스를 사용자에게 제공할 수 있게 된다.

6. 기업들에게 데이터 가치의 중요성이 높아지면서 인공지능과 머신러닝, 블록체인 등 첨단 IT 기술을 활용해 데이터 수집 및 분석, 그리고 이를 바탕으로 한 인사이트 도출이 확산되고 있다.

7장. 연습문제

1-1. 블록체인을 IoT에 적용하기 위해 개선되어야 할 사항들을 기술하시오.

2-2. 블록체인과 IoT 기술을 무역 거래에 적용하면 어떻게 개선할 수 있는지 설명하시오.

3-3. 블록체인과 사물인터넷을 결합시킨 프로젝트를 설명하시오.

4-4. 인공지능 기술을 사회적 가치 창출에 활용할 수 있는 분야를 설명하시오.

5-5. 인공지능과 블록체인을 활용한 사례를 나열해보시오.

참고문헌

[1] Alon Gal, “The Tangle: an illustrated introduction Part 1-5”, (2018).

[2] Authority, Swiss Financial Markets Supervisory. “Guidelines for enquiries regarding the regulatory framework for initial coin offerings (ICOs).”, (2018).

[3] Buterin, Vitalik. “Ethereum white paper: a next generation smart contract & decentralized application platform.” First version 53 (2014).

[4] Christidis, Konstantinos, and Michael Devetsikiotis. “Blockchains and smart contracts for the internet of things.” Ieee Access 4 (2016): 2292-2303.

[5] Colavita, Michael, and Garrett Tanzer. “A cryptanalysis of IOTA's curl hash function.” (2018).

[6] Ethereum, “Ethereum White Paper: A Next-Generation Smart Contract and Decentralized Aplication Platform,” (2016).

[7] Heilman, Ethan, et al. “Iota vulnerability report: Cryptanalysis of the curl hash function enabling practical signature forgery attacks on the iota cryptocurrency.” URL: https://github. com/mit-dci/tangled-curl/blob/master/vuln-iota. md (2017).

[8] Heilman, Ethan, et al. “Iota vulnerability report: Cryptanalysis of the curl hash function enabling practical signature forgery attacks on the iota cryptocurrency.” URL: https://github. com/mit-dci/tangled-curl/blob/master/vuln-iota. md (2017).

[9] Jeschke, Sabina, and T. Meisen. “Everything 4.0-Drivers and Challenges of Cyber Physical Systems.” (2013).

[10] Konfid.io, “IOTA Report: Decoding the Tangle Part 1-4”, (2018).

[11] MIT TechnologyReview, “One Startup's Vision to Reinvent the Web for Better Privacy”

[12] Mobile World Congress 2017: Startup Ubirch Sails the Blockchain Into a New Application-IoT

[13] Nakamoto, Satoshi. Bitcoin: A peer-to-peer electronic cash system. Manubot, 2019.

[14] NIPA, Combination Smart ICT with Manufacture Industry, Recent Industry 4.0 Policy ICT Trends of Germany, Recent ICT Trends Report, p. 27-39, (2014).

[15] NIST, "Strategic RnD Opportunities for 21 Century Cyber-Physical Systems", Report of the Steering Committe for Foundations in Innovation for Cyber- Physical System, (2013).

[16] Pihkala, H., et al. "Unstoppable Data for Unstoppable Apps: DATAcoin." July 25th (2017).

[17] Popov, Serguei. "The tangle." White paper 1 (2018): 3.

[18] Porter, Michael E., and James E. Heppelmann. "How smart, connected products are transforming competition." Harvard business review 92.11:64-88, (2014).

[19] Porter, Michael E., and Michael; ilustraciones Gibbs. "Strategy and the Internet." 63-78, (2001).

[20] Porter, Michael E., and Victor E. Millar. "How information gives you competitive advantage." (1985).

[21] Schlick, Jochen. "Cyber-physical systems in factory automation-Towards the 4th industrial revolution." 2012 9th IEEE 22. nternational Workshop on Factory Communication Systems. IEEE, (2012).

[22] Team, Waltonchain. "Waltonchain White Paper." (2017).

[23] Vitalik Buterin, "차세대 스마트 컨트랙트와 탈중앙화된 어플리케이션 플랫폼", Translated and edited by EthereumKorea

[24] Voell, David, et al. "Hyperledger whitepaper." Published: https://wiki. hyperledger. org/groups/whitepaper/whitepaper-wg (2016).

[25] ahlster, Wolfgang. "Industry 4.0: the semantic product memory as a basis for cyber-physical production systems." SGAICO Forum: Recent Trends in Artificial Intelligence and Cognitive Science Zürich. Vol. 27. (2013).

[26] 강승준. "블록체인 기술의 이해와 개발 현환 및 시사점." 정보통신산업진흥원 이슈리포트 13 (2018).

[27] 고덕윤, "블록체인과 블록체인 비즈니스", 피노텍, (2015).

[28] 과학기술정보통신부 한국과학기술기획평가원, "블록체인의 미래", 2018년 기술영향 평가 결과보고, (2018).

[29] 과학기술정보통신부, "블록체인 기술 발전전략", (2018).

[30] 금융보안원 보안기술연구팀, "국내외 블록체인 기반 사물인터넷 동향", (2017).

[31] 김민석, 허성욱, "IoT 기술의 활용을 통한 기업의 경쟁우위 확보 전략 및 시사점(I)", 정보통신방송정책, 제27권 7호 통권 598호, (2015).

[32] 김민식 · 이은민 (2014), "IoT 기술 등장에 따른 기업 환경변화와 경쟁우위에 대한 고찰", 《방송통신정책》, 제26권 16호 통권 584호, (2014).

[33]. 김석원, "비트코인의 기반기술-블록체인의 원리", SPRI, (2016).

[34] 김영삼외, "블록체인기술개념및적용현황," ITP 주간기술동향, (2016).

[35] 김원, 비트코인 블록체인 동작 원리 및 진화, 한국인터넷진흥원, (2018).

[36] 김원태 등, 대규모 자율제어 CPS 소프트웨어 플랫폼 기술, 정보과학학회지 제31권 제12호, (2013).

[37] 다니엘 드래서, "블록체인 무엇인가?", 이병욱(역), 이지스퍼블리싱, (2018).

[38] 박형근, 김영훈, '인더스트리 4.0, 독일의 미래제조업 청사진-CT와 제조업 융합 지향', POSRI보고서, 포스코경영연구소, (2014).

[39]. 배영임, 최준규, "블록체인 기반 공공 플랫폼 구축을 위한 제언", 경기연구원 이슈 & 진단 제328호, (2018).

[40] 보안연구부 보안기술팀, "블록체인 및 비트코인 보안기술", 금융보안원, (2015).

[41] 사물인터넷 기본계획, 미래창조과학부, (2014).

[42] 삼정 KPMG 경제연구원, "블록체인과 물류/유통 혁신, 그리고 디지털 무역", Issue Monitor 제85호, (2018).

[43] 염흥열, and 오흥룡. "ITU-T SG17 (보안) 구조 및 국제표준화 추진 방향 (연구회기 2017-2020)." 정보보호학회지 27.5 (2017): 5-13.

[44] 오경희. "블록체인 국제 표준화 현황." 정보보호학회지 27.5 (2017): 14-20.

[45] 윤미영, 권은정, "창조적 가치 연결, 초연결사회의 도래", 한국지능정보화진흥원, IT & Future Strategy 제10호, (2013).

[46] 이정아, "초연결 사회를 견인할 IoT 데이터화(Datafication) 전략", 한국지능정보사회진흥원, IT & Future Stratege 2015-제1호. (2015).

[47] 임화섭, "구글, 개방형 하드웨어 '아라'로 삼성, 애플 압박", 연합뉴스, (2013).

[48] 자본시장연구원, "글로벌 ICO 규제도향과 시사점", (2018).

[49] 정의현 외, "CPS(Cyber-Physical System) 기반의 IoT 프레임워크 연구", 한국정보화진흥원, (2012).

[50] 지식경제부, 'RFID/GPS 기반 물류혁신 추진방안', (2009).

[51] 포스코, "스마트 팩토리 구축방안", (2010).

[52] 포스코경영연구소, '인더스트리 4.0, 독일의 미래제조업 청사진-CT와 제조업 융합 지향', (2014).

[53] 한국블록체인협회, "블록체인 산업의 고용 파급효과 분석 연구", (2018).

[54] 한국은행, "암호자산과 중앙은행", (2018).

[55] 한국인터넷진흥원, "국내외 블록체인 기술 사례 및 적용분야 사례연구", 연구보고서, (2017).

[56] 한국인터넷진흥원, "인터넷백서 2018", (2018).

[57]. 현대경제연구원 산업연구본부, "제조업을 업그레이드하자", VIP Report, (2014).

[58] 홍은기, 이수진, and 서승현. "사물 인터넷을 위한 블록체인 기술 동향." 정보보호학회지 28.3 (2018): 38-46.

찾아보기